认知语言学视域下英语隐喻翻译研究

李璐　著

黑龙江科学技术出版社

图书在版编目（CIP）数据

认知语言学视域下英语隐喻翻译研究 / 李璐著
. -- 哈尔滨 ： 黑龙江科学技术出版社, 2021.12
ISBN 978-7-5719-1256-7

Ⅰ. ①认… Ⅱ. ①李… Ⅲ. ①英语－意译－研究
Ⅳ. ①H315.9

中国版本图书馆 CIP 数据核字（2021）第 266317 号

认知语言学视域下英语隐喻翻译研究

RENZHI YUYANXUE SHIYU XIA YINGYU YINYU FANYI YANJIU

李璐 著

责任编辑 回 博
封面设计 孔 璐
出　　版 黑龙江科学技术出版社
地址：哈尔滨市南岗区公安街 70-2 号 邮编：150007
电话：（0451）53642106 传真：（0451）53642143
网址：www.lkcbs.cn
发　　行 全国新华书店
印　　刷 哈尔滨市石桥印务有限公司
开　　本 880 mm×1230 mm 1/16
印　　张 9
字　　数 250 千字
版　　次 2022 年 10 月第 1 版
印　　次 2022 年 10 月第 1 次印刷
书　　号 ISBN 978-7-5719-1256-7
定　　价 69.80 元

前　言

随着中国经济的日益发展，中国与世界各国间的关系日益密切，国与国之间的政治、经济、文化交流越来越频繁，英语翻译在中国不断深化落实“引进来”与“走出去”战略下具有重要意义，尤其是随着中国政府提出的“构建人类命运共同体”与“一带一路”倡议赢得了越来越多的国家支持与参与，如何让更多国家正确、合理、科学地了解、认识中国的政治、经济、文化，是当代英语翻译的重要使命和职责，因此研究英语翻译、提高英语翻译质量十分必要，意义重大。

中国学者关于翻译理论的研究众多，首先就是专门研究和总结翻译理论的期刊和文章比较多，如《中国翻译》，作为专门刊登翻译学研究的期刊，从建立起翻译学专题研究到探讨翻译学建构，帮助中国学者逐渐从宏观层面走向微观层面，从借鉴西方研究理论逐步走向探索适合中国实际情况的翻译研究理论。像较早时期的国内学者谭载喜、辜正坤、张美芳、张南峰多次在《中国翻译》期刊上发表文章，谭载喜的《翻译学必须重视中西译论比较研究》、辜正坤的《当代翻译学建构理论略论》、张美芳的《翻译学的目标与结构——霍姆斯的译学构想介评》等，都是建立在西方翻译学相关理论基础之上，借鉴西方翻译学研究理论，反映了中国早期翻译学研究的理论指导是以西方翻译学研究成果为主的，打开了中国翻译学的研究范围，一定意义上对中国翻译学具有启蒙作用。

西方翻译学研究远早于中国翻译学研究，形成了众多系统的、成熟的翻译学派，其中以诠释学派、目的学派、文化学派、解构学派为典型代表。中国翻译研究正是在吸收和借鉴西方翻译学研究成果的基础上，对西方翻译学研究成果进行汇总与归纳的。西方翻译学研究理论以文学翻译与语言学翻译两条主线为主，语言学翻译的发展推动了翻译学研究理论走向成熟。本书着重研究的对象是认知语言学，从梳理认知语言学发展历程来看，认知语言学隶属于语言学流派，是语言学流派基于认知学科而形成的，最早产生于西方翻译研究界，始于 20 世纪 70 年代，产生于 20 世纪八九十年代。认知语言学不同于其他学派，对于各个国家而言，该学派具有一定的共性和个性，因此认知语言学一经出现，便受到各国研究学者大力推广，其在解决各国语言翻译具体问题上具有广泛的适用性。对于博大精深的中国语言文化来说，认知语言学的应用与推广对中国语言研究具有重要推动作用。

在对国内学者关于认知语言学的研究成果的梳理中，笔者发现，西方翻译研究理论对中国翻译学理论研究起着指导性作用，国内大多关于翻译学的研究理论都是在西方翻译学研究理论影响下进行的。但是，正是由于受西方翻译学研究理论的过多影响，国内关于结合中国社会发展、语言发展实际情况的可应用推广性研究较少，理论性研究较多，对解决英语翻译不同阶段出现的不同问题的系统性研究较少，加之长期以来学者精力主要集中在引进西方翻译研究理论成果方面。在这种背景下，一方面国内翻译学研究理论成果显现，一方面对翻译理论成果的实践检验与应用不够，理论研究成果不能真正作用于翻译实践活动中。

随着中国社会经济文化不断发展，中国学者对翻译学研究不断有新的认识，相关研究不再局限于借鉴西方翻译研究理论，不少学者从本国实际出发，创立了属于自己的研究学说和研究理论。中国翻译学研究秉持“继承、融合、创立、发展”的研究思想，为解决英语翻译实际问题、提升英语翻译质量做出不少努力。如早期中国学者刘宓庆成发表《翻译理论展望》文章，该文立足中国翻译研究现状及研究意义，指出翻译理论的本质就是要从本国实际情况出发，翻译研究必须要与本国的语言现实相结合，遵循本国、本民族特有的语言、文化特质，翻译研究须坚持“本位化”，明确翻译理论研究只能根植于本民族文化特点和语言特征中。

鉴于此，笔者在充分借鉴国内外学者关于翻译学研究理论成果、认知语言学相关研究成果的基础上，以目前在翻译界领域应用常见的隐喻现象为研究对象，探讨“认知语言学视域下英语隐喻翻译研究”这一课题。笔者在查阅相关文献的过程中，结合自身多年实际教学，意识到英语隐喻翻译存在的问题主要表现在：首先是原译文隐喻特征丢失；其次是原译文隐喻内涵被曲解；最后是文化喻体缺失。隐喻翻译一旦出现问题，不仅不能够发挥隐喻翻译的优势，反而造成译文与原文大相径庭，尤其是对多元化、丰富的、内敛的汉语文化而言，隐喻更为常见，在进行翻译时更需立足当时当下原译文的时代背景、历史意义、宗旨意图。

笔者在认真学习、研究、汲取国内外各个翻译学派优秀理论成果的基础上，对认知语言学、英语翻译、隐喻翻译进行阐述，分析认知语言学与英语翻译、隐喻翻译间的关系，从隐喻翻译特性、英语翻译原则的角度，结合认知语言学隐喻翻译案例，探索提高英语隐喻翻译质量的策略，坚持理论联系实际，以确保研究目标的可实施性和可操作性，切实解决英语隐喻翻译中遇到的实际问题。英语隐喻翻译是对外弘扬、宣传中华民族五千年优秀文明的重要手段和媒介，本书写作的最终目的就是希望通过笔者的绵薄之力，对我国英语隐喻翻译理论成果的有效应用与推广、为实现中华民族优秀文化的弘扬与传播做出贡献。

本书就认知语言学视域下英语隐喻翻译展开研究，从认知语言学研究概述、认知语言学相关理论研究、隐喻研究概述、英语翻译研究、认知语言学视域下的翻译观、认知语言学与隐喻翻译关系研究、认知语言学视角下英语隐喻翻译策略七个方面进行论述。

第一章，认知语言学研究概述，主要从认知、认知科学与认知语言学、认知语言学与其他语言学派、认知语言学发展历程三个层面出发，在总结西方翻译认知语言学派理论研究成果的基础上，对认知语言学概念、从认知到认知科学到认知语言学发展历程进行系统梳理，通过对比认知语言学与其他语言学派的区别，阐述认知语言学不同于其他语言学派的优势。

第二章，认知语言学相关理论研究，主要从认知语言学的理论基础、认知语言学理论发展历程、认知语言学的理论应用三个角度，对认知语言学理论进行全面分析，结合国内、国外研究成果，分析认知语言学理论指导思想、理论发展到理论应用，从理论到实践检验，分析认知语言学理论应用成果。

第三章，隐喻研究概述，从隐喻定义、隐喻特征、隐喻类型、隐喻功能、隐喻发生机制五个层面阐述隐喻概念，隐喻并不是一种简单的修辞方法，隐喻本质上是一种认知现象，受到信仰、行为方式、认知思维、所处环境等多种因素的影响，带有一定的文化特色，为探索隐喻与认知语言学之间的关系奠定了基础。

第四章，英语翻译研究，从翻译定义及研究对象、英语翻译原则、英语翻译现状、翻译发生机制四个方面对英语翻译进行研究。翻译是译者将一种语言文字所蕴含的意思用另一种语言文字表述出来的文化活动，实际上是一种社会信息的传递，主要涉及到传播者、传播渠道和受传播者三者之间的关系，翻译过程本质上是理解、翻译和校对三个层面。翻译标准是坚持中国翻译学者严复倡导的“信、达、雅”的翻译原则，根据笔者多年教学经验，目前英语翻译现状集中体现在翻译人才短缺，尤其是翻译高质量人才短缺。

第五章，认知语言学视域下的翻译观，从传统语义观与翻译、其他语义观与翻译、认知语言学翻译观三个维度进行论述。传统语义观主要有指称论、直指法、观念论、真值论、功用论、语境论、关系论等，在传统语义观的影响下翻译质量参差不齐，译文与原文或多或少有不同程度的出入，坚持的是以文本为中心进行翻译，而认知语言学翻译观强调了译者的主观能动性，把译者与译文的双向互动作为重点，同时，认知语言学翻译观认为，翻译不是译者主观的、随意的行为，而是基于实际情况，追求译文与原文的一种平衡。

第六章，认知语言学与隐喻翻译关系研究，从翻译以认知语言学理论为指导、隐喻是认知语言学的具体应用、隐喻特性与翻译衡量标准及隐喻解读与翻译需要隐喻思维四个角度论证认知语言学与隐喻翻译关系。认知语言学理论的本质是对信息内容进行准确传播和转化，隐喻翻译的本质也是对信息内容的传播和转化，二者在本质上是一样的，因此隐喻翻译只有以认知语言学理论为指导，才能更好地完成信息传播和转化使命。而隐喻和认知又是互相影响，紧密联系的，一方面隐喻是人们认知意识程度的表现，通过隐喻翻译表达能够体现译者的文化水平、民族特色、思维意识，语言表达能力强、认知意识强，其隐喻翻译能力通常也比价强，隐喻能够提高一个人的认知水平，反过来较高的认知水平又能帮助一个人正确的理解隐喻内涵、使用隐喻。

第七章，认知语言学视角下英语隐喻翻译策略，从隐喻翻译的跨文化视角、隐喻翻译案例分析、认知对等下隐喻翻译策略、认知不对等下隐喻翻译策略四个层面探讨认知语言学视角下英语隐喻翻译策略。英语隐喻翻译的关键是译者和译文，因为所处社会环境、宗教信仰、历史背景、不同民族的影响，所积累的经验、经历各不相同，受此影响呈现出的译文不尽相同，进而隐喻所表现的表达方式、语言特点也不相同，这种差异正是受跨文化影响，因此隐喻翻译离不开跨文化视角。正是在这种因素影响下，对于认知语言学下英语隐喻翻译有两种情况：一方面是语言信息内容意义对等，可以直接采取直译方法，这样翻译方法简单、直接、明了；另一方面是受文化差异影响语言信息内容不对等，这种情况是隐喻翻译普遍存在的，不对等的情况下隐喻翻译不能采取简单的直译翻译方法，需要综合多种方法，考虑多种因素，包括意译法、转换法、舍弃喻体，直接对喻义进行翻译、注释法、扩展隐喻，补充寓意、根据语境弥补文化喻体缺失等翻译方法，以弥补因文化差异造成的文化空缺或冲突。

本书借鉴国外、国内翻译研究相关理论，比较、理解翻译、隐喻概念的新角度，从认知语言学视域探索英语隐喻翻译新路径和新思维，在西方隐喻理论观点的指导下，结合英语隐喻翻译案例，提出英语隐喻翻译的原则和标准，结合案例，确保英语隐喻翻译理论科学、英语隐喻翻译方法实践可行，实现该项研究的实效性和应用推广性。

李璐

作者简介

李璐，女，1984 年出生，籍贯河南郑州，讲师。2012 年毕业于河南大学外语学院，获英语语言学及应用语言学（翻译方向）硕士学位。同年进入郑州升达经贸管理学院基础部工作至今。主要研究方向为语言学、翻译学。主要从事大学英语及英语翻译教学及研究工作。在教学的同时，也致力于学术研究，发表文章数篇，其中核心 1 篇、学报 3 篇，出版著作 1 部，主持参与多项省级厅级项目。

目　录

第一章　认知语言学研究概述

人类社会进程史的重要标志是语言的出现和应用，人的思想、观念通过语言得以表达、交流，人类文明得以延绵不断，代代传承。语言能力的表达离不开认知能力，二者互相影响，互相作用，认知语言学的出现和发展正是基于二者的关系建立起来的。

20 世纪 70 年代，随着认知科学的发展，基于认知和语言的联系，衍生出新的语言学流派——认知语言学，随后认知语言学从美国不断推广至更多国家。认知语言学出现后，各国语言学学者相继投入研究。认知语言学的理论基础是认知论开创者皮亚杰提出的体验哲学理论和语言习得相关理论，认知语言学认为语言本质上是人类的认知产物。“正是因为语言的存在造就了人们探索客观世界，而语言内涵受社会发展水平和历史文化进程多种因素的影响。”[1]，所以最初学者对认知语言学的主要关注点在论述语言与认知能力间的关系上，随着对认知语言学研究的深入，又转到对认知语言学理论的应用价值的研究上，主要以语言学习以及语言教学过程为研究载体。认知语言学涉及学科众多，包括语言学、心理学、系统论以及人工智能等，研究范围包括语言的出现、语言的学习、语言的运用，这种研究以认知为前提，肯定了认知能力在整个人类社会发展中的作用。

国内对认知语言学的接受和研究始于 20 世纪 90 年代，时至今日，国内研究日趋成熟。

第一节　认知、认知科学与认知语言学

一、认知

认知在心理学上主要指的是知识的获取依靠的是心理活动，包括常见的概念、知觉、判断以及想象。认知本质上是一种最基础的心理过程，这种过程是人类取得知识，进行信息加工的过程。人类认知活动有感觉、知觉、记忆、思维、想象等，大脑从接收信息到主动加工信息，不断对认知活动进行有效调节，进而使认知功能得以不断发展、完善。认知活动是一个不断从实践到认识，再到实践，再到认识的循环往复的过程，在此过程中，认知活动与认知能力息息相关，从信号接收开始，经大脑自动对信号进行检测、转换，进而进行合成、编码，再经大脑储存、提取，最后重建，概念在大脑中形成，并对问题进行判断和解决，大脑在进行信息加工的同时，也会转换成内在的心理活动，这样有关认知活动的一系列流程、环节的完成，与个体的认知能力、经验掌握密不可分。总之，认知过程从哲学层面上来看是主观反映客观，使客观呈现在主观中的一种主观客观化过程。

（一）感觉

认知活动的基础是感觉，也是人类认知活动的最基本形式，具体来说，感觉是人类感觉器官在接收客观事物时受到刺激作用，对客观事物属性作出的某些反映。举例来说，人的感觉器官在受到香蕉刺激时，视觉可看到其颜色，味觉可品出其酸甜与否，嗅觉可闻出其气味，触觉可感受其弯曲程度，人类正是通过各类感觉认识、学习、积累各类事物属性的。

[1]王艳，武金锁，郭红．认知视域下语言意义与识解对外语教学的启示[J]．黑龙江教育，2016（6）：19-20.

感觉虽然是认知活动的基础，心理过程简单、直接，但感觉在人类生活、社会实践中占有重要地位，一方面人们通过感觉辨别事物的不同属性，包括大小、颜色、轻重、温度、味道等等；一方面人们通过感觉对自身身体状态会有准确判断，包括身体各部位的疼痛、饥饿、冷热等。在感官的基础上，人类实现认知活动的进一步发展，进而实现高级的认知活动，因此，感觉是人类认识世界、了解世界的第一步。

大脑对客观事物属性的反映，主要有两方面，一是直接反映，即客观事物直接作用于感觉器官，这种直接作用体现在时间和空间上，时间上即当时当下直接反映，空间上即在客观事物范围内直接反映，感觉具有直观性；二是不同感觉所反映的是事物的不同属性，感觉具有多样性。

（二）知觉

知觉同感觉一样，也是由感觉器官受客观事物刺激作用进行系列信息加工处理而得。知觉和感觉都是人类大脑对客观事物的反映表现形式，因此，感觉器官对感觉和知觉非常重要，离开了感觉器官，感觉和知觉都无法发生。知觉与感觉相比，是人们高一级的认知活动，感觉反映的是事物的个别属性，而知觉反映的是事物的整体属性。

1. 知觉区别于感觉

首先，知觉所反映的是客观事物的内在，通过大脑信息加工，能够用相应的词语概括事物属性，能够解释事物是什么，可以说，知觉所进行的是解释过程。

其次，知觉不同于感觉，表现在知觉是对事物整体属性的反映，是对各种感觉的概括和总结，感觉所反映的是某种属性，因此，知觉实际上进行的是概括过程。

再次，感觉是感觉器官直接对客观事物某种属性的反映，感觉器官所感受到的是什么，反映出来就是什么，而知觉则受到思维因素的影响，即客观事物作用于感觉器官后，个体结合以往经验，对感受到的信息进行思考，加之进行推论、理解，以得到较为准确、全面的认知。通过比较来看，感觉是知觉的基础、前提，知觉是感觉的发展、进步。

最后，感觉依托于感觉器官直接感受外界事物属性，不同群体对同一事物的感觉差异不大，个人经验积累、受教育程度、文化背景等对感觉影响较少，而知觉受此条件影响较大，个人经验积累越丰富、文化水平越高，其对事物的知觉能力越高，不同文化背景的人对事物的知觉体验不同，比如，在看到稻穗时，大部分人都能叫出名字，识别颜色，但农业技术人员能够准确对稻穗的生长状况、品种等做出判断。

2. 知觉与感觉紧密相连

虽然知觉与感觉区别较大，知觉比感觉深入一步，但二者关系密切。首先感觉是知觉的前提，感觉和知觉都反映的是事物的外部属性，不管是感觉还是知觉都属于感性认识范畴。比如日常生活中，人们经常对某一事物进行知觉判断，紧跟着该事物的各种感觉集合，或者人们对某一事物的某种感觉便会出现，随之是对该事物整体知觉的呈现。人们在长期的认识实践过程中发现，一种事物的一种感觉情况很少发生，单一的感觉并不能全面了解、学习、认识事物的属性。

3. 知觉特性

知觉具有相对性、选择性、整体性、恒常性、组织性和意义性。

（1）知觉的相对性。其指的是物体本身并不能直接引发知觉的发生，而是参照物体周边环境发生刺激，因此知觉的刺激不仅要有物体本身，还要具备周边其他条件，即多种刺激作用。也就是说，物体周围其他刺激的性质与物体本身之间有着一定的关系，这种关系影响着主体对物体的刺激反应，尤其是有着明显差异的物体之间，获得的知觉相对性更直观，比如日常生活中常见很多差异区分：黑与白放在一起，所得到的知觉差异就是黑愈黑，白愈白；胖与瘦对比，所得到的知觉差异是胖的那个更加显胖，瘦的那个更加显瘦。

（2）知觉的选择性。其指的是人们对客观事物的反应并不是全部发生，丰富多样的客观事物只能引起人们的部分刺激反应，而人们对其他客观事物只会或多或少地进行不明确的反映。在众多客观事物中，受认识相对性的影响，人们对某一客观事物的反映就会显得更加鲜明、更为清晰。尤其是客观事物在众多事物中具有比较明显的差异性，更容易成为人们知觉的首选对象。总体来看，影响知觉选择性的主要因素有事物刺激发生变化、事物刺激形成对比、事物刺激位置变化、事物刺激运动形态、事物刺激大小程度、事物刺激强度区分、事物刺激反复力度，这些因素的影响主要是基于客观事物的本身特点。另外，知觉选择性还受到主体因素的影响，包括主体自身性格、受教育程度、积累经验、认识能力等主观因素，也就造成同一事物不同主体会从不同角度表现出不同的知觉选择性。

（3）知觉的整体性。其指的是某一客观事物对主体的刺激并不仅限于某个属性的反映，而是根据自身经验积累对多个属性进行整合、梳理。不同于感觉，感觉大多是基于某一属性的刺激，而知觉则相对具有完整性、整体性，比感觉相对全面。比如红色的玫瑰花，完整的玫瑰花既有红色的花瓣，又有绿色的叶子做陪衬，正是由于知觉的整体性，人们在看玫瑰花时才有了美感的完整性。知觉虽然比感觉要高一级，但知觉的整体性是在感觉的基础上积累而来，人们能够通过对该事物某一属性的感知，依靠过往经验，进而感知该事物其他属性。倘若人们对该事物不熟悉，没有感觉经验，知觉整体性的形成并不容易获得。另外，知觉的整体性本质上是主体的心理反应，在主体获取的知觉是分散、零碎的情况下，主体依然能够凭借经验、主观意识，在心理上合成对该事物的整体知觉。

（4）知觉的恒常性。其指的是主体对感官对象属性的知觉不会因为角度、距离、亮度的变化而产生较大变化，不会因为感官对象在大小、形状、颜色等方面发生变化而获得不同的知觉，相反主体受经验积累的影响，对该感官对象保持相对稳定的知觉。知觉恒常性对人们的日常生活有着不小的影响，比如人际交往，在知觉恒常性的影响下，不管交往对象的发型、服饰、身材等发生怎样的变化，对交往对象的认识均不会发生变化。客观事物复杂多变，正是受知觉恒常性的影响，才能帮助主体更好更快地适应不断变化的客观世界。知觉的恒常性本质上是某一特定属性的恒常性，包括声音的恒常性、方向的恒常性、味道的恒常性等，这些具体属性的恒常性，能够帮助主体正确、快速地区分客观事物，积累经验，提高认识能力。

（5）知觉的组织性。其体现在主体主动地对获取的感觉资料进行一定的筛选、处理和组织。知觉的组织性是主体的一种心理过程，在转化过程中，通过经验、知识储备有序地对所有信息进行梳理、汇总，这也是从感觉到知觉的转化过程。心理学上把这种转化过程称为知觉组织，英文表述为 Perceptual Organization。心理学认为知觉组织发生机制离不开知觉组织法则。第一是相似法则，相似法则强调的是在面对众多刺激物同时作用的时候，主体应按照相似性发现这些刺激物在某一方面的相似点，如大小、形状、颜色、亮度等，依据相似点对其进行分类。第二是接近法则，当遇到的刺激物是陌生的、不熟悉时，主体往往会依据以往经验，主动查询该刺激物与接近刺激物间的联系，以便形成相对合理的知觉，这种方法就是接近法则。利用接近法则能够有效地帮助主体形成对陌生刺激物的认识。第三是闭合法则，当感觉材料属性相对单一时，为了合理、全面地转化成知觉，这时就需要主体通过以往的经验，找出相关刺激物间的关系，进而增加感觉材料的属性特征。当感觉材料属性较多时，为了形成较为精准的知觉，这时需要主体根据经验，有意减少多余属性。这种方法就是闭合法则，不管是增加还是减少，都是主体的一种主观行为，凭借的是主体的经验。第四是连续法则，连续法则与闭合法则具有一定的相似性，都是主体的一种主观行为，是主体的心理活动。连续法则常运用于音乐、绘画、建筑、设计等领域，在刺激物表面没有连续的状态下，主体依靠经验在心理上对其进行连续，进而有序地组织成知觉认识。比如合唱，表面上有不同的人、不同的音乐器材，是不连续的，但主体在实际看到、听到时能够在心理上主动地对其连续起来，达到欣赏的目的。

（6）知觉的意义性。其指的是主体对刺激物的理解，即人们在看到人、事和物时，不仅仅是感受，更主要的是主动地去寻找感受到的背后的意义，这种主动寻找是主体凭借经验积累进行的主动过程。知觉的意义性具有差异性，因人而异，由于主体的经验、教育、需求、所处环境等不同，对同一刺激物的知觉理解也会不同。任何人说任何话、做任何事都是有原因的，都是知觉的理解性的体现。知觉的意义性与主体的经验密不可分，同时知觉的理解离不开知觉过程中的思维活动，思维活动与语言表达又有着直接关系，因此语言表达能力对知觉的意义性也有着重要的影响，好的语言表达能力能够引导主体对知觉对象的理解更加顺畅、高效和完整。

（7）知觉定势。其指的是一种状态，这种状态表现在主体对知觉对象进行感知时提前输入的知觉属性。通俗来说，就是人们在对某一事物形成认识前，由于过往经验，已经对该事物留下了固有知觉，这种固有知觉影响着人们当下对该事物的知觉。知觉定势带有一定的先入为主倾向，影响着人们对知觉对象的准确感知。知觉定势除了受经验影响，还会受到主体自身状态和周边环境的影响，比如人们在开心的时候，对周边事物的知觉往往比较积极、全面；情绪不佳的时候，对周边事物的知觉比较消极。可见，知觉定势对知觉的影响是双面的，既有积极作用，能积极推进知觉过程有效完成，又有消极影响，在知觉过程中产生误导，不利于正确知觉的形成。

因此，总的来说，知觉与感觉既有联系又有区别，没有感觉就不会有知觉，但知觉又高级于感觉。感觉所反映的是个别属性，知觉因具有相对性、选择性、整体新、恒常性、组织性、意义性等，可形成对感官对象的全面反映。感觉是直观反应，知觉则会有一个过程，通过对感官材料属性的整合、组织，加上主体的以往经验，完成知觉过程，进而形成相对完善的知觉认识。同时知觉认识的形成离不开知觉信息的表达，完整、准确、高质量的知觉信息表达是知觉活动的关键，即思维活动和语言表达。

（三）记忆

记忆是人脑对过去发生的事物所产生的反映，并留存于人脑中，作为对新事物产生反映的经验。因为记忆的作用，过去发生过的事物才能得以重现，人们正是在记忆的基础上，对此时此刻的反映才能做到更加全面、更加科学、更加透彻。人们不断地保持记忆，经验得以不断积累，进而不断地扩大经验，提高认识能力。

一般来说，从记忆的时间保存来看，记忆分为三类，分别是感觉记忆、短时记忆和长时记忆。首先，感觉记忆是三类记忆形式中最直接、最原始的记忆。感觉记忆时间最短，往往形成于刺激作用停止后的短时间内，这种记忆在刺激作用停止后最多留存几十秒，所形成的记忆是对刺激作用鲜明属性的最直接反映。其次，短时记忆与感觉记忆相比，所留存的时间间隔稍久一些，对刺激作用的停留反映最多达到 60 秒。最后，长时记忆相对于感觉记忆和短时记忆而言，停留时间更长，信息储存时间在 60 秒以上，长时记忆对刺激作用的反映较为全面、深刻。

从记忆的发生机制来看，记忆可分为过程记忆和命题记忆。过程记忆主要是指对刺激作用反映过程中，对相关操作技能进行信息存储，包括知觉运动技能、认知技能两部分。命题记忆主要是指对刺激作用的反映以某种特定的符号进行信息存储，符号形式的选择得益于对其本质的认识。命题记忆具体又可以分为情景记忆和语义记忆。情景记忆，顾名思义是对刺激作用整个过程的存储，以记忆的形式仍能再现事件发生经过。语义记忆表现的是主体对刺激作用本质的存储，语义记忆更为深化。

（四）思维

最早对思维的解释是人类大脑通过语言组织、语言表达对事物属性进行总结的一种反应过程。思维来源于感知，又高于感知。思维本质上是认识的高级阶段，是一种认知活动，也是一种智力活动，因此对思维所进行的研究是寻找事物的本质属性、事物存在的规律以及事物的内部联系。

思维是指主体通过已有的经验、积累的知识对思维对象进行间接反映，通过自身努力探索、认识该事物的内在联系，并且能够从已知的联系推测到未知的联系，甚至得出对未知事物的认识。总的来说，思维是一种更高级的认识活动。从信息论的角度来看，思维也是一种涉及到多种程序的心智操作过程，对新输入信息和已存储经验的有效结合，能够主动对事物的属性、特点进行筛选，选出属于该事物的本质特性。从思维形式来看，思维有逻辑思维、形象思维、顿悟思维，也可分为抽象思维、具象思维、灵感思维。从思维活动过程来看，分为分析与综合、比较与分类、抽象和概括。

1. **分析与综合**

思维活动过程中最基本的是分析与综合。分析指的是人的大脑主动把整个思维对象分支成各个部分，单独把思维对象整体属性中某一属性或者某一部分分支出来，这一过程也是分析；不同于分析的过程是把整体分解。综合是人的大脑将思维对象分支的各个部分连接在一起，把思维对象某一特定的属性或某一部分连成整体，这一过程也是综合。可见，分析和综合既有区别，又密切相关，是思维过程不可缺少的两个环节。一方面，只有通过分析，才能实现对思维对象的客观判断、认识，通过一一分析，事物的各种属性得以明确、清晰；另一方面，只有通过综合，才能实现对思维对象的全面认识，通过汇总，事物的本质属性、整体特质得以呈现。

2. **比较与分类**

主体主动发现思维对象的区别之处、共同之处，这一思维过程就是比较。主体根据思维对象的区别和共同点进行对应的区分，这一思维过程就是分类。比较是分类的前提，二者相互影响。通过比较，区分出思维对象属性各个部分的重要程度，对其主要属性和次要属性进行区分，找到差异和共性，在此基础上，对思维对象进行分类，并建立一定的联系。

3. **抽象和概括**

抽象是思维过程的高级阶段，通过对思维对象的分析、综合与比较，获取各事物间本质的、内在的共同点，这一思维过程就是抽象，抽象是概念形成的前提和基础。概括则是对思维对象内在的、本质的共同点与特征进行综合。

（五）想象

心理学认为想象指的是人脑在已有的认知信息或材料的基础上，凭借知识和经验进行相应加工，进而获得新的形象，这一过程就是想象。想象本质上是思维形式的一种，这种思维形式不同于常规思维形式。在级别划分上，想象是一种高级的认知活动，不论是想象还是思维都是主体的主动行为，能够通过人脑操作获取未知的信息。通俗来说，想象就是对当下看不到的事物通过人脑活动给出具体的形象展现，这种想象是通过心理活动实现的。想象发生的基础是记忆存储，在记忆作用下进行不断的创造、加工，建立一定的联系，进而有了新的结合、新的表象。想象摆脱了时间和空间限制，对客观世界的了解有了更多的机会和可能。从心理学来看，想象分为无意想象和有意想象。

1. **无意想象**

无意想象指的是没有对想象进行刻意的划定，没有对想象的发生进行预测，这种想象是不经意间、不由自主地在一定的环境、条件刺激下进行的。比如我们经常说的“做梦”，做梦就是一种无意想象，是白天遇到环境刺激，引起夜晚睡眠境况下的无意识想象。

2. **有意想象**

有意想象指的是事先有计划、有安排，对可能出现的场景进行充分考虑。按照想象的加工、创造程度，又可把有意想象分为再造想象、创造想象、理想与空想。

（1）再造想象。其是指大脑根据他人提供的描述、表象形成一个新的表象。再造想象对人们形象、具体地理解抽象概念具有重要意义。完成再造想象需要满足两个条件：一方面能够明了已提供的描述、图样、某一符号所表达的内涵，另一方面自身要有足够的表象、图样经验积累。

（2）创造想象。其是指人脑摆脱现有描述、表象，自行创造出不一样的描述、表象。我们经常说的幻想就是创造想象，幻想是人们根据自身情况所想象出来的未来美好的样子。幻想一般是美好的，是当下不能实现的，代表了主体的一种愿景。通常是有了幻想才能不断地激励人们努力探索、不断进步。通过个人努力，幻想有可能变成现实，比如古人有嫦娥奔月的故事，有飞天的幻想，几代人用数以万计的实践探索把幻想变成了现实。

（3）理想与空想。理想与空想的根本区别在于，理想是符合事物发展规律的，是有一定依据的，并且是有可能变成现实的想象；而空想是不以客观规律为依据，甚至违背事物发展规律的想象。理想能够引导激励人们不断进步，空想却不能。但随着实践的不断发展，有些空想也逐步成为可能，成为事实。

（六）语言

人类大脑进化到一定阶段，从一个整体分化出两个半球，各半球负责的功能不同，其中一个半球负责语言功能，是语言半球，语言的出现在人类进化史上具有重要意义，成为人与动物区分开来的显著标志。以语音为表现形式，以词汇为内容载体，以语法为原则，构成了语言的整个体系。语言是最复杂、最有系统，且应用又最广的符号系统。事物的具体属性、特征、表象都可以通过语言符号展示出来，以便人们能够认识、学习。因国家民族文化、历史进程不同。语言符合各不相同，以汉语为例，汉语之所以博大精深，是因为其有着独特的词法、语法、句式体系，不管是文字系统还是语音系统都异于其他国家的语言符号，只有汉语具有音、形、义自成一体的语言符号。语言一般由概念、词语组成，揭示事物固有属性的语言符号就是概念，词语是形成概念的基础和载体，只有词语才能解释概念，概念是词语展示的内涵。

一般来说，语言有口语和文字两种形式，口语的表现形式主要是靠声音来实现，文字的表现形式则是以形象、符号为主。口语先于文字出现，文字是人类语言功能发展到一定阶段才积累而成。通常人们学语言，首先是从学习、联系口语开始，随着口语学习经验的积累，以及人们自身成长规律的发展，接着才对文字进行学习。

二、认知科学

认知科学诞生于20世纪，是这一时期最具世界影响力的新兴研究学科之一。认知科学以研究人的大脑与心智的工作机制为主，作为当时最具前沿性的研究学科，认知科学从一问世就引起了世界各国科学家们的高度重视。关于认知科学的研究始于20世纪四五十年代，最初只是作为个别科学的分支，直到60年代以后才有了大规模的发展。同其他学科相比，认知科学兴起时间较晚，但认知科学对人脑的研究发挥着重要作用。人脑工作机制是一项复杂、庞大的系统工程，从历来关于人脑工作机制的研究中可知，人类对大脑的研究在不断突破，不断完善。从解剖学实验到量化模型，再到神经生理学原理及量化分析，都是人类对人脑研究的逐步深入和细化。

“认知科学”一词源于西方国家，英文为 Cognitive Science，最早使用人为朗盖特·系金斯，于1973年首次出现，随后开始在世界范围内广泛使用。认知科学能够得到持续研究，离不开美国斯隆基金会（Alfred P. Sloan Foundation，纽约市一个私人科研资助机构，该基金会在美国有着相当大的影响力）的长久赞助和大力支持。得益于斯隆基金会的赞助，美国学者有了足够多的精力和财力着眼于对认知科学的研究。最初美国学者们只是尝试把哲学、心理学、语言学、人类学、计算机学以及审计科学六个学科进行有效结合，以探讨信息传送是如何在认识过程中进行的，通过对这一课题的研究，造就了认知科学的衍生。认知科学的发展是以上述六个学科为研究内容的，进而出现了对应的六个发展方向，即心智哲学、认知心理学、认知语言学（又叫语言与认知）、认知人类学（又叫文化、进化与认知）、人工智能和认知神经科学。学者通过对认知科学六个发展方向的研究，又生出控制论、神经语言学、神经心理学、认知过程仿真、计算语言学、心理语言学、心理哲学、语言哲学、人类学语言学、认知人类学和脑进化十一个分支，即十一个新的学科。

从与认知科学相关的研究内容来看，认知科学研究的内容有语言习得、阅读、话语、心理模型小概念和归纳、问题解决和认知技艺获得、视觉的计算、视觉注意、记忆、行为、运动规划中的几何和机械问题、文化与认知科学中的哲学问题、身心问题、意向性等。从研究内容来看，认知科学的本质和根本目标是研究人的心智，探索、发现人的心智所隐藏的秘密。随着信息技术的日益发展，认知科学的研究工具不断更新，纳米技术、生物技术和信息技术广泛应用于认知科学，对新世纪人类生产生活方式都有着重要影响。

认知科学并不是对一个单独的学科进行研究，认知科学的十一个学科分支，推动着各个相关学科发展，包括熟悉的哲学、心理学、语言学、人类学、计算机学、神经学，还有数学、物理学、天文学、地理学、生物学、文学、历史学、经济学、政治学、法学、管理科学、教育学等学科研究的深入进行都离不开认知科学，都离不开学者们对人脑与心智的持续研究。

举例来说，学者们对哲学的研究是随着人类社会的发展史而开展的，从古至今，哲学研究经历了本体论哲学、认识论哲学、语言哲学、心智哲学几个阶段。哲学最早始于古代的本体论哲学，这一时期的哲学探寻的是世界本原是什么；到近代由本体论哲学发展到认识论哲学，研究对象开始转为主体自身，探索的是认识如何发生；到当代，哲学研究范围集中在对主体和客体之间的沟通表现形式——语言上，也就是所说的语言哲学。随着对语言哲学的深入研究，语言与心智间的关系成为研究重点，心智的发生机制、心智如何成为可能引起越来越多学者的关注。心智哲学成为人类探究大脑机制的重要工具，人类对大脑的研究为认知科学的发展提供了依据，大脑作为认知的基础已经成为共识，认知科学的探究逐渐转变成对神经科学的研究。

认知科学如何界定，学界一直持有不同意见。关于认知科学的定义，最早的表述是认知科学是关于智能实体与它们的环境相互作用的原理的研究。从这一表述出发，与认知科学相关的学科包括计算机、心理学、哲学、语言学、神经科学等都纳入研究范畴，另外，与认知科学紧密相关的心智外在表现形式、作用机制成为研究对象，可见早期学者们关于认知科学的界定是以信息的符号表现和信息机能为主要内涵的。

从研究对象和研究内容来看，早期认知科学的研究主要有两条路径，一是建立有关认知过程的计算机模型，原理是模拟人体行为和环境变化，通过计算机程序获取模拟研究成果；二是用人脑取代计算机模拟，以观察、记录人脑在相应环境刺激下呈现的变化、反应，并对人脑活动的整个过程进行有效记载。国外对认知科学的研究范围较广，从心理学上来看涵盖了感知觉（包括模式识别）、注意、记忆、语言、思维与表象、意识等，每个学科的相关关注点各不相同。我国学者关于认知科学的界定，主要参照李伯约的研究，他认为认知科学的核心学科有两个，分别是认知心理学、心理语言学，像神经科学、人类学、哲学属于认知科学的外延范畴。

总的来看，认知科学本质上是对人类感知到思维信息获取这一过程进行研究的科学。从感官信息的输入到复杂问题的解决，从研究个体智能活动到研究整体智能活动，再到研究与人类智能相关的计算机模拟，都是对认知科学研究的细化。认知科学的诞生和发展离不开心理学、神经学、数学、哲学等学科深入发展。

当然，认知科学并不是一项简单的学科，认知科学本身就具有复杂性，对认知科学的研究必须从多方面、多角度进行，运用多门学科、多种研究工具、多种研究方法，全面、系统地跨学科研究。认知科学的出现和不断发展，推进了关于人的认知、智能活动相关研究的大力发展，亦推动了人对自身内心、自我管理、自我控制的研究，人类对自身身心健康的发展有了新的认识，认知科学与人类社会发展之间的关系互相促进，互相推动。

三、认知语言学

认知与人类思维息息相关，首先语言是认知系统的重要组成部分，认知与语言学之间形成有效结合，进而催发了认识语言学的出现。认知语言学起源于美国，最早出现于20世纪70年代，八九十年代推广至其他国家，并于21世纪发展为世界范围内具有主导地位的学科。国内学者关于认知语言学的研究起步较晚，始于90年代。

（一）认知语言学界定

认知语言学最早是由Sidney Lamb于1971年提出来的，他对其定义给出了界定，认为认知语言学是以人类大脑语言为研究对象，对语言与心智、神经间的关系进行研究的学科。但关于认知语言学定义的界定，学界一直有所争议。认知语言学的界定可从广义和狭义两个层面来理解，学者们较多地选择从狭义概念上对认知科学进行界定。“认知语言学理论家Lakoff（2002）认为，在术语上用以区别狭义和广义的认知语言学的办法是将狭义的认知语言学定义为坚持体验哲学观”[2]，狭义的认知语言学从人自身的经验、认知出发，以概念、结构和意义研究为中心，以探索与语言相关的认知方式，利用认知方式与知识结构对语言发生机制进行阐述。

国内学者赵艳芳对认知语言学的界定具有一定的代表性，认为认知语言学本质上是一种关乎认知取向、解释取向和语义取向的语言学。可见，狭义的认知语言学从认知的角度研究语言表达，对语言事实进行解释。

（二）认知与语言观

从认知语言学的概念界定和人类社会发展史可以看出，认知与语言两者不可分割，认知是语言的基础，反过来语言又推进认知的发展与进步，语言能力直接关系到认知能力，语言又是认知发展的结果和表现形式。具体而言：

1. 认知是语言的基础

从发展先后顺序来说，语言的出现要晚于认知，只有认知发展到一定阶段，才会推动语言的出现。可以说语言是认知能力发展到一定阶段的产物，只有先具备了对某一事物的认识，才能够进而通过语言对其表达。另外，有了认知并一定代表着一定有了语言，语言的出现必定是认知达到一定水平后才得以出现的。认知是语言的前提和基础，认知水平决定着语言表达水平。

2. 语言助推认知发展

“作为认识论的开创者，皮亚杰对语言的认识有着深刻的研究，在对认识的研究中，指出虽然语言不能包括全部的认知能力，语言不能决定认识能力的发展，但是语言能够推进认知能力的发展。”[3]可见，语言的出现和发展对认知的发展具有积极的推动作用，表现在：一是人类能够通过语言更加方便的思考客观世界、认识客观世界，并能够通过语言的积累从一个事物认识到其他相关事物，扩大对客观事物的认识范围，积累更多的经验，进而提高人类的认知能力；二是语言表达使得人与动物有了显著区别，人类因为有了语言得以不断地进行交流、沟通，增加认识，提高认识效果，有了语言表达形式的存在，人与人之间

[2]王寅在《Lakoff和Johnson的体验哲学》文中提到，“Lakoff认为认知语言学的哲学基础既不是经验主义，又不是理性主义，而是体验哲学”。

[3]桂诗春，宁春岩. 语言学方法论[M]. 北京：外语教学与研究出版社，1997：12.

的交流变得顺畅、多样、丰富，有了语言，人类之间的互动性增强，更能推动认识活动、认识能力和认识过程的实施。

3. 语言是人类认知能力的表现形式

可以说，语言是巩固和记载认知成果的工具。人类社会在发展过程中，正是通过人类不断地从客观世界获得有效认识而得以持续下去的，人类对客观世界的了解和认识主要是通过直接经验和间接经验取得的。直接经验就是自己通过观察、学习而获得的经验，间接经验是人们从他人的经验里获得的经验。间接经验只有通过口头语言、文字语言才得以传播、传承。通过语言，人们获取认知突破了时间和空间限制。通过语言符号形式的留存，认知活动连续进行，语言成为人们认识活动、认知能力的工具。另外，正是因为有了语言，个体对某一事物的认识，通过不断的积累变成集体的认识，最后变成整个社会的认识。认识从个体到集体，语言不断传输，认识活动不断传递，认知能力不断提高，语言成为认识活动的表达形式。虽然语言能够留存、传递，但语言并不是固定的、一成不变的、死板的特定符号，语言不能用一套规则系统进行约束和限制。各国语言具有不同的表现形式和规则系统，从词汇、语法到语音、语调、语种，语言本身就是形式与意义相结合的、具有内在结构的象征符号。

语言的表现形式反映的是认知结构，语义结构又是语言句法结构的体现，因此语义结构在认知语言学中地位重要。语言的表达必须考虑语言的意义所指，语言的意义反映了人与客观世界的互动水平，也是人们对世界的理解、看法和认识。所以，对于语言而言，语义知识和语用知识都很重要，语言形式是语义知识的外在表现，语义知识是语言形式的内在体现。认知语言学是在认知科学的基础上发展而来的，是对认知科学的进一步推广，认知语言学充分借鉴和吸收了格式塔心理学、认知心理学的相关理论，使得认知语言学在关注外在事物的基础上，对人自身变化也有了更多关注。

第二节　认知语言学与其他语言学派

一、认知语言学与结构主义语言学

瑞士语言学家费尔迪南·德·索绪尔（Ferdinand de saussure ）最早建立了有关结构主义语言学的理论。结构主义语言学主要是通过系统的、形式的方式对语言进行研究。结构主义语言学的学者们认为对语言语义的研究，实际上是对其词义的研究，语言系统内部的横、纵两个组合形式决定了词义，对语言意义的研究主要是对系统内部的研究。通过对比可知，认知语言学与结构主义学派是有着显著的差异的，首先从语言形式与客观事物之间的关系上看，认知语言学认为语言形式与客观事物之间是有联系的，语言形式是客观事物的一种符号反映，语言代表了人对客观事物的理解和认识，语言是有所指的，而结构主义语言学认为语言形式与客观事物之间是没有关系的，语言形式带有随机性；其次在语言的研究上，认知语言学对语言的分析充分考虑到语言所处的外部环境，认为外部环境对语言的研究具有重要影响，而结构主义语言学则把语言的研究当作是一个纯粹的、单一的、客观的研究体，把语言限定于固定的系统内，认为不同系统的语言是由内部不同的关系决定的，与外部环境无关。认知语言学与结构主义语言学虽然对语言持有不同的观点，研究的重点和方向不同，但两者也有共同之处。在关于语言是否具有社会属性方面，两个学派观点相似，结构主义学派认为语言是具有社会性的，语言并不能独立于社会，对语言的研究需要从社会的角度进行研究，社会性也是语言的基本特点之一；认知语言学认为反映的是人与客观世界、社会的相互作用，语言是人对社会认识和理解的体现，语言具有社会性。

二、认知语言学与生成语言学

生成语言学的典型代表是美国语言学家诺姆·乔姆斯基（Noam Chomsky，1928—）。生成语言学主要是对语言的语法、语法的形成机制进行着重描述。生成语言学认为人类的语言能力和语法系统是与生俱来的、独立的，认为语言是由普遍原则来促使语法、词汇、语句生成的。生成语言学对语言的研究建立在数学学科相关研究的基础上，生成学派对语言生成的论述，借鉴的是数学中几何图形都是由点线面生成的观点，因此生成学派对语言中的语法不同种类和不同形式的研究，是以语法单位的有效移动为主的。综合生成语言学的研究，生成语言学对语言研究的基本观点有：一是人的大脑中有负责语言职责操作的专门器官，人类认知能力能够进行有效研究，并能够找到相关规则，正是因为人脑中的专门器官按照一定的规则对此有效操作；二是人的大脑根据语法规则能够生成语法，进而生成句子，最终生成语言；三是语法生成词汇、语句是具有无限可能的，固定的语法可以根据不同的规则生成众多的词汇和语句；四是语法并不是一成不变的，语法具有多样性，语法在结构上有着不同的类别，比如有深层和表层语法，有逻辑和语音语法。可见，认知语言学与生成语言学具有明显的区别，首先，认知语言学把语言看成是构成人类心理组织的一个部分，语言与其他认知系统息息相关，互相作用，语言的形成和表达不能仅仅依靠原则、规则组合就得以实现，语言与外部环境、人的经验密切相关；其次，语法的本质是不同的语言形式和语言意义构成了不同的符号，语法并不是因为规则而具有多样性；再次，建立语法结构、生成语法结构是以词汇合成为基础的，不是以规则为基础的；最后，语法结构只有单层，不同的语法结构有着不同的语言意义，各语法结构间并不能像点线面那样随性组成任何几何图形，各语法结构间不能随意转换，语法是人们根据长期的经验对众多语言应用案例进行总结。

第三节　认知语言学发展历程

认知语言学的发展是伴随着心理学、哲学和认知科学对认知的研究过程。纵观认知语言学的发展历程，并不是一蹴而就的。

一、早期研究

关于认知语言学的研究最早是从唯物主义研究思维开始的，以英国著名学者霍布斯（T. Hobbes）和洛克（J. Locke）为代表。其所代表的是 17 ~19 世纪的联想主义心理学，认为知识的前提是经验，记忆、思维以及学习的基本原则是联想，这是最早关于认知语言学的雏形。到 19 世纪末 20 世纪初，以德国学者冯特为代表，从心理学的角度对认知进行研究，形成了认知心理学，推进了认知语言学的进一步发展。其认为声音发生、感知外部现象以及思维作用促成了心理学，心理学的任务就是凭借语言对感知外部现象与思维作用间的关系进行研究。20 世纪，随着完形心理学的诞生，以考夫卡（K. Koffka）和苛勒（W. Kohler）为典型代表，认为知觉活动是一个整体结构，即完形结构，人的意识经验具有明显的结构性和整体性，构成意识的整体性结构并不是各个部分简单的累积、结合，心理过程具有组织性、逻辑性，人具有认识客观事物整体（完形）结构的能力，倘若该事物的结构并不完整，或有缺少、不稳定，人们依然能够认知该事物。完形心理学力图通过研究人的意识与人的知觉间的关系以实现对人的心理活动过程的解释，完形心理学的出现和发展对认知语言学的发展起到了很大的推动作用。认知语言学在吸收、借鉴完形心理学关于人的心理过程和认知活动的完形结构性等观点的基础上，对完形心理学部分片面的观点进行了反思和总结，比如完形心理学认为完形心理结构是先天的，是无法改变的。早期学者关于认知、心理学相关领域的研究，为认知语言学的诞生奠定了基础。

二、确立

认知语言学的诞生建立在20世纪70年代对认知科学的研究基础上。20世纪80年代，美国学者们先后发布关于认知语言学的论著，分别是MarkJohnson的《心中之身：意义、想象和理解的物质基础》（*The Body in the Mind*: *The Bodily Basis of Meaning,Imagination,and Reason*）、Ronald W.Langacker的《认知语法基础：理论前提》第一卷（*Foundation of Cognitive Grammar*: *Theoretical Prerequisites.Vol.* 1）及George Lakoff的《范畴》（*Categorv*）。三部著作最终为推动认知语言学的确立做出了重要贡献。

1989年，认知语言学作为一门独立的学科正式确立。这一年，第十四届国际LAUD研讨会（Linguistic Agency University of Duisburg）在德国召开，正式宣布创办《认知语言学》（*Cognitive Linguistics*）期刊，并成立国际认知语言学协会（ICLA），标志着认知语言学正式问世，这次会议也成为国际认知语言学的第一届大会。从此，认知语言学开始影响人们的生产生活，与社会发展互相推动，世界各国都开始了对认知语言学的研究和推广。

三、发展

认知语言学正式确立后，发展形势迅猛，以美国为中心，逐步向世界其他国家辐射。认知语言学从20世纪80年代发展至今，涌现出一大批有代表性的学者和著作，比如Ungerer和Schmid的《认知语言学导论》（*An Introduction to Cognitive Linguistics*）、Croft 和Cruse的《认知语言学》（*Cognitive Linguistics*）、Evans 和Green的《认知语言学入门》（*Cognitive Linguistics*: *An Introduction*）。[4]

（一）维果斯基创立的“文化历史发展理论”

苏联十月革命后，心理学家维果斯基创立了“文化历史发展理论”，“维果斯基主要研究方向是人与动物本质区别——心理机能发生机制，人不同于动物心理，是因为人有概括、抽象和思维，维果斯基是第一个从历史角度研究心理学的”。[5]维果斯基对心理机能进行了明确的划分，认为心理机能有低级心理机能和高级心理机能两种，低级心理机能是生物进化的结果，高级心理机能则是历史发展的结果。高级心理机能发生机制以语言和符号为介质，以社会历史发展规律为限制条件发生作用。人的整个心理机能是从低级到高级逐渐升级的过程，并伴随着人的一生。心理机能离不开外部环境、教育经历和知识积累，外部环境的影响能够通过心理机能转化成心理活动。低级的心理机能是没有语言的、直观的。只有具备语言能力，才有可能发展为高级心理机能，具有内在性和历史性。感知外部事物通过内化（概括、思维）成内部活动，进而实现感知运动向语言思维的过渡。维果斯基的观点和理论对认知心理学有一定的影响，丰富了认知语言学的发展。

（二）皮亚杰的认识论

认知语言学的研究离不开对心理语言学的研究，理论界对心理语言学的研究是从观察儿童心理和研究智力发展开始的。皮亚杰是儿童心理学的开创者，又是认识论的开创者。皮亚杰对儿童心理学的研究是系统的、全面的，一方面把认知、智力、思维和心理作为同一研究范畴，另一方面把生物学、数学、心理学、哲学、语言学结合起来，建立了以儿童认知和智力活动为研究对象的结构主义儿童心理学，又叫发生认识论。皮亚杰对人的心理结构进行了详细的描述，把心理结构分成图示、同化、适应和平衡四个层面。所谓

[4]王寅. 语言哲学研究：21世纪中国后语言哲学沉思录（上）[M]. 北京：北京大学出版社，2014：36.

[5]朱智贤. 儿童心理学[M]. 北京：人民教育出版社，2016：21.

的图示指的是行为组织。个体对客观刺激能够做出相应的刺激，是因为刺激到相应图示会起作用，进而做出对应反应。图示受遗传和外部环境、经验的影响，在幼儿阶段，遗传因素主要影响着图示，随着个体成长，图示得到不断丰富。同化指的是把外部环境因素置入个体已有的图式或结构之中，以加强和丰富个体的行为。适应就是主体通过不断改变自身的行为表现以适应不断变化发展的外部环境。平衡实际上就是调节，是内部组织与外部环境相互作用、不断推进的过程。平衡状态并不是静止的，是经历着从平等到不平衡再到平衡的动态调节过程，进而推动着个体思维结构不断发展。

皮亚杰认为个体的行为和认知是主客体相互作用的产物，在个体不断经历图示、同化、适应、平衡的过程后，个体的认知水平不断得以提高，行为得以发展，图示获得新的水平，在此作用下，外部环境与认知能力不断推动，相互作用，刺激着语言表达能力不断提高。皮亚杰的理论不仅是生物适应论的体现，也是相互作用论的代表。皮亚杰关于行为与认知的观点也是内外因相互作用的发展理论。以儿童为例，影响儿童智力发展的因素主要有两个，一是生理的成熟，是智力发展的必要条件，生理成熟即神经系统的成熟，是个体发展的客观规律；一是环境因素，环境因素包括客观环境和社会历史环境，尤其是教育、文化、语言对儿童智力发展有着重要作用。在对儿童智力研究的过程中发现，语言能力建立在认知能力的基础上，没有认知能力的发展就不会有语言能力。一般来说，语言能力滞后于或者与认知能力发展持平，语言既有对他人经验的继承，又有根据自身认知能力而做的相应总结。

维果斯基和皮亚杰对认知的相关研究为认知心理学和认知语言学的发展提供了一定的理论依据和参考，但受当时特定历史背景的影响，在行为主义和结构主义受追捧的 20 世纪 30~40 年代，维果斯基和皮亚杰的理论并未得到足够重视，尤其是其关于认知的研究在当时并没有引起广泛的响应。

四、重新提出

20 世纪 60 年代后，行为主义和结构主义进入冷淡期，关于心理和认知的研究再次掀起热潮，这一时期对认知心理学和认知语言学的重视离不开美国语言学家诺姆·乔姆斯基（Noam Chomsky，1928—）的贡献。乔姆斯基针对行为主义提出了心灵主义，认为个体生来就具有语言习得能力，这种能力是个体大脑本身就固有的；语言学是认知心理学的一个分支，其基本职责就是研究语言能力，以及语言结构，并对个体语言习得的心理过程进行解释。乔姆斯基关于认知与语言的观点虽然有些片面和偏颇，但有力地反驳了行为主义对认知语言学的否定，引起了部分学者重启对认知语言学的关注。另外，1962 年苏联心理学家维果斯基的著作《思维与语言》（*Thoughtand Language*）被译成英文，在美国等国家得以传播。相对行为主义、结构主义、机械主义和心灵主义等理论的研究者发现了维果斯基和皮亚杰的理论的重要性，他们对思维相关理论的研究，助推了认知语言学的重启研究。20 世纪 60 年代，理论界对语言学和认知科学的研究，标志着认知心理学的产生。1967 年，奈萨尔（U. Neiser）在理论界发表了专著《认知心理学》，认知心理学这一学科正式诞生。随着人类社会的发展，尤其是伴随着信息论、计算机科学和人工智能的快速发展，认知心理学有了新的发展方向——信息加工心理学，即现代认知心理学。

认知心理学与心理学有着千丝万缕的联系，认知心理学继承了心理学的许多基本观点，比如心理学关于表象与认知的观点，表象本质上是一种类比，与外在客体有着相似的结构关系，认知是对这些表象、结构的进一步加工。认知心理学的发展为认知语言学的研究和发展提供了理论依据，奠定了思想根基。

第二章　认知语言学相关理论研究

前文提到认知语言学的产生与发展是将众多学科相结合研究的结果。在经历相当长一段时间的探索和发展后，学者们从多角度、多维度探寻认知语言学研究领域，形成了许多不同观点。其中有代表性的主要有概念合成理论创始人弗科尼亚（Fauconnier），其对认知语言学进行了明确分类，把认知语言学分为认知语义学、认知语法、隐喻研究与心理空间、概念整合理四个方面；学者埃文（Evan）把认知语言学分为认知语义学和认知语法论两个领域。国内学者关于认知语言学的研究和理论起步较晚，大多是在借鉴外国研究和理论的基础上，国内关于认知语言学的划分大多参考的是把认知语言学分为认知语义学和认知语法论。对这两个领域的研究对认知语言学的发展影响也越来越大，两个领域是发展最完备、体系最完整、理论最丰富的。本章所讲的认知语言学相关理论研究大多是以这两个领域为研究范围形成的理论成果。

关于认知语义学的研究始于 20 世纪 70 年代，涵盖概念框架研究、隐喻研究、范畴化研究、概念化研究、推理研究五个方面。有代表性的研究成果有美国著名的认知语言学家 Lakoff 的《我们赖以生存的隐喻》（1980）和 Johnson 的《女人、火与危险事物》（1987），两位学者都各自对隐喻思想进行了阐述；Lakoff 的认知模型理论；已经 Fauconnier 的《思维与语言的映射》（1997）、《心理空间》（1985）、《我们思维的方式》（2002）三本书对概念框架、概念合成以及概念研究进行了分析；L.Tamly 的《走进认知语义学》（2000）是关于语义学的理论，这些理论研究成果对后世学者研究认知语言学具有重要理论依据。认知语法论研究包括心智语法、意象性、论元结构、概念化、句法关系五个方面。相关理论研究成果有美国结构主义语言学家 Langacker 的《认知语法基础》（1987）关于构式语法理论的阐述。美国语言学家 Fillmore 和 Kay 的理论，详尽阐述了其构式语法思想、语法化的认知研究理论，体验构式语法理论以及流体构式语法理论。这些理论学者对认知语义学和认知语法论的研究，一方面利用了形式法、心理法、概念法，另一方面利用了构式法、内省法、跨语言研究、历时和共时分析、考察语境和文化结构等方法。

第一节　认知语言学的理论基础

20 世纪 80 年代末 90 年代初，认知语言学在新的哲学观和认知观的基础上产生。认知语言学是以研究人类的认知、人类对客观世界的认识为内容，以研究语言为形式的新兴学科。认知语言学的产生有着深刻的理论基础。

一、哲学基础

哲学理论是认知语言学的根基，从西方哲学的角度看，语言学本身就是哲学的一部分。哲学理论是感性与理性、经验主义与理性主义的结合，各个不同的哲学理论都不同程度地体现着语言学。我国著名的认知语言学家、语言哲学家王寅对哲学与认知语言学的关系进行了明确的表述，认为哲学理论本就反映着语言，其相关理论阐述也是对外部语言和人类心智语言的反映。德国哲学家康德在对理性主义和经验主义的研究中指出，主体知识可以通过白身感官经验以及操作机制获得。古代西方哲学理论中把感性与理性、经验主义与理性主义对立起来，把“经验主义”和“理性主义”归为“客观主义”，但这一观点与客观主义的相关理论是矛盾的，这就引发了关于认知论的自我革命。认知语言学一方面继承了哲学中关于客观世界的理论研究，另一方面摒弃了哲学中关于唯心主义和客观主义的片面论述。在这一基础上，认知语言学继承了哲学中关于主客观相结合的经验现实主义理论，这一理论不同于传统的经验主义，其理论建立在认知科学的持续发展基础上。经验现实主义认为不存在绝对客观的现实，感知和思维不能离开客观现实而独立存在，认知和经验只有在一定的外部环境，包括物质环境和社会历史环境中才能发生。经验在人的认知活动和语言活动中占有重要地位，经验来自于人与外部环境（自然环境、社会环境）的相互作用，是人的感官器官、人的心智与自然环境、社会交往相互作用的结果。经验现实主义同时指出，人脑对客观世界的反映是随着自身经验、认识不断积累、进步而相应发生变化的。每一种经验都有着一定的规律、结构，多种经验的积累形成了人类认知能力的提升，因此人类认知是多种经验结构的结合，人的大脑逐渐形成了对客观世界认知的规律和结构，而认知语言学正是以研究大脑认知结构及认知规律对语言的影响为主要目标的，在这一基础上，形成了包括范畴理论、知识、意义、理解、语言、真理等相关概念。因此，认知语言学的理论基础首先是哲学，在哲学理论的指导下开展认知与语言的相关研究，同时哲学思想引导着认知语言学的发展方向。

二、心理学基础

心理学的发展为认知语言学提供了理论支撑。从心理学对人的智力来源的研究上看，当代心理学有两个主要派别，分别是天赋论（Innatism）与建构论（Constructivism）。受笛卡尔思想的影响，乔姆斯基归为天赋论派别。天赋论认为人的大脑先天就拥有人的智力结构和认知能力，人类所获得的知识和经验都是先天从大脑中得来的，与后天无关。认识论开创者皮亚杰则是建构论的代表，皮亚杰受洛克、斯宾塞古典经验论思想的影响，对认知的起源进行了论述，认为认识是主客体相互作用的结果，即相互作用论，认为认知结构是个体后天建构的，是后天经验、实践的积累。

20 世纪 60~70 年代，心理学发展出一个新的学科——现代认知心理学，后其成为心理学的主导学科。现代认知心理学对认知语言学的发展具有重要作用，一方面，现代认知心理学提出信息加工论可作为研究认知内部心理机制的新研究方法；另一方面，现代认知心理学认为个体的一切行为是由个体的认知过程所限制的，提出应该研究主体认知活动自身所有的过程和结构，在此基础上，对智力的本质进行解释。因此，认知语言学继承和发展了经验联想主义、认知心理学的经典观点和理论，坚持皮亚杰关于主客体相互作用的理论，不认同人的大脑作为机器的观点，并且倡导“身在心中，心在身中”，坚持个体的认知随着自身环境是不断向外拓展的，人脑的思维活动与人脑本身结构以及所处的环境是紧紧相连的。可见，人脑对客观世界的感知和经验相结合产生了认知。认知是人与客观世界相互作用的结果，认知的基本要素是范畴和动觉图示，而范畴和动觉图示又是人脑对外界刺激的反映，通过人脑直接作用的范畴和动觉图示形成认知，以语言的形式表现出来，这一过程又与心理过程相关，因此，认知活动说到底也是一种心理过程，认知语言表达也是一种心理活动。认知语言学与心理学相关理论有借鉴和相似之处，但又有具体表现形式的不同，侧重点有所不同。

三、人类学基础

作为一个新的学科，认知语言学汲取了众多学科的理论基础作为本学科的理论依据，除了哲学和心理学，人类学的相关理论为认知语言学的许多论据提供了来源，人类学中关于范畴理论、原型、基本范畴领域的研究为认知语言学提供了借鉴。

（一）范畴理论

古典范畴理论认为范畴是客观事物在大脑中的机械反映，范畴有着清晰的界限，范畴具有一定的固定性、共同性，即一个物体只属于一个范畴；范畴具有独立性，独立于人的意识存在；范畴与人的生理、感知、意识等没有直接的关系。

从古典范畴理论对范畴的观点可以看出，其具有一定的局限性和片面性。哲学家维根斯坦为古典范畴理论进行了反击，对照古典范畴理论，游戏这个范畴不符合这一观点，游戏有娱乐、有对抗、有竞技之分，人们选择游戏的目的并不一样，因此游戏这个范畴并没有共性，并且游戏的各成员在游戏中的地位并不一样，这样就与经典范畴理论相矛盾。维根斯坦对古典范畴理论的质疑被用于奥斯丁的研究中，奥斯丁认为一个词的各种意义构成了一个范畴，各意义之间没有明显相同的特性，但是却能以某种方式发生联系，产生作用，并且能与其他词汇产生新的联系，扩展成新的词汇，具有新的含义，进而又构成一个相关范畴，这种范畴的产生是自然的、无意识的，是心理真实意图的反应。对范畴及相关概念的研究是人的认知的相应透射，进而为语言的研究纳入了新的研究视角，这也表明了语言是认知的一部分，语言也是范畴的一种。

（二）原型和基本范畴

1. 原型

人类学关于原型理论的相关论述对认知语言学具有重要影响。在人类学研究中，最早关于原型例子的阐述是对美国印第安语中亲属称谓体系的研究，在同一范畴的称谓里，范畴中的成员命名虽不相同，却是按照一定的关联规则进行命名，并且命名是与其财产继承、与其承担的社会责任有关的，范畴中的中心成员地位特殊、身份特殊，整个范畴结构是围绕中心人员建立的，这就是最早的关于原型的例子。人类学关于原型理论的研究，还有关于颜色在多种语言中的研究。学者通过研究发现，关于颜色的语言用词有基本颜色词，基本颜色词就是颜色词的原型，虽然颜色词在不同的语言中有不同的表述，但人类能对不同语言表述的基本颜色词做出一样的选择，这种基本颜色就是原型，因此，通过对颜色的研究能够发现，原型之间具有一定的相似性，原型与人的认知、语言具有一定的对应性。

2. 基本范畴

基本范畴指的是在范畴等级划分中，处于优先地位的范畴等级，并且相应事物的划分首先是基于此范畴进行划分，这就是基本范畴。根据基本范畴，范畴等级可以继续对外进行有序扩展，出现上属范畴、下属范畴。基本范畴是人类对事物进行分类最基本的心理等级，基本范畴划分根据人的心理经验进行，凭借的是人的意象、动觉。在基本范畴内，人与外界事物的相互作用为认知结构提供了可能，使得人们更能够第一时间感知、学习、记忆事物，这也是认知语言学关于语言研究的参考依据。人的认知离不开对客观世界的反应，语言正是对这一反应结果的表述和呈现。

四、认知语言观

认知语言学不仅与哲学、心理学有着深刻的关系，还离不开认知语言观的理论思想。认知语言学研究的本质是人类开展智能活动的基础，并且与人类认知水平关系密切。认知语言学如果离开认知语言观就不能成为认知语言学，因此认知语言学的理论基础还包括认知语言观。认知语言观认为认知和语言是相互作用、相互影响的，认知是语言的前提，语言是认知的媒介，认识的发展时间早于语言，并决定着语言的发展。人类一般先认识事物再借助语言表达，因此认知具有决定性。认知语言观认为语言是可以帮助和推进认识发展、进步的，虽然语言不能把所有认知都一一表达出来，但是语言能够提高人的认知能力。通过语言，人们能够更好、更快地学习，进而扩大语言对认知范围的表述，通过语言实现与周边环境、人际关系的联络，实现信息共享、思想交流、经验积累，推进个体积极发展。另外，认知语言观认为语言并不只限于形式表达，语言的共性并不能仅仅通过描述、转换、生成等方式实现，还要与句法结构、认知结构、语义结构等一一对应，因此认知语言学是在认知语言观的基础上建立起的全新的认知观。

认知语言学是认知科学的一个分支，是认知心理学与语言学相结合的边缘学科。采用经验观和突显观的语言认知观可研究出人们对世界的感知、经验是如何影响语言使用的。认知语言学把语言看作一种认知活动，研究与认知有关的语言的产生、获得、使用和理解中的一些共同规律及与思维、记忆有关的语言知识结构模式。语言的产生是以认知为基础的，语言的运用和理解的过程也是认知处理过程。对语言认知的研究包括两个方面：一是语言概念形成中的认识，即运用语言符号对事物进行概念化；二是语言使用和理解的认知过程，即怎样运用语言结构实现其实际功能。具体地讲，认知语言学的研究范围包括范畴化和原型理论、隐喻概念、意象图式、象似性和语法化以及认知语用推理。

第二节　认知语言学理论发展历程

关于认知语言学理论的发展，整体来看历经三个阶段。第一阶段是从 20 世纪 70 年代中期到 1985 年前后，这一阶段是认知语言学理论的萌芽和初步发展阶段，这一时期 Langacker 首先对认知语法着手进行研究，接着 Lakoff 等人发表了语言格式塔相关论述，到 1980 年随着《我们赖以生存的隐喻》一书问世，对语言与认知间的关系有了系统研究，即开始了对认知语法的研究。第二阶段是从 20 世纪 80 年代中期到 90 年代中期，这一时期认知语言学正式进入发展阶段，Johnson、Langacker、Lakoff 等学者在语言与认知的研究上取得了卓越成绩，奠定了认知语言学的理论根基。Rene Dirven 于 1989 年春在德国 LAUD 研讨会上成立了国际认知语言学协会，认知语言学开始在世界各国得以推广，相关研究持续开展。第三阶段是 20 世纪 90 年代中后期至今，这一时期是认知语言学理论成熟时期，认知语言学理论的相关研究已初具规模，理论成果日益成熟和完善。

一、国外认知语言学研究理论及成果

国外关于认知语言学的研究早期以介绍认知语言学派的哲学基础、论证理据为主，目的是奠定认知语言学的学术地位，建立一定的理论基础。早期国外学者主要以 Lakoff、Johnson、Langacker 为代表人物，其研究主要以微观的实证方法为主，包括语料库法、图像资料法、实验法，但缺乏具体的操作方法。随着认知语言学理论的发展，相关研究日益成熟，学者对认知语言学研究日益深化和分工细化，关于认知语言学中各种新的、系统的、逻辑的研究方法相继出现，研究学者会根据具体研究问题采取相应不同的研究工具。十年来，国外认知语言学者不断加强学术交流，比如 2003 年 5 月康奈尔大学组织举办了关于认知语言学实证方法的研究会，2003 年 7 月又举办了关于语料库在认知语言学中的应用研讨会，2004 年 1 月举办了关于语义学研究中实验方法的必要性的研讨会，2005 年 5 月在韩国汉城举办了第九届国际认知语言学大会，这些研讨会的召开，使得各国学者关于认知语言学研究的思想得以碰撞和交流，推动了实证研究方法在认知语言学研究中的普及和应用，同时也提高了研究能力。但实证研究方法还是有一定的弊端性，重在操作和技术介绍，对内容有所偏失，并有一定的局限性，因此实证研究方法仍需要与其他研究方法相结合，取长补短。

认知语言学理论得以发展的关键是 20 世纪 80 年代成立的国际认知语言学会，并在同一年首次发布了属于认知语言学的专门期刊，并出版了系列关于认知语言学研究的书籍。“从认知语言学在国外最早建立到发展成熟的四十年时间，认知语言学从萌芽，到成熟，再到深化和反思”[6]，并且已经成为世界上研究语言的最大派别和范式之一。由德古意特出版社出版的《认知语言学》期刊和《认知语言学研究》系列丛书，已经成为认知语言学领域的权威书籍。国外关于认知语言学的研究浪潮使得认知语言学陆续分支出不

[6]文旭，司卫国. 认知语言学：反思与展望.中国[J]. 社会科学评价，2018（3）：126.

同的研究方向和研究领域。

在认知语言学衍生出的多个研究方向和研究领域上，认知语言学又取得了新领域的研究成果，表现在：一是国外部分学者曾对一些与语言相关的心理表征和认知过程的研究进行批判，但近些年，持批判意见的学者由以前关注认知社会语言学与社会认知语言学的具体表现，开始转向关注有关语言方面的社会和文化因素。代表性人物 Geeraerts 认为，认知语言学应该以社会语言学和语言变体研究视角对音位变化、方言变化、词义演变、语言语域变化等进行调查，并找到这些变化与认知表征间的关系表现，调查等与认知表征的关系。2016 年，Geeraerts 又指出“语言的认知解释机制必须符合语言作为社会交际符号工具的事实”[7]。但学者 Croft 则主张的是社会认知语言学应该把语言看做是一种合作行为，这种合作行为探讨的是个体对语言的认知加工与社会认知能力间的结合。目前国外关于社会认知语言学的研究尚在初步阶段，还未得到较多学者的关注，已经形成明确的相关论述的有两位学者人物，分别是 Kristiansen、Geeraerts，他们发表了认知社会语言学专著，其他相关研究较少，主要还是以认知语言学研究为主。二是认知语言学有了新的活力注入，随着语言符号研究由单模态向多模态转变，声音从单体发声到伴有身体语言、手势语的转变，为认知语言学的研究开启了新的领域，2008 年，Langacker 在语法研究中就提出语言基本单位由音位和手势构成了其象征结构。Kok 与 Alan 则通过认知语法分析方法，对多模态话语的组成构造分析出手势。手势语作为语言的组成部分，是伴随着认知语言发展而新出现的领域，手势语意义非凡，一方面利用视觉数据使得语言的概念化得以阐释，并为认知机制提供了新的启发，另一方面对手势语的研究也是对认知语言学研究的补充和完善。手势语的研究已经成为研讨会、期刊、专著等研究方向的一部分。三是利用新的研究视角——类型学视角研究认知语言学，这一新的研究视角得以快速发展，类型学视角主要是对认知语言学的跨语言进行研究。在第十四届关于“语言多样性与认知语言学”的国际认知语言学大会上，提出了关于认知语言学研究的跨语言研究，强调对多种语言研究的重要性和必要性。类型学视角下的认知语言学突破了原有的以英语为主要语言的认知语言学研究，跨语言研究能够了解到除英语以外的其他语言能否适用于认知语言学理论体系，这种理论体系是否具有普遍性、共性，以及以英语为基础的认知语言学理论体系是否与其他语言相适应，并在适应过程中能否产生新的理论成果，以最大限度地扩大认知语言学理论本身的解释力和适应性。此外，学者们也在尝试用不同语言来描述动作和空间，进而探讨语言类型与认知之间的关系，以此来分析认知基础是否因为不同语言发生不同，或者不同语言是否存在认知基础不同，倘若存在，继续研究有差异的认知基础对本地区内语言习得的影响。

二、国内认知语言学研究理论及成果

（一）国内认知语言学研究理论

国内对认知语言学理论的研究要晚于国外，并且国内学者对认知语言学的研究及理论成果大多是以国外认知语言学研究理论为基础的。国内对认知语言学的引进，首先是对心理学的引入。20 世纪 80 年代，已经有学者开始从事这一方面的研究。90 年代，国内学者开始对国外认知语言学派的相关研究和理论进行引入，这一时期如石毓智的《肯定和否定的对称和不对称》（1991）和袁毓林的《语言的认知研究和计算分析》（1998），是国内比较早开始介绍和宣传认知语言学的相关理论，他们也是第一批引进、从事认知语言学研究理论的中国学者。在引进国外认知语言学研究理论的过程中，国内学者充分结合本国实际，发现认知语言学理论能够解决汉语及外语学习过程中出现的问题，认知语言学理论在国内具有适用性和实际性，在此背景下，更多的国内学者投入认知语言学的研究。至此，认知语言学研究已经在国内开展了 30 余年，形成了不少研究成果和越来越多的论著和文章。随着认知语言学研究在国内的发展，认知语言学在

[7]GEERAERTSD. The sociosemiotic commitment [J]. Cognitive Linguistics，2016，27（4）：527-542.

高校也有了专门的课程设置和专业设置，从本科生到研究生，认知语言学在国内发展有了更多的保障。以国内学者为代表的认知语言学研究理论，主要有语言学家桂诗春、宁春岩的《语言学方法论》，这本书系统地介绍了传统的语言学研究方法，对国内语言学有着很大的影响力，还有诸如以钱军、王远新、金立鑫、文秋芳、钱冠连、韩宝成、刘润清等为代表的研究学者，致力于国内语言学研究，为国内认知语言学理论成果的发展做出了重要贡献。

随着社会的不断发展、进步，以及在研究过程中不断呈现出的新的研究问题和新的研究理论成果，产生了新的研究方法和研究手段，尤其是像语料库研究法被应用到文体学、辞典学、翻译学研究中，获得了很多有价值的研究成果，还有像认知神经科学应用于认知语言学研究中，为认知语言学的研究注入了新的试剂。语言不再是隐秘地存在于人的大脑中，一方面利用认知神经学研究语言学，另一方面利用语言学融入脑神经科学中，推动脑神经科学的发展。可见，随着学者们对认知语言学不断的深入研究，认知语言学已经不再仅仅属于传统的人文学科领域，还与自然科学密切相关。随着人类社会的不断进步，人类对认知语言学的研究不再仅仅是为了探寻认知与语言的关系，而是有了更多的为实现高质量发展的新研究方向、研究目标和研究方法。从沿袭传统的人文学科研究到利用多学科整合、跨学科研究，认知语言学的研究方法不断丰富。一直以来，内省式研究方法作为认知语言学研究的主要研究方法，关于认知语言学的实证研究方法不多，尤其是具体操作程序、实验设计和数据分析更是较少。这里的内省法主要指的是个体通过直觉或语感来判断语言所呈现的形式和代表意义。自省法所要探究的语言形式包括孤立状态和特定语境，这种情况下获得的内省结果，研究者会对不同主体在同一语言形式下的内省结果进行比较，以期发现其中存在的规律。内省研究法在认知语言学研究方法中应用时间较长，影响较远。

国内学者对认知语言学的研究一直紧紧追随国外认知语言学的研究理论，在国外认知语言学已经有了新的研究方向和研究领域的情况下，国内学者对其研究成果及发展历程进行汇总，从中及时发现不足，完善国内认知语言学研究。比如“部分学者对认知语言学三个基本假设的研究内容，研究方法以及问题与不足等进行了分析”[8]；有国内学者对国外认知语言学的发展历程进行了整理，并对“其反思、批评及发展进行展望，从两个转向、三个延伸和一个特征等方面分析国外认知语言学的研究现状”[9]；还有部分学者单独对国际认知语言学大会上展现的研究成果进行分析和研究，并以此对相关研究成果所聚焦的领域进行回顾和展望。国内关于认知语言学理论的研究，大多是从宏观方面，对认知语言学整体发展状况进行论述，在此基础上，结合当下研究热点或某块会议材料进行讨论，进而对其所蕴含的系统性和全面性进行研究。

（二）国内认知语言学研究成果

1. 全国认知语言学研讨会

为推进国内认知语言学研究的发展，国内研究学者借鉴国外认知语言学研究学者的做法，在国内开展了以认知语言学为研讨对象的全国性的学术活动。全国认知语言学研讨会于 2001 年 10 月首次在上海举办，到 2002 年 10 月在苏州继续举办第二届，国内认知语言学研讨会在国内定期举办。每次研讨会上，国内学者在认知语言学研究方面都会进行探讨和尝试，对国内认知语言学研究的发展有着明确的指导方向。尤其是 2004 年举办的第三届全国认知语言学研讨会，请来了认知语法理论的奠基人——美国加州大学教授 Langacker 和构式语法创始人——美国伊利诺亚大学教授 Goldberg，在国际认知语言学界都引起了极大影响，也表明国内学界对认知语言学研究的重视及国际认知语言学界对国内认知语言学研究的认可。2006 年 5 月，南京第四届全国认知语言学研讨会召开，邀请了概念合成理论奠基人 Fauconnier、Mark Turner，这次大会上中国认知语言学研究会正式成立。2009 年 7 月，第六届全国认知语言学研讨会在东北师范大学召

[8]束定芳. 认知语言学研究方法、研究现状、目标与内容[J]. 西华大学学报：哲学社会科学版，2013，32（3）：52-56.
[9]牛保义. 认知语言学研究的现状与发展趋势[J]. 现代外语，2018，41（6）：852-863.

开，主题为“认知语言学在中国的发展：理论探索与应用研究”，请来著名学者 Panther、Tavlor、Oaklev 以及国内认知语言学领域权威学者沈家煊、徐盛桓和束定芳等。2011 年 7 月，第七届全国认知语言学研讨会在上海召开，这次研讨会与国际认知语言学大会（第一次在中国西安举办）日期相近，有幸邀请到参加国际认知语言学研讨会的部分国际研究学者。

国内的认知语言学研讨会与国际认知语言学探讨会相比，虽然起步较晚，但国内学者对认知语言学研究的重视和投入力度为国内认知语言学的研究做出了不可估量的作用。正是因为这些学者的忘我研究，使得中国的认知语言学研究与国际认知语言学研究达到有效融合，中国认知语言学研究作为国际认知语言学研究的重要组成部分，已达成统一共识。

2. **论著**

从 20 世纪 90 年代开始，认知语言学才开始走进国内学者的研究领域，认知语言学研究理论在汉语相关问题的解决上具有一定的可操作性。国内学者对认知语言学的研究，从最初的简单介绍国外认知语言学相关理论，到着眼于对其相关理论进行深入分析、阐释，再到运用认知语言学相关理论解决实际遇到的语言问题。在这一过程中出现了很多有代表性的研究学者，包括石毓智、袁毓林、赵艳芳，还有目前仍在研究认知语言学的学者，如沈家煊、王寅、徐盛桓、束定芳、熊学亮、李福印。这些学者发表的相关论著是中国认知语言学研究理论的重要组成部分。

石毓智于 1991 年发表《肯定和否定的对称和不对称》、2000 年发表《语法的认知语义基础》、2006 年发表《语法的概念基础》；袁毓林于 1998 年发表《语言的认知研究和计算分析》；张敏于 1998 年发表《认知语言学与汉语名词短语》； 熊学亮于 1999 年发表《认知语用学概论》；沈家煊于 1999 年发表《不对称和标记论》、2006 年发表《认知与汉语语法研究》；王寅于 1999 年发表《论语言符号象似性》、2005 年发表《认知语言学探讨》、2006 年发表《认知语法概念》、2007 年发表《认知语言学》；束定芳于 2000 年发表《隐喻学研究》；赵艳芳于 2001 年发表《认知语言学概论》；蓝纯于 2003 年发表《从认知角度看汉语和英语的空间隐喻》；张辉于 2003 年发表《熟语及其理解的认知语义学研究》；胡壮麟于 2004 年发表《认知隐喻学》；李福印于 2004 年发表《应用认知语言学》与《隐喻与认知》；徐德宽于 2004 年发表《现代汉语双宾构造研究》；陈忠于 2005 年发表《认知语言学研究》；卢植于 2006 年发表《认知与语言》；刘国辉于 2007 年发表《语言语用及认知研究》；刘正光于 2007 年发表《隐喻的认知研究》；牛保义于 2007 年发表《认知语言学理论与实践》。

除此之外，国内学者为推进国内认知语言学持续深入发展，对认知语言学研究领域的论著形成系列丛书，分辑出版，以供读者参阅。如浙江大学语言与认知研究中心出版的认知学科系列丛书《认知与语言》，一共分为六辑，分别从语言现象分析、认知理论，语言与认知的逻辑研究，认知哲学，认知语言学，认知与文化和隐喻认知七个方面对本基地的基本情况及国内外相关学者对认知语言学的研究成果进行阐述。另外还有学者王寅与赵永峰主编的《认知语言学研究》，以专题形式对国内外认知语言学研究的学者及理论进行阐释，为学者和读者提供了文献资料。

3. **论文**

国外认知语言学研究理论传入中国后，对国内认知语言学相关领域有着相当大的影响。认知语言学研究理论对国内汉语研究和外语教育实践有着明显的优势，吸引了更多学者对认知语言学的关注。大批学者关于认知语言学研究论著的发表，为大量论文、期刊文章提供了参考依据，出现了只要涉及语言学的读物，都会有认知语言学的相关文章平均每一期发表的现象。以《东方语言学》集刊为例，其发刊词直接对发刊宗旨进行说明，指出语言科学本质上与其他经验科学是一样的，其工作都需要从描写转变成解释，每一条规则的提起，实际上是根据语言事实与语言现象。重新进行内部解释，语言表达是依靠人类认知功能进行解释的。正是在这样的创刊词指导下，该刊每期都有关于认知语言学的文章发表。再如袁毓林的《汉语词类的认知研究和模糊划分》系列丛书，该丛书中每辑都有认知语言学的论文收录记载。在中国知网输入“认知语言学”关键词，能够查询到相关文章万余篇，而其中被高频引用的文章大概有：沈家煊于 1993 年发表的《句法的象似性问题》、 1999 年发表的《转指和转喻》、2000 年发表的《认知语法的概括性》；林书武于 1997 年发表的《国外隐喻研究综述》、2002 年发表的《隐喻研究的基本现状、焦点及趋势》、1998 年发表的《“愤怒”的概念隐喻——英语、汉语语料》；王寅于 2002 年发表的《认知语言学的哲学基础：体验哲学》、2005 年发表的《认知语言学翻译观》、2001 年发表的《Lakoff & Johnson 笔下的认知语言学》、2005 年发表的《语言的体验性——从体验哲学和认知语言学看语言体验观》；朱永生、严世清于 2000 年发表的《语法隐喻理论的理据和贡献》；梁晓波于 2002 年发表的《认知语言学对英语词汇教学的启示》；文旭于 1999 年发表的《国外认知语言学研究综观》、2002 年发表的《认知语言学的研究目标、原则和方法》、2001 年发表的《认知语言学：诠释与思考》；卢卫中于 2003 年发表的《人体隐喻化的认知特点》；王守元、刘振前于 2003 年发表的《隐喻与文化教学》；董燕萍、梁君英于 2002 年发表的《走近构式语法》；吴世雄、陈维振于 2001 年发表的《中国模糊语言学：回顾与前瞻》；刘正光于 2002 年发表的《Fauconnier 的概含合成理论：阐释与质疑》；严世清于 2001 年发表的《隐喻能力与外语教学》；朱永生于 2003 年发表的《话语分析五十年：回顾与展望》、2002 年发表的《论语言符号的任意性与象似性》； 戴炜栋、陈莉萍于 2005 年发表的《二语语法教学理论综述》；匡芳涛、文旭于 2003 年发表的《图形—背景的现实化》；束定芳于 2004 年发表的《隐喻和换喻的差别与联系》；杨忠、张绍杰于 1998 年发表的《认知语言学中的类典型论》；王文斌于 2001 年发表的《论汉语“心”的空间隐喻的结构化》；许余龙于 2002 年发表的《语篇回指的认知语言学探索》；董成如于 2004 年发表的《转喻的认知解释》；方经民于 1999 年发表的《汉语空间方位参照的认知结构》；房红梅、严世清于 2004 年发表的《概念整合运作的认知理据》；徐盛桓于 2001 年发表的《名动转用的语义基础》；张伯江于 2001 年发表的《被字句和把字句的对称与不对称》；赵艳芳于 2000 年发表的《认知语言学的理论基础及形成过程》；王寅、严辰松于 2005 年发表的《语法化的特征、动因和机制——认知语言学视野中的语法化研究》；伍铁平于 1997 年发表的《模糊语言学综论》等。这些论文对国内外认知语言学的研究进行了有效梳理与整合，为读者和学者提供了丰富的参考文献，为中国认知语言学研究理论的积累奠定了坚实的理论基础，认知语言学在中国的应用与发展越来越具有中国特色。

4. 国内认知语言学的未来

国内认知语言学发展的未来是与国外认知语言学发展方向保持一致的。从国外认知语言学发展史来看，21 世纪的主流学派是认知语言学派。在认知语言学派成为主流学派之前，转换生成学派是主流学派，在转换生成学派成为主流学派之前，是结构主义学派作为主流学派。虽然认知语言学派是主流学派，但与转换生成学派、结构主义学派是互相补充、相互促进、层层递进的关系。国内学者对国外认知语言学与国内认知语言学研究的不同点有着清晰的认识，能够认识到国外认知语言学的研究者们对形式语言学领域研究深刻，这是因为国外学者们切实地看到形式语言学的不足，因为作为国内学者而言，只有对形式语言学和结构语言学有着充分的准备和学习，才能做好认知语言学的研究。所以国内学者在认清国内认知语言学研究先天不占优势的前提下，通过自身努力，认真学习和研究国外相关研究理论，加强对结构主义语言学和转换生成语言学方面研究的专业能力，做好充足准备，以应对认知语言学研究的挑战，打破国内认知语言学对国外认知语言学研究理论的追逐，立足自身现实，立足本国发展需要，紧跟时代潮流和研究趋势，另一方面学习、吸收国外先进研究理论成果，一方面找准定位，弥补差距，发展出适合于本国语言特点和外语情况的认知语言学研究，积极加强与国际学者交流，保持学术的前瞻性，提高自身专业能力。在对国内认知语言学研究的过程中，需要重视国外认知语言学研究理论与国内认知语言学研究的关系、国外认知语言学研究理论与国内认知语言学事实的关系、认知语言学的描写与解释的关系、认知语言学的宏观研究与微观研究的关系。四组对应关系的处理反映了国内认知语言学的研究现状，并对国内认知语言学研究的重点给出了方向，四对关系前后相承，紧紧相扣。国内学者对国外认知语言学的研究理论进行了广泛的梳理，直至今日，对国外认知语言学研究理论的介绍仍未停止，因此，对国内认知语言学的研究应加强对国内研究理论的钻研，并使两个研究理论保持相对平和的状态，当然在对认知语言学进行一定的理论研究后，还需要结合具体的语言事实对相关研究理论进行论证和运用。而在对认知语言学研究理论的具体运用时，语言事实作为语言研究中最基本的工作，还需要重视对语言事实的描述。在具体操作中，应结合认知语言学理论的基本精神，给出相应的解释来说明语言事实，这也是认知语言学区别于描写语言学之处。学者在对各种语言现象作具体分析研究的同时，仍需保持对整个认知语言学理论的宏观把握。从近些年国内认知语言学研究取得的结果来看，国内认知语言学研究已经成为国际认知语言学一个不可断流的支流，构成了语言学研究整体。国内认知语言学研究随着国外认知语言学研究的发展而发展，同时，在与国外认知语言学研究趋势保持一致的同时，还需要充分结合本国实际情况，不断调整自身步伐，以适应不断变化发展的趋势，同时将认知语言学的研究成果不断推广至具体实践运用中，在具体的案例问题解决中，对理论进行不断的修整和完善。

第三节　认知语言学的理论应用

一、认知语言学的理论系统分析

（一）认知语言学的理论主线分析

一是概念语义方面研究：以意义转变为概念研究原则，通过在人的大脑中用语言来激活某一概念，以此组合成某种表达意义，进而构建出主体的内心与词汇表达相互作用的关系；二是百科全书词典中对应意义研究：考虑到开展关于知识网络研究才是表达方式和词汇方面的核心，因此要对表达方式和词汇方面的意象状态一一加以分析；三是结构范畴研究：认知语言学中的结构范畴研究主要是紧紧围绕其内部的主观关系与典型理论构成来进行；四是梯度语法判断研究：语法化判断不是二元模式，梯度结构归属于语法化判断内容，梯度语法判断要根据其所含意义以及所处语境来进行，并且要充分考虑到所涉及语法的变化性、梯度性及上下文连接性；五是语言与其他认知领域的互动关系研究：认知语言学研究的领域是认知语言领域的整体结构，包括语言问题、理论假设、类比研究、心理学成果等相关方面，并尽可能丰富认知语言学的理论基础，涵盖记忆力、关注力、范畴化等理论研究，这些都能支撑认知语言学研究；六是句法研究：句法通常会被认为是一种符号、声音的表现形式，是其所要表达意义的象征，因此对语法的研究，不需要通过再建构相关的自主理论来进行，只需要利用象征结构理论来实现研究的目的。

（二）认知语言学的框架结构

1. **认知语义**

所谓语义，指的是对人类概念体系、意义、推理的过程做出解释、分析，而概念体系是关键，意义、推理的过程则是外延部分。

认知语义学实际上是分析人类概念体系、意义、推理的过程，概念体系涉及的内容较多，如具象化、直接化的概念，还有抽象性概念，对具象化、直接化的概念，抽象性概念再进行细分。具象化、直接化的概念有空间关系、基础层次、身体运动（例如手部运动）、颜色概念、体概念（也叫体范畴，指的是时间和动作关系） 及其他概念六类，抽象性概念可具体分为隐喻、框架、转喻、心智空间、放射范畴、原型、概念整合等相关结构。

2. 认知语法

认知语法的关键部分是认知语法中的象征关系，由于人的大脑结构中不具备次网络体系和自由输入模块两部分功能，因此象征关系不能通过自主进行判定，只有通过相互作用才能进行。通常在对语法因素进行研究时，研究语法结构的前提是研究语用学、语义学、语篇功能。学者们在对认知语言学研究的过程中，对认知语言也取得了一定的研究结果。语言表达形式的意义配对实际上含在句法内，而意义配对本质上就是象征关系和象征结构，可见，语法和语义都属于象征关系范畴。

3. 词汇意义

在象征关系研究中，语音和语义（词汇意义）是构成象征关系的两个部分，而研究语义要比语音复杂得多。同一组词汇在不同的语句中具有不同的语义，所以语义一般具有多义范畴，而语义之所以具有多义性，主要是因为人类的思维模式发展空间广阔、人类的思想丰富，但是现有的词汇种类、数量却是有限的。因此，在实际运用过程中，一词多义能够有效帮助人们借助有限的词汇表达内心丰富的思想状态和无限的思维形式。因此，在这种情况下，很多时候人们就喜欢使用隐喻来表示一词多义的范畴，而多义的概念和范畴能够有效完成人们使用转喻和隐喻的方式表达自己的思维形式和思想状态，这也就使得隐喻逐渐成为现阶段认知语言学研究的主要话题。

4. 句法和语义

从分析认知语法的层面来看，象征关系还包含着语音极和语义极两方面。语音极和语义极可以互相调动对方，比如当人们在聆听和理解语言时，语音极就会调动语义极，使得语义极展现；当人们在说话时，语义极又会激发语音极，促使语音极展现。由于人类在理解事物时，要通过分析与归纳来实现理解的目的，因此对事物的类别划分越来越细化和具体，这就是构成范畴化。构成范畴化的基础是需要对核心概念完成归纳，进而产生边缘和核心意义。从这个层面来看，认知语言学把典型意义设置为其核心意义，如果边缘意义和核心意义相距比较远，那么此领域的边缘意义就很有可能转变为另一领域范畴的典型意义，因此事物的范畴具有开放性、相互关联性，同时又具有独立性。

5. 语法组构

在认知语言学研究中，语法包含两部分，分别是语法组构和语法范畴。语法组构属于复杂意义、概念体系、概念表达方式的一种。而概念表达方式的主要实现形式是借助标记模式和语序。分析和研究语法组构可以从三个方面进行：一是从语义极层面分析，语法组构是可以自主限制认知功能的，比如已知的信息能够限制热点和新内容、新信息；二是从语音极方面分析，在语音领域中，语法组构可以对已知的语音复杂程度进行有效限制；三是从神经层面分析，语法组构中具有语音范畴和概念范畴的多种神经联结单元。通过对认知语言学理论研究发现，语法组构具有实际意义：一方面能够通过整体含义和部分含义之间的关系建构一定的关联性，另一方面通过利用语言模式可有效表达概念结合体，比如人们利用词素标记或线性顺序来突出语法，最后依托前几方面实现认知功能和拓展语义的表达。因为语法组构中本身就包含有自身概念内容，因此在有了新的表达拓展语义和认知功能后，又能构成新的认知域，拓宽了新的研究领域。

6. 组构多义

因为语义具有复杂性、多样性，在语言中经常有一词包含多种意义的情况，因此语法组构也会相应形成多种含义，构成组构多义。词汇的多义性具有放射性，其边缘意义在一定条件下也会成为其他领域的典型意义，这也是组构多义的表现，比如经常在英语中出现的，在不同的语境下一词会有不同的词性，可以是名词，也可以是动词，还可以是介词。

二、语言教学应用

随着认知语言学研究理论的深入发展和成熟，学者们对认知语言学的研究从单纯的理论研究开始转向对语言学习及语言教学中认知语言学理论的应用价值的研究，进而，认知语言学的研究理论成果逐渐更多地运用于第二语言的教学与语言习得方面。把认知语言学的相关理论应用到第二语言教育与习得的实践中意义重大，既能够帮助学习者提高实质性的学习效率，又能够为教学行为提供指导，并且还能在实践中不断地对认知语言学研究理论进行验证与完善。认知语言学研究理论在语言教学与语言习得上的运用主要体现在原型范畴理论、象征性理论、基于使用理论、隐喻理论及涉身体验理论在实际教学中的运用。从语言教学的角度来看，认知语言学及其相关理论的发展为语言教学尤其是外语教育提供了新的思路、方法，开阔了新的视野。

（一）原型范畴理论与词汇教学

原型范畴理论起源于哲学领域，后来被学者们应用于认知心理学的研究领域，又成为认知语言学研究的一部分，并作为认知语言学的基本理论，这也突出强调了范畴化在人类认识世界和学习世界方面所占有的重要地位。

在原型范畴理论中，人们在面对客观世界时，首先根据自身经验对客观世界进行有效判断，然后再根据判断的结果对其进行一一分类，分类工作完成后，大脑再对其进行储存，成为记忆，认知语言学的学者们把这一过程称之为“范畴化”。可见，认知范畴属于范畴化的一部分，是范畴化的产物和结果，在此基础上，有关范畴化的事物成为人们认识客观世界的依据。根据范畴化相关理论，归属于同一范畴的事物，并不一定全部都处于同一个地位、抑或是处在同一个层面，也不能同时被人们感知，总是有一些最早被人们认识的范畴，这一部分范畴就是基本范畴。而“容易被人首先发现的基本范畴同其他范畴相比具有区别特征明显，能够被快速识别，能够最先被认识、命名和记忆的特点，而一个范畴中比较典型的成员即为‘原型’”。[10]

根据认知语言学理论研究中的原型范畴理论，学者们通常会把语言中所使用的、存在的所有词汇都认为是一个大范畴，在所有词汇中会有一些词汇是被人们常常使用的，被大多数人使用的词汇被认为是基本词汇，也就是大范畴中的基本范畴。我们知道，作为基本范畴，总是能够被人们首先识别到、感知到，这就是词汇中的原型，原型实际上就是范畴中的典型成员。人们认识的实现首先需要通过认识原型即“典型成员”逐步深化，进而达到认识目的。因此，原型范畴理论对语言教学，尤其是外语教学中关于词汇教学方面的启示作用比较明显。把语言教学当作范畴来看，其所有的基本范畴里，词汇所有的音节是比较少的，词形也是相对比较简单的，词汇能够明确地把意思表达出来，学生对这部分的词汇使用率也比较高，这种情况下学生日常学习的前提、日常学习的基础就是基本范畴中的词汇。能够充分认识到这一点，教师就能够在日常教学中关注到教学重点，掌握学生关注点，在教学方法选择上就能够加强对基本词汇的教学力度，尤其在外语教学中，词汇教学放在第一位更有说服力。除了重视常用的词汇教学，其他使用频率较低、学生理解难度较大的词汇，教师能够分清先抓什么，辅助抓什么，就可以将使用频率较低的词汇放在基本词汇教学之后，遇到同一词汇有相似性的情况，要对学生给予认真讲解。在语言教学，尤其是外语教学中，充分借助原型范畴理论，能够有效实现教育教学目标，提高教学实效性，一方面对于教师而言，可以突出重点，在教学过程中有重有轻，方便学生理解；另一方面对于学生而言，可以快速地记忆新词汇，提高学习效率。

[10]洪昀. 认知语言学对外语教学的启示[J]. 科技视界，2015，（4）：202.

（二）象征性理论与语法教学

在象征性理论里，组成语法的构成单位被当做形义配对体，由词汇、短语及句子一起构成一个象征系统，这个象征系统在语法里就是词汇—语法连续系统。在词汇—语法连续系统里，居于核心、关键地位的是“意义”，如果单单只对纯语言形式进行研究，是完全没有意义的，因此语言研究离不开对“意义”的研究。所谓的语法研究，主要是关于语言方面的研究，早期认知语言学的学者们主要是以统一解释语言各个层面的事实为目的。因此，象征性理论为认知语言学的研究目的提供了具体的操作路径和切实可行的方式方法。认知语言学认为语法教学的重要研究问题是语言观问题，语言观实际上是关于语言的本质以及与语言结构相关的认识问题。认知语言学主张涉身体验的认知观，作为涉身体验的认知观，主要是认为语言的各个层面所相关的知识其实与人的涉身体验在本质上具有一定的相似性。

在进行语言教学，尤其是外语语法教学中，通过借鉴象征性理论，坚持语义及语言意义优先原则，对语言形式和语言意义进行有效结合，并突出形式的意义依据。实际上语法教学与词汇、短语教育具有一定的相似性，教师在进行教学过程中应首先了解到学生的主观接收能力、识解方式如何，充分考虑到学生的学习能力、相关情况，进而在具体实践教学中积极关注学生的学习动态，学会因势利导，充分发挥学生在语法学习中的主观能动性，发挥学生的认知主体作用，充分发挥、重视认知能力在语法学习中的积极作用。

【例】以“let us”与“let’s”为例，以情景设置反问疑问句：

Let us go to a movie，______?Let’s go to a movie，_______?

过去的教学活动枯燥、乏味，一节课下来都是教师依照课本读课本，讲解的内容多是课本上早有的内容，讲解形式、内容都比较单一，讲解的内容就是理论知识，讲解的方式就是传统的灌输式教育，而学生往往对纯理论的教学内容理解得比较吃力，学起来比较费劲，积极性也不高，对理论知识学习效果不佳，很难形成有效的记忆。根据认知语言学的象征性理论知识，教师可以在教学活动前，深挖语义的具体理解和相对依据，再结合具体案例，把理论知识生活化，丰富教学内容和教学形式。这样教学活动的目的就能实现，学生对语义的理解就能有效提高，学生对外语的记忆就会显著增强。根据以上分析，从语形的层面来看，上述举例“let’s”与“letus”从词汇间的空间距离来看，“let’s”比“letus”词汇间的空间距离近，而词汇之间的距离在一定程度上就是概念距离的象征，因此，两者相比，“let’s”词汇间距离近，这也就表明谈话双方的心理距离比较近，而“let us”的词汇间距离较远，表明谈话双方的心理距离比较远。从象征型理论研究来看，心理距离近，暗含说话一方将说话另一方划入自己的行列（也就指我们“we”），相对反义疑问句而言就使用“shall we”；相反，如果心理距离远，就暗含说话一方将说话另一方排在自己的心智范围之外，因此就使用“you”，相对应的反义疑问句就用“will you”。

（三）基于使用理论与语用教学

结构主义理论在20世纪的语言学各理论研究中占领着主导地位，这一时期结构主义理论认为应该把语言的使用和语言结构的相关知识分离开来。关于“语言”和“言语”的两个概念，最早是由语言学者索绪尔根据结构主义理论提出来的，并对语言使用和语言知识提出明确的区分，而“同样关于‘语言能力’和‘语言行为’的相关理论也是在此情况下提出来的，这一理论的提出者是乔姆斯基”。[11]因此，早期人们对语言学的研究主要关注是语言结构知识，而语言使用对认知结构的相关影响这一方面的研究较少。长期以来的实践表明，只有通过反复的训练和接触，语言学习者的认知结构才会有发展意义。

认知语言学里有关使用理论有着明确的理论观点。使用理论认为，首先语言的使用在语言认知结构整个构成中扮演着重要角色，与语言使用相关的信息在使用过程中依然能够将相关信息保留下来。语言是在

[11]文旭. 认知语言学的基本特征及其对外语教学的启示：应用认知语言学探索之二[J]. 外语教学理论与实践，2014（3）：20.

不同的场景使用中积累下来而形成的。人的大脑对认知常规的象征单位，即经常、频繁出现的会有不同的固化程度，语言单位能够接受或者语言固化的程度都与语言使用的频率息息相关。一般来说，语言固化程度与语言使用频率的关系是成正比的。“固化程度影响着语言使用者对于某一象征单位的语法特性的判断和认识，原来不正确或不规范的语言使用会因为使用频率的增加以及情景适宜性的增强从而变得合乎规范。”[12]

使用理论的相关知识对于外语教学有着重要启示和指导作用，就是提醒教师要足够重视语言的使用，要着重培养学生对语境的敏感性，对语言在不同语境下的表达能力。例如：“Let’s take our pills, Tom.”（“汤姆，咱们吃药吧。”） 在这个例子中，通过前后仔细理解文意，我们发现其实“let’s”实际上并不包含说话者，说话者说出这句话的情景可能是父母在劝诱小孩吃药，但父母自己是不吃的，只是让小孩吃，但使用这种语言能够拉近距离，更容易说服对方，让对方理解。再比如，在医生询问病人的病情时，通常使用的是第一人称“we”，如“How do we feel today?”也是根据语境，说话者注意对关键词的运用，有着较高的语言表达能力，使得听者比较容易接受。这种场景，我们在服务行业见到和听到的最多，对话者会及时根据语境需要灵活地选择不同的语言来进行交流，达到有效交流的目的，对语言使用做出很好的示范和引导。

（四）隐喻理论与文化教学

隐喻是经常出现在人们日常生活、交流学习中的，隐喻也是应用得比较频繁的用语习惯，尤其是在汉语文化中，隐喻更是有着几千年的使用历史。隐喻是我们经常无意识就能用到的语言现象，隐喻也是人们重要的思维方式和认知模式。认知语言学理论指出，人类思维过程中一个重要特征就是使用隐喻，并指出隐喻是人类思维过程的整体映射，隐喻是人们认知系统的重要组成部分。隐喻本质上就是人们在对事物进行认知和感知的过程中，会不由自主地对两种没有明显联系的事物制造联系，以实现从源模型到目标模型的映射。

隐喻具有 特殊性，不同的语言蕴含着不同的文化，也映射着不同的认知方式和思维方式，体现着语言和文化间的关系。一般来说，不同的语言环境下，隐喻所代表的意义是不一样的，进而语言所呈现出的意义也会不同。隐喻对文化教学具有重要的引导和指示作用，“教师在外语教学实践中，恰当地引入隐喻理论，用隐喻的表达方式区别出源语言与目标语言中的差异，并用隐喻理论对差异进行讲解与分析。以此指导学生了解、学习差异背后存在的文化差异”。[13]教师通过隐喻理论教学方式，积极引导学生透过现象认识本质，即通过学习两种语言的差异认识到所蕴含的不同文化所代表的认知方式及思维方式的异同，进一步对隐藏在语言背后的不同文化所具有的相似性与差异性进行学习和认识，并最终实现掌握语言的目的。另外，教师在教学实践中学会灵活运用隐喻理论，还能够提高学生学习的积极性、参与性，增加学生学习的乐趣，提高学生学习新知识的求知欲，以提高教学目的的实效性。

（五）涉身体验理论与课堂活动

认知语言学认为，人对客观世界的涉身体验是语言知识形成和稳固的前提和基础。无论哪种语言符号，所蕴含的意义都是人们在不断的对客观世界的涉身体验中所获取的认知，人们通过不同方式的涉身体验活动，从不同的角度对同一事物获取不同的认知，并能通过自身的思维方式对多种认知结果进行汇总与分类。例如：“He ran across the field. ”与“He ran through the field. ”两个句子中，不同的是介词“across”与“through”的使用。对于初学者而言，对两个词的使用会比较难理解。从认知语言学的角度来分析，“across”

[12]孙崇飞. 认知语言学对外语教学的启示：体验认知教学模式[J]. 宜春学院学报，2014（7）：132-136.

[13]武婷. 认知语言学对外语教学启示研究的文献回[J]. 海外英语，2019（4）：82-83.

指的是以俯视的角度观察整个行动或者过程，而“through”指的是需要通过努力来穿过空间可能存在的阻力。此外，认知心理学学者通过实验认证，通过设置一个与比喻性短语所提及的相关动作来帮助人们完成识别过程，这样人们更容易从与先前做过的动作相关的隐喻性短语中获得理解，这就要比一个不匹配的隐喻性短语容易得多，从这一点上就可以看出涉身体验对于认知具有重要意义。

通过涉身体验理论，对照外语教学，具有很大的启示作用。首先，作为教师要清醒地认识到语言学习是一项极具体验性的活动过程，尤其是在外语教学中更是如此。教师在教学活动中要转变立场，从学生的角度对语言知识进行讲解，把学生放在教学活动的主体地位，重视教学过程，而不是单一地看教学结果，尤其是要注重课堂教学质量，通过课堂活动活跃课堂气氛，通过课堂活动实现与学生的有效互动，通过课堂活动让学生在实践中直观地感知所学的知识，所以教师一定要重视课堂活动在教学中的主导地位。课堂活动是学生学习、教师授课的主要途径，教师要改变传统的课堂教学模式，通过设计一些合理、有效，并且与学习者的认知特点、身心特点、社会文化背景息息相关的，与学生实际生活密切相关的课堂活动表现形式，让学生在课堂活动中真实地感受到知识的力量，在实践中感知语言形式和语言意义之间的关系，从而深化对语言知识的认识和理解，进而促进对语言知识的记忆。

总而言之，认知语言学及其相关理论的发展推动了语言研究的发展，同时也为语言学习和语言教学提供了新的视角。在外语教学中积极引入认知语言学的相关理论，证明能够有效地提高课堂教学效率，有助于丰富和完善教学理论，创新教学模式。任何一种语言的学习都需要大量词汇的积累、大量语法结构的记忆，每一种语言并不是有着固定的规则，而是形式多样，甚至有的语言表达形式异于正常的形式用法。同时，不管哪种语言，都离不开对人类经验的差异和空间物理世界的概念的描述。作为学习者，学习母语和学习外语都具有同样的难度，都具有一定的挑战性，尤其是在对两种语言进行深度辨识时更需要一定的知识积累。认知语言学的原型范畴理论、象征性理论、基于使用理论、隐喻理论和涉身体验理论这五个方面的基本理论，能够很好地解释这些语言现象，对外语学习和外语教学有着极为重要的参考价值。

三、认知语言学理论今后发展分析

（一）对认知语言学理论的批评和反思

认知语言学今后的发展方向能够对原有研究课题和研究领域进行持续深入的拓展和深化。认知语言学理论结构范围远远大于目前的研究范围，虽然近些年来认知语言学理论研究取得了相当不错的成就和成果，但是从整个认知语言学的发展历程来看，只有对现有的认知语言学研究工作开展系统、细致的批评和反思，构建多种理论结构间的契合性和自洽性，实现概念和术语间的统一，从“跨语言”领域开辟认知语言学新的研究领域，才能推动认知语言学研究深入发展、持久发展。从“跨语言”研究的角度，以英语和其他语言为主要研究对象，分析认知语言学理论中的共性问题。以研究汉语认知理论为例，不仅能够促进语言学理论在我国研究的本土化，还能最大限度地发挥认知语言学理论的自身影响力和解释力，推进认知语言学理论在不同语言背景下的适用性和推广范围。对于语言在发展和调整过程中出现的相关问题，也可以借鉴历史语言理论、语言演化过程、认知语言理论等相关理论知识，并将各个理论知识进行充分结合，通过分析、整合、碰撞，进而构建一个全新的语言认知演化体系。

为了更好地完善认知语言学理论知识，在对认知语言学进行研究的过程中，可以采取实证和内省相统一的研究方式，对认知语言学进行量化并具体地分析。在这种思想指导下，新形势背景下认知语言学的研究形式逐渐向量化和实证方面转化。而经常说的实证来源于认知科学，其决定因素是语言语境和观点。在此情况下，利用实证法进行认知语言的研究具有较强的借鉴价值。另外，语言材料的真实性也是影响认知语言学研究的重要方面，为保证语言材料的真实性，就需要合理合情地区分语言使用和语言能力。以目前的神经实验和语言材料库等领域的研究为例，量化分析和大量数据采集为认知语言理论的相关假设和相关研究提供了有力的数据支持和材料支持。

（二）重视语言中的文化和社会因素

随着认知语言学研究领域的不断拓宽，认知语言学研究方向与人类社会进步密切结合，认知语言学研究领域从学术层面不断向社会层面转变，主要表现在传统的认知语言学以研究语言、认知为主，而新时期的认知语言学在继续研究语言和认知的基础上，对语言社会维度进行相应的研究，即研究语言社会交流性质和受文化环境影响的力度。“在认知语言学研究领域深入到社会层面的过程中，衍生了新的研究领域，如社会认知语言学、认知社会语言学。”[14]认知社会语言学的理论研究方向以语言变异、社会语言等方面为切入点，对语句变异和语言变异进行重点研究；而社会认知语言学则以讲述者和聆听者之间语言知识的交互机制为研究重点，交互机制的前提是两方在进行语言知识的交互过程中能够实现合作、规范和协同，从这方面来看，认知语言学是以文化因素和社会因素对语言使用的影响为重点，尤其是对语言变异情况的重点研究。

（三）关注语言交流中的非交流元素

人际交往中既有语言交流又有非交流，因此对于认知语言学而言，应该是涵盖两种元素的研究。在以往的认知语言学研究领域，更多关注语言交流的研究，而对非交流元素研究较少。因此，只有加强对非语言交流元素的研究，认知语言学研究领域才能算比较全面，有利于丰富和完善认知语言学研究理论体系，常见的非语言交流元素有手势、肢体、眼神、微表情等。在当前认知语言学研究领域，学者们对认知语言学的研究已经从单纯的对声音和语言符号的研究延伸到对肢体语言和手势语言的非语言交流层面的研究，即多模态领域的语言研究。认知语言学理论研究的主体是以多模态研究形式为主导的，多模态研究形式包括多模态和转喻、隐喻之间的互动和沟通。比如，对手势语言的研究，需要语言概念和结构系统相关理论的支持，在此基础上构建语言研究系统的结构。因此，充分利用认知语言学的多模态理论，能够有效提升思维、语言和现实之间的关联度，通过建立相互对应关系，进而实现认知语言学的理论研究量化转换和社会化转换。另外，对认知语言学的研究还可以通过有规律的观察法和调查方法实现对人的认知和语言的研究。学者们经常用的研究方法有三种：一种是把认知科学的研究理论成果运用到语言研究中，从中发现语言结构和认知结构之间共同具有的相关规律；一种是采取观察法和内省法，以观察反映认知活动的语言现象，从中找出所含的规律，通过研究规律分析规律所含的内在的认知取向；一种是采取抽样调查法，对一些语言中存在的变量进行控制，以此开展调查，以不同年龄组、不同文化程度、不同职业的主体为研究对象，以研究其在正常的自然环境下，通过设置询问、答卷、叙述等环节所存在的认知活动规律。三种研究方法各有特点，学者们根据实际需求，灵活运用三种方法，可单一使用，也可混合使用。

研究发现，每一种新的语言理论的出现都会伴随着对其理论的应用与推广。随着认知语言学理论研究的不断发展，关于认知语言学的应用范围也在不断拓展。认知语言学发展到现在，其在语言教学、语言习得、汉语研究、外语教育、文学诗歌等方面都有着广泛的应用。以外语教学为例，认知语言学对外语教学的影响主要体现在改变了传统的对比分析方法，为外语教学方式方法注入了新的活力，并且能够为部分难以理解的外语现象提供解释依据，为新时期教育教学改革提供方向和指导，为教学内容改革提供参考。当然认知语言学因其理论研究的复杂性和多样性，在理解上和应用上都有一定的难度，尤其随着社会发展的日新月异，认知语言学研究理论也存在一定的局限性，外语教学的改革不能全盘挪用认知语言学相关理论。

随着人类认识能力的不断提升，关于语言的认知研究在不断延伸和深化。从认知的角度研究语言，是一项长久而巨大的工程，这项工程没有捷径，也没有终止点。

[14]文旭. 基于“社会认知”的社会认知语言学[J]. 现代外语，2019，42（3）：293-305.

第三章　隐喻研究概述

几千年来，人类认识和体验客观世界依据的都是人类自己的身体，这种依靠自己亲身感受，即“体认”世界的过程被人类赋予了各种各样的隐喻，可见，隐喻是紧紧追随着人类认识和体验世界整个过程的。总的来看，隐喻不单单是一种简单的修辞手段，还是人类对客观世界的一种认知方式和思维方式。受人主观因素的影响，隐喻认知首先需要具备一定的身体或者心理基础。此外，隐喻认知离不开文化因素的影响。对于人类语言而言，文化和身体两个因素共同影响着人类语言探究，同样，文化和身体两个因素也共同影响着隐喻，两者紧紧结合。从隐喻自身的特质来看，隐喻是人类自我认知的具体表现形式，一方面体现着人类生理基础、身体体验的共性、共同点，一方面还具有一定的个性、特殊性，这是因为不同的文化背景、文化环境使得人们的信仰、行为方式、认知方式，尤其是对世界和自身经历的思维方式变得不同。在这种环境影响下，语言表现形式之一的隐喻也就代表着不同民族、不同文化的特殊性。隐喻有基本隐喻与复杂隐喻之分，基本隐喻指的是基于身体经验而获得的隐喻，复杂隐喻则是把基本隐喻与文化相结合，更多体现的是文化的特殊性、个性。从隐喻认知的特性来看，从隐喻认知的具身性和文化性角度分析，与隐喻相关的隐喻认知、身体与文化三者之间有着千丝万缕的关系，还有隐喻认知的文化性对隐喻具身性的影响，对这些关系的梳理和研究为研究隐喻认知提供了新的视野和新的领域。

第一节　隐喻定义

最早有关隐喻定义的表述，是认知语言学者 Lakoff 与 Johnson 在其 1980 年出版的《我们赖以生存的隐喻》 一书里指出的，人们已经意识到隐喻不再只是一种修辞方法，还是与人们认识世界息息相关的思维方式。对于隐喻的具体机制来说，就是人们以具体某一事物作为“源域”，以此来映射抽象事物的“靶域”，以便人们能够更好地、更容易地理解抽象事物，以及陌生的事物。隐喻本质上来说就是人们通过不同种类的域来理解、解释抽象事物，进而构建一种新的体验域的过程。不同种类的域就会产生跨域现象，隐喻中经常存在跨域映射，隐喻通常以我们的身体之物作为源域，通过人的身体经验来进行跨域映射，来理解和表达日常离我们比较远的事物，从而体现出其符合身体的具身性。所谓的具身性，代表着与身体有关，受身体影响，并且身体本身就是心智存在的基础，因此具身性是客观存在的。但人类的心智是内在的，而思维和推理不同于外在的身体表现，其具有一定的隐喻性，并且受人类的身体所塑造。因此，具身性是人类存在的本质，对人类的经验和认知有着重要影响，具身性把人类的身体与心智紧紧联系起来。

随着科学理论的进步，认知科学领域的学者根据具身性的特点提出了各种程序性的论断，虽然“身体是思想的”“身体存在于思想中”“身体扩展思想”“身体将心智系统化”“身体塑造思想”等论断已经逐渐成熟，但对身体的文化性解读却甚少，更没有人研究具身性和文化过滤性的关系。上文我们已经提到，隐喻具有具身性，还具有文化性。人类对自身身体是非常熟悉的，人类对自身的基本生理结构、基本生理功能和相关经历都是能切身体验到的。但人的“身体”同时又是一个由文化所建构的多层面概念，因此，隐喻一方面以身体体验为基础，另一方面又受到文化背景、文化环境的限制。人类的身体体验和文化经验为隐喻提供了多种可能的基础。认知语言学学者们在对语言长期的研究中发现：人类自身的身体特性、自然世界特性和文化特性共同决定了人类的概念体系的建构与发展。“身体”是一个具有文化结构的多层次概念，身体是可以跨越文化差异的，身体也可以是历史文化中的具有不同意义的事物。因此，人们在不同的文化环境中会采用不同的方式来解释心智和身体的功能，进而形成了形式、内涵等方面相同的或相异的隐喻形式。人类在选择不同的隐喻方式，或者使用不同的隐喻表达形式，在不同的文化背景下具有不同的含义，即使在同一文化环境下，在不同历史时期也有着不同的形式表现，这都体现了文化过滤对隐喻使用和隐喻发展的重要影响。

隐喻到底是以什么样的方式存在的？隐喻与其他的辞格有什么不同之处？对隐喻进行定义实际上涉及对隐喻本质的认识，因而有着哲学和方法论上的意义。

关于隐喻的定义，有广义和狭义之分。亚里士多德从广义层面对隐喻进行解释，指出，一切修辞现象都可称为隐喻性语言（metaphorical language），并认为隐喻与明喻一样，都是一种不同事物间的对比，是一种关于修饰性的语言使用现象。

莱考夫等人的隐喻概念也是从广义层面进行阐述的，指出隐喻包括换喻、提喻和反语，认为隐喻并不只是单单依靠一种语言现象而存在，从某种意义上讲隐喻实际上也是认知现象的一种形式。在建立人类认识事物、建立概念系统的过程中，隐喻性思维是一条绕不开的必由之路。广义层面的隐喻定义过于宽泛，对于人们识别隐喻、研究隐喻结构特点来说具有一定难度。

从修辞学家的角度来说，隐喻和其他的修辞话语的修辞格并无区别，是一种修辞话语的手段。逻辑学家说，隐喻是一种范畴措置。哲学家说，语言的根本特性就是隐喻性，人类语言的根本特征是隐喻性。认知科学家说，隐喻是人类认知事物的一种基本方式。

一、隐喻的词典定义

通常学者们对某一事物进行定义，会从三个角度进行论述：一是根据该事物的形式特征，对其区别于其他事物的特征进行描述，即所谓的形式定义（formalistic definition）；二是对该事物的活动方式或功能特征进行描述，以区别于其他事物，即所谓的功能性定义（functional definition）；第三种就是将该事物的形式特征和功能特征结合起来描述。显然，人们在了解某种事物的本质特征时，这三种定义中的最后一种可以使人们更为系统地了解某一事物的根本特征，但这种定义也是最为困难的，因为它必须建立在对该事物本质特征充分认知的基础上，只有达到充分认识，才能够抓住事物的本质特征，进而抓住定义内容的精髓。

从词典里查询隐喻的定义，一般是人们通常使用的。为了便于理解，本节主要选取两种词典里关于隐喻的定义进行阐释，一种是普通词典，普通词典在大多数情况下代表普罗大众对被定义事物的认知，以英语的《韦伯斯特词典》（第三版）（*Webster Third International Dictionary*,3_{rd} Edition）为参考；一种是百科词典，百科词典代表着相关学科专家对该事物的认识，以《大英百科全书》（第十版）（*Encyclopaedia Britannica*,10_{th} Edition）、汉语的《辞海》和《修辞通鉴》为参考。具体来看：

1.《韦伯斯特词典》的隐喻定义

《韦伯斯特词典》中对隐喻作了明确的表述，认为隐喻本质上是辞格的一种，指出人们在使用语言时通常通过一个词或词组用一事物来代替另一事物，并以此来暗示两者之间存在一种相似性或类推性。《韦伯斯特词典》中对隐喻定义的解释具有这样的特点：一是把隐喻看做是一种辞格，二是认为隐喻是一种词语之间的替代现象，三是认为隐喻涉及事物或概念之间的相似性，四是认为隐喻是明喻的一种特殊形式。

2.《大英百科全书》的隐喻定义

《大英百科全书》对隐喻也作了具体而全面的概述，认为隐喻就是一种辞格方式，是对两个不同事物的对比与联系。隐喻与明喻之间不仅存在着形式上的差别，而且有着“质”的不同，隐喻可以辨认（identify）和融合（fuse）两种事物，还涉及一系列的相关概念。隐喻是诗歌的基本特征，具有诗歌功能，隐喻的诗歌功能可以指出隐喻中的某一相似性或者唤起一系列的联想。隐喻本身就是语言众多特征里的一个，并且语言中的很多隐喻概念通过建立一定的关系进而衍生出新的隐喻，有时为了实现特殊效果往往采用混合隐喻，拟人、换喻、提喻、寓言和象征都属于隐喻范畴。

从上述《大英百科全书》对隐喻定义的阐述，可以看出其是从广义层面上来理解隐喻的。与传统的隐喻定义相比，《大英百科全书》对隐喻的定义具有鲜明的特点，表现在：第一，指出了隐喻涉及两种不同的事物；第二，指出明喻和隐喻之间是有着显著的差异，有着质的区别的；第三，指出从人类整个语言使用形式上来看，人类语言本身带有隐喻性；第四，明确指出隐喻的功能涉及两个主词的融合和一系列联想的唤起。

虽然《大英百科全书》对隐喻的定义与传统的隐喻定义有着很大的区别，但《大英百科全书》对隐喻的这一定义仍然保留了传统隐喻观的部分论点：首先，《大英百科全书》仍然将隐喻看做是一种辞格；其次，《大英百科全书》仍然将隐喻看做是一种对比（比喻）；再次，《大英百科全书》把换喻、提喻等都归入隐喻，模糊了隐喻与相关语言现象的区别。

3.《辞海》的隐喻定义

《辞海》中认为隐喻就是比喻的一种，并且涉及本体与喻体之间的关系。隐喻中的本体与喻体之间的关系比明喻中的本体与喻体之间的关系更为紧密，明喻在形式上只是具有一种相类的关系，而隐喻在形式上具有相合的关系。本体和喻体两个成分之间一般要用“是”“也”等比喻词，如“儿童是祖国的花朵”。

4.《修辞通鉴》的隐喻定义

《修辞通鉴》中指出隐喻是比喻之一，即以“是”“成”“为”“成为”“化成”等喻词来构成本体和喻体之间的关系，并且本体与喻体比类似更贴近，能够成为一体，等同或附加的关系，指出隐喻是比明喻更进一层的比喻。

二、隐喻传统修辞学

隐喻定义相关内容的阐述中，涵盖了隐喻的分类。传统修辞学的代表人物亚里士多德在语言意义的转换方面的研究有一定的论述，他指出语言意义的转换有四个方向，分别是从属到种、从种到属、从种到种或通过类推。从这一论断中，可见发生移位必须满足在两个逻辑极点之间才能完成，那么满足隐喻出现的情况就只有在一个已有的由种和属构成的秩序，以及具有从属、并列等同等关系的相应的规则游戏中。隐喻一旦形成，就给已有秩序和游戏带来了一定程度的破坏。把种的名称赋予给属，或者把一个对称关系中的第二个词的名称给予第四个词，或者反过来把第四个的名称给予第二个词等，在这些过程中，隐喻无时无刻不发生着，存在着。

（一）方达尼尔关于传统修辞学理论

关于隐喻理论，传统修辞学相关研究的学者众多，以修辞学家方达尼尔为例，其代表著作《话语的辞格》，对隐喻进行了详细的阐述。在该书中，方达尼尔阐述了自己关于隐喻的观点，并把隐喻作为一种典型的辞格来分析，指出所谓的辞格就是指人在进行思想表达过程中，把原有的词看做是新的概念，在此过程中该词就会出现与原始意义不太一样的另一种意义。在这个论点基础上，方达尼尔在把“概念”等同于“词”这一观念的基础上对辞格进行定义，指出人的思想是由概念组成的，人们表达思想是需要通过语言实现的，而语言又是需要用词来表现出来的。可见，概念决定词，概念处于什么地位，决定着词处于什么地位，加上词语概念之间具有一定的对应关系，所以词的种类也是概念种类的反映。通常来说，词分为物体概念的符号与关系概念的符号两类，物体概念的符号指的是包括名词、形容词、分词、冠词和代词在内的概念符号，而关系概念的符号指的是动词、介词、副词和连词，关系概念符号中的动词指的是“to be+分词”结构组成的动词，“to be”是指某一物质概念和某一具体概念的共存现象，与分词或形容词相互对应，动词归于关系概念的类别，表明了动词归属于“概念=词”的理论范畴，这也是方达尼尔提出的关于词的理论观点。

通过对方达尼尔观点的研究发现，其对辞格的选择具有一定的特殊性，在辞格选择上既不是单纯的词，也不是单纯的句子，而学者亚里士多德在此选择上采取的是两者的结合。不同的选择形成了不同的研究理论，方达尼尔的修辞学理论包括了论辩、创作和风格三部分，亚里士多德则把修辞学变成了语法学。在此基础上，修辞学的研究可以通过无穷尽的举例和不断的系统分类来进行。

方达尼尔指出，辞格使用的前提是辞格是能够自由选择的，而不是强迫固定使用某一种用法，强迫使用的就不是辞格，自由选择代表着本义词的存在，原有意义仍保留，随之被辞格自由交换，也就是被替换，但这种替换是自发的，因此替换是辞格的基本属性。

方达尼尔认为隐喻中的喻格本来与关系没有直接的关联，是通过相应的理据而建立起来的一种关系，这种关系可以被认为是借词的原始意义，也可以被认为是被新赋予的意义。与亚里士多德的隐喻定义相比，方达尼尔关于隐喻的定义只关注到静态关系，没有直接指出词义之间存在不停的转换运动，对动态转移的关注少于静态关系的描述。反观亚里士多德的观点，亚里士多德没有把隐喻作为种，而是把隐喻作为类，从这种意义上来看，亚里士多德理论中的隐喻在方达尼尔的隐喻观点里就是一种喻格，方达尼尔的隐喻与亚里士多德的第四种隐喻相对应。而在方达尼尔的隐喻理论里，一个词组成了喻格，但喻格是在两个概念之间发生的，并且是通过两个概念的相互转换实现的，所以喻格是具有双重性的。

方达尼尔还认为，所谓的概念其实就是人们看见的客观事物在人脑中的意象，人们通过思维方式能够找到词背后所蕴藏的概念，并且能够找到隐藏在概念后面的事物，正是因为所有的相似性都是与事物的特征具有一定的关联，因此可凭借架构的关联关系对此特征进行转移，转移到具有这种特征的事物范畴。方达尼尔认为，人们身处的任何环境、看到的任何事物都是能够作为隐喻的材料的，不管是真实的还是想象的，是思想的还是道德的，或者是实实在在的实体，人们都可以用某种物体的隐喻来传递真实的想法。按照方达尼尔的理论观点，把世界看成是有生命的和无生命的两种，在此基础上把隐喻又分成五个类别：一是属于某一有生命事物的特征向另一有生命的事物转移的隐喻；二是某一无生命但有物理性的事物的特征向某一无生命但通常是纯粹道德或抽象事物转移的隐喻；三是无生命事物向有生命事物转移的隐喻；四是有生命事物向无生命事物转移的物理隐喻；五是有生命事物向无生命事物转移的道德隐喻。对这五个类别再次进行归类，又可以概括成两个类别，即两种事物之间进行对比的物理性隐喻和某一抽象事物与某一物理事物之间进行对比的道德性隐喻，也就是物理性隐喻和道德性隐喻两类。不管是哪种隐喻，都与事物本身密切相关。从这个角度看，方达尼尔所进行的隐喻分类以传统修辞学的理论观点为基础，这种分类与前文分析的方达尼尔关于隐喻的定义是有着一定的出入的。

另外，在关于隐喻产生原因的分析上，方达尼尔明确了“借用”和“辞格”的区分，借用是指一种已经用于某一概念的符号，又用于一个没有符号或者没有适当符号能够表达的语言环境中，进而又产生出一个新的概念，这种使用是被迫选择的，或者是只能通过此种方法才能实现表达语言意义，并引申了新的辞格，这就是借用，借用本质上是介于原始意义和修辞意义之间的语言意义。

方达尼尔的隐喻理论观点，表明了辞格使用与语言发生时事件本身具有不可分割的关系，隐喻的倾向性虽然与借用有一定的相似性，但是隐喻本质上属于辞格。隐喻是有着一定的规律可循的，有着一定的固定模式。隐喻的使用并不是为了简单地填补词汇的空缺，隐喻本身也是语言基础的一部分，因此一个好的隐喻是需要满足一定条件的，符合一定标准的。比如辞格要具备现实性、清晰性、高贵性、自然性和连贯性，而一个标准的辞格又不是天生就能出现和掌握的，需要一定经验的积累，需要多次对辞格进行验证，以获取新的辞格，新辞格的获取与借用也有着一定的关系。当然之所以使用隐喻，直接原因就是原词汇缺乏、表达不足，正是这种不足和缺乏，才给了大脑机会对词和概念进行认真研究并探讨另一种表达方式、另一种用语，以此提高人类的认知能力，提高人对语言的研究能力，拓宽语言研究范围，推动语言研究的发展。

（二）利科关于传统修辞学的理论

学者们对话语修辞进行了各种各样的研究。修辞的区别主要就是在形式上、特征上以及各种转换上的变化。人们对概念、思想和情感的表达主要是通过话语来表现，不管是简单的修辞还是复杂的修辞，不一样的是表现形式，一样的是使用的目的都是为了体现人的内心想法和情感。所以，不仅词语可以以辞格的形式来表示，句子和话语也可以通过辞格来达到表达情感的目的。可见，辞格与话语的关系就是现象与内在的关系。

语言学家利科对传统修辞学进行了不少研究，指出所谓的隐喻就是人们在对意义理论使用中特别把词进行了强调，尤其是对名词，以及与名称有关的一些命名；但是从语义角度来看隐喻，隐喻就是把句子作为意义的基本单位。总之，从修辞的角度看，隐喻就是一种修辞，通过对词义进行一定的转换来实现；从语义的角度看，隐喻本质上就是一种述谓现象，是对语句给予特定的属性、情感的寄托。

利科对修辞学中的隐喻指出了自己的看法，认为修辞学把隐喻当做是一种简单的对词或者句子的装饰，有一定的片面性，这种观点的出发点就是不对的，是把词作为修辞学的研究对象了，可见有什么样的出发点就会有什么样的结论。从出发点到达结论存在着各种隐含的假设：一是固有义和比喻义假设，“固有义”指的是固有意义，一般来说，一定的词语按照类别来看是对应着一定事物的，这样的词所包含的意义就叫做“固有意义”，比喻义指的是以隐喻或者其他辞格形式出现的代表着非固有的、修辞的意义，对应关系是需要一定转换的，并不是直接对应；二是语义空缺假设，客观事物中存在着一些不用固有的词、名称来表示该事物，却用非固有的名称来表示的现象，而出现这种现象的原因可能是人的主观风格的选择或者是固有词本身不存在，在表达上造成了固有词的缺席；三是借用假设，指的是在发现有词汇空缺的时候借用其他不一样的词来填补，以保证话语的完整性；四是偏离假设，指的是使用借词会使得原有表达意义与借词表达意义有一定的差距；五是替换假设，用非固有词代替缺席的固有词，就会发生借用词的比喻义替换了原有词的意义；六是辞格聚合特征假设，之所以使用借词，是因为借词的比喻义与缺席词的固有义之间必然存在着一定的关系，这种关系就是移位理据关系，移位理据关系会使得各相关词汇之间形成一个聚合体，进而使得隐喻所具有的聚合结构具有一定的相似性；七是可穷尽假设，指的是在选择借用词前，应首先弄清楚缺席的本义词所表达的含义，再按照辞格的相关理据来理解或者解释辞格，进而尽可能地实现非本义词（借用词）能够最大可能地代替本义词，从理论上看，这种尽可能的解释是可以穷尽的，这样就意味着替代和可能最终会归于零；八是无新信息假设，上文提及隐喻的可穷尽假设，如果按照这种假设，也就表明隐喻所指代的还是原先的信息，并没有因为使用隐喻而产生新的信息；九是装饰功能假设，根据可穷尽假设和无新信息假设内容，辞格并没有出现新信息，这样看来辞格就仅仅起到装饰的作用，即对语言的修饰。

通过以上分析，从隐喻角度看修辞，传统修辞学把名词及与名称相关词的命名成修辞学中所有词的关键、核心，修辞学本身就是一种喻人的语言表达艺术。在 20 世纪 30 年代以前，传统修辞学对隐喻的研究占据着主要地位，虽然传统修辞学有着一定的片面性和局部性，存在着一些不足，但是传统修辞学为研究隐喻现象提供了重要参考，也为日后更加正确、全面、系统地研究隐喻做好了基础支撑。

第二节　隐喻特征

一、隐喻本质上是一种认知现象

（一）隐喻既是语言现象，又是认知现象

传统的隐喻理论认为隐喻只是一种语言现象、一种修辞现象，认为隐喻的目的是修饰话语。但是，隐

喻并不单单只是一种语言现象，隐喻本质上是人的认知现象，是人对世界的看法和认识。隐喻是人们在对客观世界了解和学习的过程中，用某一领域的经验来说明和解释另一领域的经验。在这个认知活动过程中，人们使用隐喻的表现形式来见证这一文化活动、艺术活动。

最早对隐喻认知特征进行研究和阐述的是英国语言学家理查兹，理查兹对隐喻特征给出了明确、系统的解释，他指出隐喻就是人类语言无处不在、无时不在的机能，隐喻是人类认识世界、了解世界的一种语言现象，隐喻还是人类思维的一种方式。在人们的日常生活里，人际交往、语言表达都有着隐喻的身影，即使在学术研究里，隐喻也随处可见。越是抽象的学科、抽象的事物，越需要借用隐喻来表达，来解释，来说明。尤其对于语言学研究的学者们，在描述人类精神活动的过程中，更是需要借用隐喻来表达那些生涩、难懂、陌生的物质活动，以便通俗化，更方便人们了解和熟悉。

从理查兹对隐喻的研究可见，他是站在宏观的角度对隐喻进行解释的。理查兹认为人们通过另一种事物来感受和思考某一事物的过程也是隐喻，比如人们把不同的房子看做是不同面部和表情的代表，这在理查兹的研究观点里也是隐喻的一种表现。理查兹对传统隐喻理论进行了反思，指出传统隐喻理论的不足和存在的问题，他认为传统隐喻理论忽视了隐喻从根本上讲是人与人之间的一种思想交流，是在特定语境氛围下的人与人之间的互相作用，而人的思维本身就是具有隐喻性的，人在很多时候对事物、时间的看法和认识，尤其在与人的交往过程中，并不会直接表明态度、看法，而是通过隐晦性的语言，或者借用其他词、其他事物来隐喻，再通过思维的对比呈现出来，就发生了语言的隐喻。

方达尼尔也认为隐喻不仅仅是一种语言现象，更是一种认知现象。方达尼尔指出，辞格、图像和意象是有着同源的关系的，辞格与诗歌一样，都是诗意想象的结果。具体来说，诗歌从深层意义来看与真理更为接近，诗歌的重点是创造辞格，进而丰富语言的表达效果，并能够通过辞格转化成一定的意象和场景，创造出一种生动、逼真的画面。方达尼尔也指出，不是所有的隐喻都能呈现出一幅可摸、可看、可触的意象，对“看到”与“看做”有了明确的区分，比如在英文词汇里“to figure”其实就是“to see as”，指的是看做，而不一定就能看到，隐喻作为一种辞格的表现形式、表达效果，本质上就是将某类事物看做另一类事物，是“to see as”。语言学家莱考夫和约翰逊也指出，在人们的日常生活中，在人的语言、思想和行为表现中，到处都有隐喻的存在，与人们息息相关的思考和行为，结合其日常表现形式，也是具有隐喻性的，二人指出隐喻的本质就是人们通过另一类事物来理解和经历某一类事物，明确了隐喻的定义。

根据以上对隐喻定义的描述，显著地表明隐喻不只是一种语言现象。语言只是人类认知活动的一部分，人类还有其他认知活动，比如人类还会学习绘画、音乐、雕塑、建筑等相关知识，而这些也都是人的认知活动的一部分。从学习绘画来看，绘画也是可以作为隐喻的，绘画包括简单设计和复杂设计，不管是多简单还是多复杂的设计，都是代表着一定意义的，尤其是构成绘画元素的各种线条、形状、式样，都是作画者内心世界、内心情感和内心想法的体现，并且能够代表人们的信仰、希望、需求、理想等各种内心世界，并将这些内在的东西通过绘画元素表达出来，让人能够通过这些实体与形式的东西感受到。还有设计，设计本身也是设计者与自己内心世界、与外部世界的一种交流体现，通过创造一种式样，来表达自己内心的一种思想、情感。在各种设计中，建筑设计最具有隐喻性，大众都知道，一般罗马式建筑设计使人回想起十字军、拜占廷和东方，哥特式建筑设计中的大拱门和玻璃表达了中世纪时期人们对宗教的追捧，巴洛克式的建筑设计代表了 17 世纪人们对恢宏和辉煌的追求和热爱。尤其以超现实主义为例，其在绘画、音乐、小说、电影等方面的影响尤大。超现实主义对隐喻的使用更为频繁，在超现实主义中，创造的形象与现实生活并没有什么联系，也有可能是现实世界中还未发现的形象，超现实主义的隐喻对人类内心世界进行了极度的解剖和反映，超现实主义的隐喻表现形式表明了 20 世纪的人类对现实生活的态度，对内心世界的渴望，包括梦、幻觉、焦虑、痛苦等方面。

综上所述，隐喻一方面是人类的一种语言现象，另一方面更是人类对客观世界的一种感知、理解和认识，隐喻成为人们认识世界、获得概念的工具、途径。倘若语言表达的概念是隐喻性的，那么人们通过视觉手段来表示同样的概念也是具有隐喻性的。语言表达在隐喻发生的过程也是人类隐喻思维的过程，是人脑对客观世界的认知方式的体现，同时隐喻也是人类用来探索、描述、解释、学习新事物的重要途径、方式方法。我们再看，人们在研究声学理论中的破浪理论、心理分析中的层级模型、社会学中的有机物模型等科学模型中，受条件限制，不管是模型还是研究力度都是有一定局限性的，但是对人的想象力的刺激却有着不可忽视的作用。在此影响下，隐喻能够帮助人们利用已知的事物去理解、学习未知的事物，通过对一事物的了解、认知去了解、认知另一事物，还有，能够重新加强对该事物的了解。我们常见的文学中的隐喻，通常是用不一样的观点、其他事物来重新描述人们日常生活中的所思、所见、所触。

（二）隐喻是人类认知活动的结果与工具

人们在语言表达中选择隐喻，有被动选择的，也有主动选择的。被动选择指的是人们在认识外部世界的过程中，要么是受自身能力的限制，要么是因为语言中词汇的缺乏不能够实现表达效果，只能选择另一个事物来对此事物进行解释、表述，这种被动地选择另一事物就是隐喻。经常所说的“近取诸身，远取诸物”，具体来说，就是对于刚刚从动物进化成人的原始人，其思维特征就是典型的身体化活动，也叫“体认”，原始人只会把自己作为周边事物的参照物，以人有头、有手、有腰、有脚为参照物，认为其他事物也有头、有手、有腰、有脚，在原始社会时期，人成为衡量一切事物的标准。

哲学家菲利普・惠尔赖特在其著作《隐喻与实在》一书中，指出原始社会时期人类所使用的拟人手法与后来人们所使用的拟人手法有着显著的区别，原始社会时期的拟人手法不是一件有趣的、好玩的事情，在原始社会时期，社会没有在有生命和无生命方面有着明显的区分，而是有生命和无生命两种模糊的混合体，在这个混合社会里潜藏着生命的存在，有动物，有植物，有触碰不到的神圣生命的存在，语言表达也是简单的词汇组合，很少有抽象的、概念化的词汇，因此在原始社会人们对世界的描述只能通过与人的身体有关的词汇，或者与人的简单的社会活动有关的词汇，这与后来的社会显然不同，后来的社会对有生命和无生命有着明确的区分，人们能够明确地感知世界的样子、世界的存在，尤其是对抽象事物的理解、概念的确定都是已知的，是可以描述的。

所谓主动选择使用隐喻的情况，是建立在使用者已经明确知道两种事物之间是不一样的，已经使用的语言表达已经确定有现成的词语、现成的表达法之上的，但是为了更好地传达使用者想要表达的思想、情感，能够更好地与他人取得交流效果，使用者主动选择用另一种事物来指代这一事物，这种选择是使用者自主选择的，不是必须的，就是主动选择。

不同语言隐喻的变换推动着语言学历史不断向前发展。在 19 世纪末期，语言隐喻经常以生物体展现，因此历史比较语言学就认为语言实际上是一种生物体，如生物体一样会有生老病死。到了 20 世纪初，语言隐喻又常以个体展现，学者们就把语言系统看做是一盘棋，认为每个棋子的地位是由整盘棋决定的，进而认为个体的价值也是由其在整个系统中与其他个体的关系所决定的，语言也是如此。20 世纪 50 年代后期，语言隐喻经常以某种蓝图展现，学者们把语言看做是一种发展蓝图。

这样看来，人们选择主动使用隐喻，是有着一定的原因的，比如当人们所面对、了解和认识的事物比较抽象时，只有把该抽象的事物具体化，人们才能实现对该事物的具体特征、属性的了解和认识。曾经人脑对人类来说是陌生的，是深不可测的，就像一个黑箱子一样，什么也看不到，人们无法去理解大脑是如何工作的，而当把人的大脑当做是具体化的机器看待以后，就便于人们对大脑进行分析，揭示大脑各个部分及其所具有的属性、工作机制。

例如，美国黑人马丁・路德・金（Martin Luther King）发表的著名演说《我有一个梦想》（*I Have a Dream*）。在这篇演说里，作者使用了大量生动的隐喻，把很多抽象化的概念具体化，既能极大地鼓舞黑种人的自信、奋斗和反抗，又能更好地让听者切身感受到语言的力量，像“Beacon of hope”（希望之灯塔）、“Flames of withering heights”（熊熊火焰之山）、“Long night of captivity”（被困之漫漫长夜）、“Manacles of segregation”（种族隔离之枷锁），用这些具体化的、生活中常见的事物作为隐喻，让读者感受到一名长期受制于种族歧视的黑种人的内心世界和不服输的信仰。

隐喻中还有一种情况就是使用陌生化的隐喻表达方式，指的是对于日常生活中常见的一个事物，为了揭示其不被人所了解、所认识的某个特征、属性，刻意找其他人们比较陌生、不熟悉的事物来进行说明，以此形成一种新奇的、陌生化的隐喻。这种用法经常在诗歌和散文中出现，例如："雕塑是凝固的思想，是立体的音乐，是心灵之花的写照"，实际上在日常生活中雕塑本就是雕塑，而创作者为了对雕塑进行抽象化的描述，就用了不常用、不常见的事物来描述雕塑，这样反而使得看到文章的人骤然觉得雕塑变得陌生了，好像与生活中随处可见的雕塑不一样了。这种陌生化的隐喻使用方法，给了人们机会从不同角度重新认识雕塑，并且使得原文生硬解释雕塑的文字变得有灵动性，有了更多想象的空间，语言表达上具有诗意性。

再比如，有学者把隐喻比作是一种日食，这种表述虽然是创造出的一个隐喻，但是通过研究日食的特性不难发现，用日食比作隐喻，更好地诠释了隐喻的特点。日食作为一种天文现象，人们是有机会看到的。日食有着一定的特征，就是当日食出现时，有部分区域明亮，部分区域是黑暗的明显特征。用日食比作隐喻，也就表明了该事物具有明显特征的同时，其他特征也就会被掩盖。在文学作品中，莎士比亚的许多作品有很多明显的隐喻表述，日常所见的各种事物，在莎士比亚的笔下都被赋予了各种各样的人、场所、情感、事物。

单从隐喻的角度来看，隐喻具有多样性，既有一些系统性的特征，又有一些历时性的特征，一个词同时拥有几种、几层含义。具体来说，一种共时的事实，从时间概念上看，是属于现在的，但在语言系统内部，又同时有着几种意义；而造成多种意义发生变化，尤其是过去的变化形成了现在的多种意义，这是因为该事物是一种历时的事实。所以，从这个角度看，隐喻归属于意义变化，是一种历时的事实。隐喻是一种创新表达，但是隐喻又使得该事物脱离了原有意义，又有了多义的成分，与多义性有了一定的联系，从这个角度看，隐喻又是一种共时。隐喻的词虽然有了新的意义，但是其本来的意义依然在保持，只是在特定的语境氛围下其意义才被赋予了新的意义，但依然还是在两种意义的交叉结合处。就此，隐喻的这种聚义过程需要全方位和泛时空的研究方法。除了刚才讲到的意义变化有历时和共时的结合，在对多义现象进行完整的、全方位的描述中依然离不开共时和历时的有效结合，因为在对多义现象进行解释描述时，必然离不开对其来源的阐释。

另外，在对隐喻的话语特征进行研究时，英国文学家威廉·布莱克提出了"焦点"（focus）和"框架"（frame）两个概念。布莱克认为，隐喻是在语言的句子中出现的，在一个句子中并不是所有的词都会用作隐喻，只有部分的词才会用作隐喻，其他词依然保留字面形式，整个句子因为有了部分词的隐喻，才构成了整个句子的隐喻。如果整个句子都是隐喻，那么这个句子就是生活中常见的谚语。部分词作隐喻解释的词就是这个句子的"焦点"（focus），而这个句子中其他作字面理解的部分就是"框架"（frame）。布莱克的这种把隐喻看做是一种句子的观点，是对传统修辞学中把隐喻作为一种字词之间的意义转换的观点的反思与进步，但是布莱克仅仅把隐喻局限于句子中，对研究隐喻是有一定局限性和片面性的，对隐喻的研究，应该是把隐喻放置在丰富的语言环境中进行的。语言领域广阔深奥，隐喻身处在语言中，也是有着广阔的领域，对隐喻的研究不能仅仅局限于词、句中，这样得出的研究成果不能长久稳固存在于语言学广阔的研究理论体系中。

二、语境是确认和理解隐喻的依据

从隐喻与语境的关系来看，对隐喻的识别是需要一定的语境的。隐喻作为一种语用现象，对隐喻的识别是需要语境来提供线索的，只有把隐喻放置在一定的语境中，隐喻才有了可识别的可能。当字面意义无法完成对隐喻的识别时，就需要通过对相关词语话题、指称对象变换进行有效的判断，从而进行隐喻识别，最终实现准确理解话语的意义。为了便于对这一论述的理解，可以结合隐喻的定义，从隐喻的定义中能够很清晰地认识到语境对隐喻识别的重要性。恩斯特·奥古斯特·格特对隐喻定义进行了研究，格特指出，当某一话语单位用于指称正常情况下不会指称的事物、概念、过程、关系或者客观世界，或者与正常情况下不会搭配的话语单位进行搭配时，这种不正常情况下使用的指称或搭配行为在出现两者相似性，或者根据类推实现理解，在这种情况下，这里的正常指称对象、实际指称对象、实际搭配对象的具体呈现中就出现了隐喻。而莫伊对隐喻的定义是这样的：只有当出现言语环境或者非言语环境（如双方当事人）指明与话语相关的话题，用某个词或者几个词来表述时就是隐喻法。因此，隐喻是一种话语现象，单独的词并不能算得上是真正的隐喻，一个词是否能作为隐喻，只有在具体的语境中才能显现。当然，隐喻可以作为一个词来出现，比如人们在对一个事物、一件事情进行评价时，经常使用一个词来表示，在这种场合下，这个词就可以作为一个隐喻，有话题，有载体，就构成了一个隐喻。而“框架”具有不确定性，“焦点”与“框架”属于两个不同的领域，比如我们形容一场比赛，如果打得不好，就会用“烂”来表示，但是比赛与“烂”并不是在一个领域，从字面上来看两者是不相通的，比赛只具有输赢的性质，而没有好与烂的区分，这里就是用了隐喻的表达方式，但是当人们对好坏进行评价时，用“烂”就是字面上的意义，表明这个事物是不好的。可见，对隐喻的识别是需要语境的，只有具备一定的语境，隐喻才有使用的目的。同样，作为隐喻意义的理解也是需要语境的，不但隐喻的判别需要语境，隐喻意义的理解也离不开语境。通常来说，理解隐喻意义，需要经历四个阶段，首先是对要说的内容有所预测，其次是要了解产生这一话语的语境特征，接着是要观察说话者的面部表情和手势，最后要结合文化意义，结合语境对句子所表达的含义进行正确理解。

三、隐喻是两个不同语义领域的互动

隐喻是两种不同语义领域的互动，即隐喻与语义场两个领域间的互动。从词源角度来看，隐喻即“metaphor”，也是暗喻的意思，英文中的隐喻写法来源于希腊语，拆开来看，“meta-”含有 across 的意思，“-phor”表达的是 carry 的意思，从词的组成来看，“meta”与“phor”合起来的意思是“由此及彼”的运动，“metaphor”代表了一种转换，从字面上可以看出隐喻的形成需要具备两点，一是出发点，一是目的地。有学者把出发点又叫“载体”，把目的地又叫“话题”，也有学者把出发点叫做“源”，把目的地叫做“目标”。汉语则分别对这两点称为“喻体”与“本体”，如“儿童是祖国的花朵”，其中“儿童”是本体，“花朵”是喻体，这个隐喻中，本体与喻体同时出现，容易区分。但很多时候，本体和喻体并不会同时出现，有时只出现喻体，没有本体，如“到嘴的‘鸭子’飞了”，句子中并没有对“鸭子”进行明确的说明，也没有明确的本体出现，但是引号出现，就表示这是一种不太常规的使用方法，因此，实际用语中，省略本体的隐喻是经常出现的，这种用法就会引起读者的兴致，引起听者的注意，通过制造悬念来加深记忆，实现人们对本体的特征与实际意义的了解与学习。

所以，只要有隐喻，就会存在两个领域，并且每种事物都有其特殊的图式结构，有着不同的语义结构特征。比如，关于结婚，在这个领域里的图式结构有选择对象、确定关系、结婚、角色分担（丈夫、妻子）、生子、离婚等，会有各种语境的出现、各种隐喻情况的发生。在形容某个人的婚姻状况时，可以使用“他现在深陷其中，无法自拔”，这样就是把两个语义场进行了有效的联系，隐喻中两类不同事物因为有了两个语义场的关系构建而有了一定的关系，构成了隐喻。

心理学家们通过实验发现，隐喻涉及语义的转移带有一定的方向性，通常来说，当喻体的相关特征通过隐喻手段转移到本体上，且这类转换发生的概率较高时，喻体所含的特征就会成为本体的一部分，那么自然隐喻性也就逐渐减弱，带有隐喻的词逐渐失去隐喻特性，不再作为隐喻词看待，但这些被失去隐喻特性的词在一定条件下还可以成为隐喻词。

隐喻并不是单独存在的，是以喻体和本体之间所存在的相似性为基础的，这种相似性又是能够进行意义转移的。以英语中的“information highway”（信息高速公路）为例，作为喻体的“highway”（公路）

与本体的“internet”（互联网）两者之间存在着一定的相似性，即两者都具有共享性，速度快、空间大的特性，因此对于隐喻而言，本体与喻体一定是存在着这样那样的明显的、隐性的联系，两个事物之间是存在着一定的相似性的，当然这种相似性不一定是事前就必须存在的，这种相似性是通过一定的语境设置、一定的条件满足的，但是可以通过隐喻暗示两种不同事物之间是存在一定的相似性的，只不过没有被人们提前注意到。在隐喻的引导下，这种相似性成为新信息被人们所认知，使得隐喻又成为人们认知世界的工具。

四、隐喻是一种述谓现象

方达尼尔将概念领域所具有的关系进行了区分，认为概念之间存在着三种关系，分别是对等（对应）关系、联结关系和相似关系。而我们常见的三种比喻有换喻、提喻和隐喻，其一一对应概念间的三种关系。虽然后来有学者对比喻的三种形式进行了论述，但与方达尼尔所阐述的对应关系有着明显的差别。在方达尼尔看来，概念间的对应关系里，相对应的两个事物各自都能独立地构成一个整体，相对应地，在比喻的三种形式里，换喻也可以满足两个事物独立构成一个整体，比如因与果、工具与目的、符号与意义等。但是概念间的联结关系不是这样，联结关系里，两个事物合起来构成一个整体，这个整体可以是物理形式的整体，也可以是形而上的整体，事物是存在于概念之中的。根据这种情况，又可以分出其他小类，如部分与整体、单个与多个、种与属、抽象与具体等，它们之间是一种包容与被包容的关系，具体包容程度并没有明确地固定，需要考虑相应的语境，如部分有时候代替整体，具体有时候可以代替抽象。根据不同时期两个事物间的相似性的特点，中国女性有着不同的称谓，从服饰上，经常用“巾帼、裙衩、青衣、红装、红裙”来指代女性；从容颜上，经常用“红颜、皓齿、娥眉”来形容女性；从形态上，经常用“婵娟”来代表女性；从膳食上，经常用“糟糠”来指代女性；还有从人名上，经常以“西施、貂蝉”等来代表女性。

从上述论述中，可以看到概念间的对应和联结关系实际上代表的是差异和包容两种关系。两种关系本身就存在于相关的事物中，然后再出现在概念之间，因此当所指代的名称发生变化时，原因是客观条件一定发生了变化。根据此种情况，比喻中的换喻和提喻两种形式的定义是一一对称的，换喻和提喻都是由另外一个事物来指代某一事物的名称，并且换喻和提喻两种情况都代表着两种事物一旦发生关系就是一种排斥或包容的关系。

然而在相似关系中，情况就不一样了，在其他关系中的对称关系在相似关系里就不能再继续保留了。隐喻的定义不再是直接用一个名词或名称来改变某一事物的名称，仅仅涉及的是概念之间的关系。隐喻不同于换喻和提喻，是另一种类别，所涉及的范围更加广泛。隐喻不像换喻和提喻只针对名词，也不再局限于名词，包括形容词、分词、动词等在内的所有词都是隐喻的范围。学者们对三者的差距一直在进行研究，一方面对换喻和提喻只涉及名词进行研究，一方面对隐喻却涉及各种词类进行研究。

通过研究了解到，换喻和隐喻之间的区别主要在于两个相关概念或词语所存在的是一种替换关系还是相似关系。在古典修辞学中，相似性概念与借用、偏离、替换和穷尽性解释等密切相连。但是在隐喻中，相似性实际上与偏离是对立存在的，隐喻是一事物替换另一事物的内部连接机制，隐喻能够恢复原来固有语言的意义，并且能够有效地减少甚至是消除喻格的解释，隐喻自然就把相似性带入话语中，并且成为了隐喻的依据。

第三节　隐喻类型

隐喻是一种认知现象，语言中的隐喻性则反映了人类思维的隐喻性。

一、从隐喻的表现形式、功能和效果进行分类

从隐喻的表现形式、功能和效果，以及认知特点等角度看，隐喻有“显性隐喻（明喻）”与“隐性隐喻（暗喻）”，还有“根隐喻”与“派生隐喻”，以及“以相似性为基础的隐喻”与“以创造相似性为基础的隐喻”等相关类别，接下来本文将对几种类别一一进行阐述。

（一）显性隐喻（明喻）与隐性隐喻（暗喻）

显性隐喻就是我们经常称为的“明喻”，而明喻的特点是能够明确对两个事物之间的关系进行对比，常见的有“A 像 B”，这是汉语中的表达，在英语中的表述，使用最多的明喻形式是“A is like(or as)B”，举例来说，比如“百科全书像金矿”，“百科全书”就是“A”，“金矿”是“B”，用英语表述为“Encyclopaedias are like gold mines.”，“Encyclopaedias”是“A”，“gold mines”是“B”。明喻的使用频率最高、范围最广，许多词典和教材都会把隐喻作为明喻的一种浓缩形式，即把明喻当作隐喻。早期学者亚里士多德也把隐喻同明喻放在一起研究，认为隐喻与明喻是同一类，但是亚里士多德指出明喻是从隐喻衍化而来的，明喻虽然也是一种隐喻，两者之间区别不大，还有一些略微的差距，但并不影响两者作为同类关系。

亚里士多德是从明喻与隐喻的表达效果角度来对两者进行分析、研究和比较的。通过对比可知，隐喻与明喻在表达效果上还是有一定差距的，这是因为首先隐喻比明喻更为简洁，其次隐喻会直接对两个事物之间的相似性进行判断。

从亚里士多德对明喻和隐喻两者关系的研究上可以看出来，亚里士多德讨论明喻的直接目的不是通过明喻来揭示隐喻，相反，是通过隐喻来解释明喻。在亚里士多德的论述中，对明喻的研究都是建立在把明喻当作是隐喻的一种类属基础上，认为明喻是隐喻的一种。我们从语法结构上来看隐喻与明喻的区别，两者的区别主要就是喻词是否出现，这里的喻词在英语中就是“like”“as”等，在汉语中就是“像”“似”等，是对两个不同名称之间的相似点的理解。从表现效果来看，两者相比，隐喻要比明喻显得更为机智、更为隐秘。亚里士多德指出，明喻本身就是一种隐喻，两者的区别就是其使用方式不同，从句子长短来看，明喻要比隐喻长，因此明喻没有隐喻更能引起人的注意，而且明喻比隐喻要含蓄，不能引起读者、听者的兴趣。在明喻中，由于使用隐喻，造成主谓冲突，进而产生了对这种冲突的反思和启发，并且引起了一定的关注，这种情况就会使得原有两者之间存在的明确关系被弱化，原本语句因为使用了喻词也减弱了两个事物之间的对比程度。在语言表达中，听者对不同的声音、不同的事物较为好奇，如果能够对这种声音、事物充分掌握、理解，更能加深听者的印象。正如语言表达中好的谜语会因为同样的原因吸引人，隐喻词组也是如此。因此，不管是隐喻还是明喻，都是对两个事物的特定关系进行了明确，通过语言表达提供相关信息，帮助人们达到认知事物的效果。

亚里士多德关于隐喻理论的论述中，认为隐喻和明喻的主要区别是两种述谓形式不同，即一种是“to be”形式，一种是“to be like”形式。而隐喻之所以比明喻更富表达力，是因为隐喻在语言表达中直接表述为“A 是 B”，这种表述更能使人感到意外，而明喻的表述不是这种形式，恰好削弱了这种意外感。

不同于亚里士多德的隐喻理论论述，布莱克认为隐喻是一种隐含，明喻则是一种比较。虽然两者都涉及相似性问题，但隐含与比较所代表的含义并不一样，比如“戴着蓝色眼镜看景色”与“把那景色比作其他事物”是完全不一样的。在实际运用中，有时候明喻与隐喻的差别只是一种风格上的不同，所表达的意义是一样的，比如：“My love is like a red, red rose.”（我的爱像一朵红红的玫瑰。）这种典型的明喻用法，在意义表达上与隐喻是完全一样的，作者只是出于对韵脚的考虑而加上了“like”。当然，我们要知道，隐喻不是简单地把基本主词与次要主词放在一起，而是需要对基本主词与次要主词的相同点、不同点进行逐项比较，进而选择一种抽象形式来表达。另外，从字面意义上来看，明喻的字面义比隐喻的字面义缺少一种意境感，缺少一种隐晦的含义，不能像隐喻那样具有启发功能，启发人们对基本主词表达相应的看法，

并对这种表达方式进行分析和判断。

（二）根隐喻与派生隐喻

从认知功能角度看，隐喻有“根隐喻”与“派生隐喻”两类，所谓的根隐喻就是指能够作为中心概念的隐喻，而派生隐喻指的是从根隐喻中派生出来的隐喻，比如“人生是一种旅途”，就是根隐喻，以这句话为中心，可以衍生出许多其他的隐喻，比如“在人生的旅途上会有酸甜苦辣”，就是派生隐喻。可见，根隐喻往往具有隐蔽性，不容易被人们发觉，代表的是人们对自然世界、周边事物的早期认识，是概念化隐喻的重心，经常用“A 是 B”来表述；而派生隐喻则是根隐喻的外在表现形式，是对根隐喻的具体细化，是依据根隐喻所派生出来的相关隐喻，是对“A 是 B”的具体描述。

历来就有很多语言学者对“根隐喻”与“派生隐喻”进行研究，比如布莱克在对隐喻理论的研究中，提出把隐喻分为“隐喻陈述”和“隐喻主题”两个概念，具体来看，什么是隐喻陈述呢？隐喻陈述指的是在一个语句或不止一个语句的段落里，需要联系上下文准确理解表达者所要表达的意义，这种情况经常发生在单独通过一句话不能理解该句的含义上，只有对比上下文的意思，才能够对该句进行理解。与隐喻陈述需要联系上下文才能实现理解不同，隐喻主题则指的是不需要联系、对比具体上下文的隐喻陈述，直接能够通过一句话的表述就清楚地知道作者要表达的意思。

（三）以相似性为基础的隐喻和以创造相似性为基础的隐喻

以喻体与话题之间的关系为研究角度，隐喻又可以分为“以相似性为基础的隐喻”和“以创造相似性为基础的隐喻”两类。“以相似性为基础的隐喻”是指喻体和话题之间存在着一定的相似性，并且这种相似性是早已被人们所知道的，在隐喻使用前这种相似性就已经存在，比如在人们的意识里，早就形成了“水花”和“花”两个事物在形状上的相似性，所以在形容水浪时，人们自然而然就会用到“浪花”，这种使用就说明在人的潜意识里已经对两种事物的相似性有了了解和对比。“以创造相似性为基础的隐喻”指的是人们事先并不知道喻体和话题之间存在着一定的相似性关系，只是在隐喻使用过程中，通过想象创造出两者在某一方面具有的相似性关系，比如我们经常说的“柔情似水”，在使用这个隐喻前，作为抽象的“柔情”，“水”也是无形的，人们并不知道两者有什么相似性，只是通过人大脑的想象，把两个不同的事物放在一起，创造出两者在某种方面具有相似性，并能够让人们欣然接受，有了想象的画面。当然，相似性本身就是一个复杂的概念，相似性可以是客观的相似，也可以是主观的相似，不管是客观的相似还是主观的相似，都不是绝对的，都有着一定的相对性。另外，相似性与文化、信仰息息相关，因此不同地区的人们、不同种族的人们、不同的人在看到两个有着相同方面的事物时，理解的相似性是不一样的。同时，相似性不是没有限度的，而是有相对性和程度的。在面对任意两个事物时，如果硬要说相似性，都是能够找出来的，但每个事物都是有着自己的独特性的，都是与其他事物有所区别的，因此相似性也只能是相对来说。两个事物间的相似性，只涉及喻体与本体之间的部分语义特征，而不是全部形式和内容的转移。当然，两个完全一样的事物，或者两个没有一点相似性的事物，是不可能构成隐喻的。

语言学家菲利普·惠尔赖特（P. Wheelwright）在其著作《隐喻和现实》中对两种隐喻形式（“epiphor”与“diaphor”）进行了明确的解释。在该书中，惠尔赖特指出“epiphor”的主要作用在于表达，表达人们以前不知道或者不太清楚的观点，epiphor 能够有效表达清楚，在于人们对两种对象之间相似性的认识水平和理解能力如何，人们能否通过这种表达效果充分地进行想象，给予作者想要表达出的语言效果，理解语义。而“diaphor”的主要作用是暗示，通过这种暗示，引导人们去发现两个对象间的相似性，进而理解语义效果，理解作者的真实感受，可见，“epiphor”一旦被人们掌握，其隐喻性就会失去作用，而绝对的“diaphor”是很难存在的，如果两个对象之间没有任何相似性，人们就很难对其进行充分的理解，这种隐喻形式也就难以成立。纵观各种隐喻种类、隐喻形式，基本上所有的隐喻包含“diaphor”和“epiphor”两种成分，只是各自所含的“diaphor”和“epiphor”程度不同而已。

二、从隐喻的句法结构特点分类

根据隐喻的句法结构特点，隐喻分为名词性隐喻、动词性隐喻、形容词性隐喻、副词性隐喻和介词性隐喻等种类。

1. 名词性隐喻

名词性隐喻，从字面上来理解就是由名词构成的隐喻。名词性隐喻在语句中可以担当多种成分，具有重要作用，名词性隐喻中的名词可以充当主语、表语、宾语、同位语等成分。名词性隐喻在隐喻所有种类中是最典型的隐喻表达形式，是出现在各种语言表达中频率最高、使用最广的隐喻形式。名词性隐喻引起的联想往往涉及整个语义系统，一旦发生语义转移就会涉及整个语言系统和语义的连贯，具有牵一发而动全身的效果。

2. 动词性隐喻

动词性隐喻指的是在选择隐喻表达形式时，由于使用动词，造成了与语句逻辑上的主语或宾语的冲突，这种形式的隐喻就是动词性隐喻，如“She did not so much cook as assassinate food.”（与其说她在做饭，不如说是在搞暗杀。）该句中由于使用了“assassinate”（谋杀），这一动词对应的搭配应该是“人”这一主体，表示人用秘密和不正当的手法杀害某人，在该句中出现了“assassinate”与食物搭配，这样显然构成了一定的冲突，但正是这种冲突更形象、生动地刻画了主人在做饭时的场景，不按正常流程做饭。这种因为动词与名词的搭配，形成的冲突，改变了两者原有的语义系统，给了读者广阔的语义联想空间，更能加深印象和理解，因此动词性隐喻能够有效引起读者的兴趣，增强读者的记忆，对隐喻的运用更能凸显作者的认知水平和语言表达能力。语言学者格特对一个动词的动作过程进行了划分，认为一个动作过程应该包括四个阶段，首先是物质过程，即人的身体行为或者事件本身；接着是心理过程，就是人对身体行为或事件本身的感觉、情感和认知；再次是语言过程，就是人对感觉、情感和认知的说话、象征；最后是存在、关系过程，就是人说话、象征所展现的两个事物间的存在状态、关系。

当然在构成动词性隐喻时，不一定必须按照上述动作过程的四个阶段一一进行，往往是通过不同过程之间的相互替代、转换，可以用物质过程代替心理过程，人类在认知过程中往往倾向于用物质过程替代心理过程。如果我们把心理过程分成“I like something”（我喜欢某事物）和“something pleases me”（某事物使我高兴）这两个种类的话，从这两个种类的形式来看，“something pleases me”更适合应用于隐喻中。还可以用物质过程代替语言过程，用物质过程替换语言过程，表达效果会更加具体、更具意象性。我们经常看到报纸的新闻报道，其标题就多采用物质过程动词替换语言过程动词，这样更加形象、具体、明确，在众多的新闻信息报道中，标题能够让人一目了然，加深印象。

3. 形容性隐喻

在一个句子中，用来修饰名词或充当谓语的一部分就是形容词。形容性隐喻句法特征与动词性隐喻句法特征相似，用形容、生动的词语突出强调表达者的真实意思、内心情感。

4. 副词性隐喻

有时，副词也能用作隐喻，使用副词的意图就是要暗示句子中主语与谓语之间的关系，这种主谓关系与副词表达的方式之间存在着一定的相似性。使用副词的主要作用是突出主语在此时此刻的心境与行为表现。

5. **介词性隐喻**

介词性隐喻通常是根隐喻（即概念性隐喻）的派生形式，如从空间概念派生出时间概念，从时间的先后顺序和空间的逻辑顺序上更好地表达语义，进而产生介词性隐喻。

第四节 隐喻功能

随着学者们对隐喻研究的不断深入，单纯地从隐喻作为修辞方法来进行研究是远远不够的。隐喻在人类社会发展史上扮演着重要角色，对人类社会的语言领域和认知领域发挥着重要作用，为人们创造性思维的交流与互动提供了依据。隐喻理论的发展也为语言教学，尤其是外语教育开辟了新的领域，为教育教学改革与发展提供了全新的角度、方向。

一、隐喻的语言功能

语言学家 Lakoff 与 Johnson 把隐喻研究理论纳入认知语言学研究领域。隐喻源于人们的日常生活，在语言领域中占据着重要地位。人们对语言的日常思考本质上都属于隐喻的范畴，隐喻以其独特的视角和丰富的表达能力使得原本枯燥、单调的词汇成为人们生活、学习中不可缺少的一部分。

（一）填补词汇空缺

隐喻是语言发展和变化的一个重要方式。语言学家阿莫·赫斯特在对隐喻进行研究中，提出如果认真、仔细研究每一个词的词源，都能找到隐喻的影子，只是因为人们对某一词长期、大量、频繁地使用，使得该词逐渐失去了意象性，不再具备隐喻的基本特征，变成了一般词汇，成为了“死喻”。比如现在我们作为正常词汇使用的“山腰”“瓶颈”，因为人们都已经习惯使用，所以这类词原本的隐喻性就大大减弱，变成了正常词，不再单独作为隐喻词汇被人们使用。

人们研究和发展语言学的过程，也是在不断创造新词和术语的过程。在此过程中，人们常常刻意寻找强调新旧语境间相似性的词语，这种刻意寻找出来的词语就是隐喻。借助隐喻，人们可以用已有的词语来谈论新的、尚未有名称的事物。借助隐喻，人们还可以具体、形象地对事物间存在的差距进行描述，以便能更准确、全面地反映事物的本质和特征，这也为多义词的产生提供了条件和可能。

在日常生活中，如果现有词汇不能够准确表达某一概念时，人们就会在众多词汇中寻找有同样形状或者功能的词汇来暂时代替，这种代替会随着人们的普遍认可及频繁使用而成为表达该事物的新的义项。我们经常看到一词多义，即一个词有多种意义、多种用法，就是因为人们对该词的使用频率高，在不同的语境下，对该词都有运用。在这种情况下，这个词的义项就在不断增多，而这种使用或者增加大多是以隐喻或者借用的方式出现而被增加的。

不管是哪种语言，都存在着一些因为不断使用相同的隐喻而形成了新词的现象，比如，英语中常见的隐喻构词方式，因为隐喻构词方式的转换，形成了系列词缀、分词等。具体来看，首先进行转换的有名词转成动词，英语中有大量名词在使用隐喻表达的过程中被转换成了动词，像“to shadow”这种转换，就是典型的名词转动词；其次就是词缀，如“like”带有词缀“childlike”；最后是分词。

（二）增加表达的精确性和形象性

在语言使用过程中，有一种情况是已有的词汇不能够准确表达某一概念或者某一现象，这时可以通过特殊的构词方式来拯救这种不足。这种情况下就会产生隐喻，这种隐喻是为了增加表达的精确性和形象性，比如形容某人把脸伸入水里，并在水里半吞半吃起来，现有的词汇里并没有一个准确的词能够形容“半吞半吃”，这个时候就只能借助构词，用“half-gulped and half-ate”来描述，英语中有很多这种特殊的构词方式，增强了语言表现效果。

还有的时候，人们为了增强准确表达的可能性，以免出现失误，会选择自己熟悉，或者在自己已有的经验里了解的词汇来表达另一领域不熟悉的事物、事件。一个领域的词通过转移运用到另一个领域，是为了更加精确、形象地突出表达意图，这种情况我们在汉语中经常所见，比如“痛苦”“寒酸”，可以从触觉转移到味觉，“热闹”“冷静”，又从触觉转移到了听觉。除了通过将一个领域的词转移到另一个领域的方式来弥补语言缺陷外，人们还会选择通过比喻来形象地表达这一概念或者现象，以弥补现有语言词汇不能精确表述某种现象或者概念的缺陷，比如在汉语中人们常常会选择一些动物来比喻日常生活中的行为，像“鼠窜”“狗急跳墙”等，使得语义表达具有具象性。

通过隐喻，语言中的词义在不断发生变化。隐喻成为语言变化的主导者，是语言词义变化的重要途径。因为隐喻总是会根据语境、表达者意愿在不停地变化。紧跟着发生变化的就是规则，从隐喻变化到规则变化，共同推动了语言词义的变化，但是词汇的隐喻性并不是长久不变的，隐喻性也不是一直存在的。随着时间的发展，原先的隐喻也会变成死喻，成为正常词义的一部分，隐喻词因而成了同音词、多义词等，丰富了词汇结构。

二、隐喻的诗歌功能

隐喻与诗歌在本质上是一样的，隐喻本身就是小型的诗歌形式。诗人将语言作为诗歌表达的材料，隐喻是诗人突出语言材料的重要方式，所以隐喻是诗歌中不可缺少的一部分，是诗人用来实现语言陌生化和意象性的一个重要手段，因此隐喻具有诗歌功能。

（一）诗的“表现”与“再现”

不论是东方还是西方，都有许多诗歌的代表，但东西方对诗歌的定义和起源观点是有区别的，其中有代表性的三种观点是“诗言志”“诗为情”与“模仿论”。

《诗大序》里对诗歌是这样表述的：诗者，志之所之也。在心为志，发言为诗。情动于中而形于言，言之不足，故嗟叹之；嗟叹之不足，故永歌之；永歌之不足，不知手之舞之，足之蹈之也。情发于声，声成文谓之音，即诗为情。

朱熹在《诗序》中对诗歌的定义：或有问于余曰：“诗何为而作也？”余应之曰：“人生而静，天之性也；感于物而动，性之欲也。夫既有欲矣，则不能无思；既有思矣，则不能无言；既有言矣，则言之所不能尽，而发于咨嗟咏叹之余者，必有自然之音响节奏而不能已焉，此诗之所以作也。”即诗言志。

古希腊人把诗歌定义为诗歌是模仿的艺术。模仿的对象可以是心理活动，也可以是其他自然现象。亚里士多德在其《诗学》中指出，诗歌的存在是人类天性的作用，因为人从婴儿时期就会模仿，通过模仿来获得对世界的认知，这种模仿造就了隐喻，而且人们普遍对模仿出来的作品有着一定的青睐和信任，比如在面对一个陌生的、让人不舒服的事物时，用另一种写实的、艺术的手段来展示，就比较让人容易接受，这种效果就是模范的艺术。另外，人类不同于动物在于人类具有求知欲，求知是人类不断进化、发展的动力。在日常生活中，人们为了了解、认识、理解陌生的事物，具有强大的求知欲，就会想尽办法获得各种途径来认识，这种认知可以通过模仿得到有效的实现。模范实际上是一种过程，在模仿的过程中，不可避免地有语言的产生，形成语言的一种偏离。这种偏离就是隐喻的一种表现形式，本质是在遵循现实的基础上，对现实情况的积极创造，对原有语义没有质的改变，通过隐喻形式的偏离对表达效果进行升华、强化。

我国近代学者朱光潜先生认为，诗歌的产生主要是因为表现和再现。具体来说，诗可以是“表现”内在的情感，也可以是“再现”外来的形象，还可以是纯艺术形象产生的快感，不管是哪种形式、哪种原因，诗歌都是跟人的本性有关的。

（二）隐喻的诗意化功能

诗歌和隐喻有着千丝万缕的联系，路易斯（C. Lewis）指出，隐喻与诗歌之间的关系是，隐喻对于诗歌来说就是生命原则，隐喻是诗人的主要文本，是诗人的骄傲、成就。巴克拉德（G. Bachelard）认为在诗人的大脑里有着一套成熟的隐喻句式、句法。费尼罗撒（E. Fenellosa）认为，隐喻是对事物的特征、本质自然而然地进行解释，诗歌的本质就是隐喻。温萨特（W. K. Wimsatt, Jr.）指出，诗歌与其他文学形式是显著不同的，对于诗歌来说，阅读诗歌是一种经历，诗歌的语言具有形象性、细节性和意象性，诗歌有着明显的反逻辑成分，这些特征是在其他文学作品中没有的。当然诗歌也具有其他文学形式的共性，即诗歌作为表达符号的一种形式也具有认知功能，诗歌语言在本质上需要与广阔的语境相联系，需要遵循语言的逻辑性。这样看来，诗歌与隐喻有着许多相似的地方，有很多共同点，隐喻与诗歌是同质的现象。前文中论述了亚里士多德在其著作《修辞学》和《诗学》中对隐喻进行了诸多研究，通过研究可知，隐喻在修辞领域和诗歌领域中都有着重要作用，可见，隐喻具有修辞和诗歌双重功能。

根据这一论述，隐喻的诗歌功能具体是什么成为学者们研究的重点。在亚里士多德时期，诗歌的主题以悲剧为主，而悲剧也是人们对行为的模仿。情节、人物、词汇、思想、场景和音乐六个要素构成了悲剧，六个要素中情节是核心，场景、音乐和词汇扮演的是工具的角色，思想和人物是人行为的自然起因。在情节这个中心要素里，人对行为目的或行为评价具有一定的连续性，而词在悲剧中的作用，就是通过词赋予情节内在的逻辑性、合理性和连续性，因此情节和词的关系就是一种外在和内在的关系。我们提到悲剧是人类行为的模仿，这种模仿是对行为过程、行为评价的表述，构成了一个悲剧，从情节到场景整个过程。

人们从悲剧中获得的是诗歌所赋予的透明的说明和情感表达。在亚里士多德的观点中，模仿并不是对事物、事件进行简单的复制，而是在模仿时将现实作为参照物，这种参照所代表的就是一种自然法则，并且在所有创作中都是需要遵循的。从悲剧表现形式来看，模仿成为诗歌，在对悲剧的表现过程中，对行为的模仿是一种夸张的、突破原有行为的程度限制，进而展现人物的内心世界，将人物内心进行升华，这也是所有诗歌中把握隐喻意义的关键。在情节的恢复过程中，并不只是简单地把人物行为构造成连续性，还要对人物的各种行为按照一定的规则进行有序的重组，对这种行为进行优化、升级。可见，模仿不只是对原有人性的特质进行简单的保留和表现，模仿也不只是模仿人的基本特征，模仿是让人性的特质、人的基本特征展现得更为淋漓尽致、更为透彻，将人的品性变得更伟大、更高尚。从这个角度分析，模仿本身就存在着矛盾，具有双重性，既要保持对人类现实状态的描述，以现实状态为依据、为参照，尊重现实基础，又要对事物本身进行创造，使其变得更高尚、更伟大。这样的模仿注定要求隐喻承担更重要的角色和地位，隐喻不再仅仅是一种随意的、简单的现象。

隐喻作为语言的一种成分、事实的一部分，被认为与日常语言表达是有区别的，有一定偏离的。隐喻同那些生僻词、新造词和缩略词一样，是不同于日常语言的。然后，词在情节中担当的是从属角色，隐喻又是由词组成的，因此隐喻就成为整个诗歌中“说”和“诗意化”的工具。隐喻不单单是词汇的表象，还是一种话语现象。从隐喻与话语的表现形式上来看，隐喻偏离于话语，只是因为在语言意义上有差异，但与人们对行为的模仿相比，隐喻对这种模仿有着双重矛盾，一方面不能改变表达对象，要服从现实，另一方面要积极创造，对原有行为进行升华。

而语言学家利科指出，情节和模仿的结合并不是只有悲剧诗歌中才有，除了悲剧诗歌外的其他诗歌都存在着情节和模仿的结合，具体来说：一是只有在虚构描述和重新描述相结合的情况下才能把诗歌功能和修辞功能完全区分开来，诗歌功能看起来是修辞功能的反面，修辞功能试图通过对话语进行隐喻的修饰来实现劝说的最终目标，修辞功能强调的是话语本身的表达手段，而诗歌功能通过启发式、虚构的迂回手段达到重新描述话题的目的；二是隐喻在作为诗歌功能时，成为一种话语策略，语言利用隐喻的话语策略改变原先直接描述的状况，以充分发挥隐喻的功能作用。

利科指出，历史叙说与诗歌叙说的区别在于，历史叙说要表达的是实际上发生了什么，而诗歌叙说表达的是本来可能发生些什么。历史根据的是个别，诗歌则倾向于共性。因此诗歌比历史更富有哲理性。

三、隐喻的认知功能

随着对隐喻研究的不断深入，人们对隐喻功能的认识更加深刻，从隐喻的修辞功能到诗歌功能，越来越认识到隐喻已经成为人类认知世界一种不可或缺的重要方式和手段。

（一）隐喻是人类组织概念系统的基础

隐喻是人类发展过程中一种基本的认知方式。人类概念系统中的许多基本概念都具有一定的隐喻性。前文中我们谈到根隐喻是人类概念系统中深层次的核心、中心概念，在人们日常生活中，根隐喻在思维方式和话语表达方面发挥着重要作用。可见，隐喻在人类组织系统中占据着重要地位，充当着基础性地位。随着信息技术的快速发展，网络已经成为人们生活生产、学习交流的重要方式，随之产生了“信息高速公路”一词，“信息高速公路”一词具有典型的隐喻性，不断被人们频繁使用，“公路”（highway）成了网络话语中的一个根隐喻，是有关信息服务的概念系统中一个重要的核心概念，以这个根隐喻为中心，相对应地派生出很多派生隐喻。

再如，“time is money”（时间就是金钱），这也是在现代英语中用隐喻呈现的词语。通过这个隐喻，人们会习惯性地探讨：“时间是如何影响和操纵人类的日常活动的”，因此，在一个由隐喻组成的概念系统里，隐喻概念与表达相关概念的词语之间是有着各种各样的关系、联系的，因此对于隐喻概念系统而言，这个概念系统是有着一定的系统性和连贯性的。回到刚才的举例“时间就是金钱”，这种表述和观念在西方国家工业化时代有着普遍的价值认同感，但其他文化对此观点并不持有相同的看法。然而随着跨文化间的交流与文化输入、输出，以及社会生产的不断发展，关于“时间就是金钱”的观念已经逐渐推广到其他国家，这一隐喻概念也逐渐被认同。学者莱考夫和约翰逊把关于“时间就是金钱”的隐喻结构称为“结构性隐喻”。除了结构性隐喻，还有一种隐喻，就是“方向性隐喻”。方向性隐喻，顾名思义，以上下、内外、前后、左右、深浅、中心与边缘等表达空间的隐喻词句来组成一个新的概念，这个新的概念是以方向性隐喻为主导的概念系统。方向性隐喻主要受人们的生理构造特点的影响，还受人们观察事物的方式的影响，例如用来表述幸福的方向性隐喻，“happy is up”（幸福等于向上），这里用“up”这个方向性词来隐喻幸福的走向，带有积极的引导性。

（二）隐喻是人类组织经验的工具

语言学家们通过对隐喻的研究，发现隐喻其实就是通过某一领域的经验来认知另一领域的经验。这样的方式下，人们就有相对足够的把握，通过利用已经相对熟悉或相对容易把握的领域的经验来组织相对不熟悉或较难把握的领域的经验，进而形成某种态度、某种观念，并根据此种情况和条件采取相对应的行动。

根据莱考夫和约翰逊的分析，人类概念系统的建立绝大部分来源于“本体隐喻”，“本体隐喻”还可以被分类，有“实体和物质隐喻”与“容器隐喻”两个类别。具体来说，“实体和物质隐喻”指的是借助物体和物质来理解人们的有关经验，这样人们就可以把人生经历中的一部分经历作为一种同类的、可分离的物质来看待，这样把抽象的经历以具体的实体和物质来表示、表象，人们就能通过相对应的实体和物质对经验、经历进行指称、范畴化和量化，进而对经历、经验做出理性的分析、反思和讨论，以提高人类对世界的认知能力，使得经历、经验变成有用的、有效的，经历则具有了可以讨论和商量的具体实体、物体。比如上文中提到的方向性隐喻，人们能将身体空间方位的经验认识运用到抽象的话语表述中，人们的身体、外在的物体成为不同的本体隐喻的参考依据。当然，本体隐喻能够为各种各样的话语目的服务，不同的隐喻必然代表着不同的目的。

例如“通货膨胀”（inflation）这一抽象概念，如果把它当作一个实体来看待，那么人们就有了一种指称通货膨胀的方向。问：通货膨胀与人类的关系是什么？答：通货膨胀是我们的敌人，通货膨胀正在降低我们的生活水平。（Inflation is an enemy, Inflation is lowering our standard of living.）在这个例子中，通货膨胀就是作为一个实体被看待的，这样人们就能对这个抽象的、看不见摸不着的概念进行评价、量化、指称，并对其特征进行描述，找到通货膨胀是影响人们生活的一个重要因素，并采取相应的行动来解决问题。类似这样的本体隐喻对人们理解世界、认识世界和改造世界具有重要的影响，对人们的认知活动来说是必不可少的。

当然还有一些本体隐喻可以进一步引申，通过引申，方便人们以更多的角度来认知该事物，了解该事物的属性、特征。比如，从“大脑是一架机器”（the mind is a machine）引申出“大脑是种易碎的物品”（the mind is a brittle thing）；再比如，人们在形容大脑不工作时经常用“我的大脑已经转不起来了”来表述。像这样的本体隐喻，在人们的思维和生活中显得很是平常，自然而然地就成为人们语言表达的一种习惯，成为人们用来描述事物、时间的直接表达方式。

本体隐喻的另一种就是“容器隐喻”。举例来说，人们常常把土地和与其有关的事物作为一种容器，这样看似无边界的、无限的事物就有了界限，可以量化，可以具体化来描述。莱考夫和约翰逊认为，通常情况下，人们倾向于选择用已经历过的经验来组织还未经历的、属于他人的经验，包括情感、心理和文化经验等，而这些都属于人类的基础经验。

莱考夫和约翰逊还指出，新的隐喻的产生源于人们利用各种各样的相连的关系把以往经历的相关经验有效地穿起来，这种做法对以后再看到事物也有着一定程度的影响。这种连续的影响也叫作“振荡”，即前一个事物的发生影响到后一个事物的发生。造成振荡的因素有许多，概括起来主要有三个：第一，虽然隐喻揭示了事物的某些特征，但是同时又掩盖了另外一些特征；第二，隐喻所蕴含的内容比较多，既有其他概念，又有相关概念里的具体特征，都含在此隐喻中；第三，由于隐喻在揭示事物的某些特征时还会掩盖另外一些特征，因此隐喻又可以赋予所要揭示的事物一个新的意义，并且成为人们日后理解、认识该事物的引导；第四，隐喻作为指引人们行为的向导，可以帮助人们进行相应的推理，进而帮助人们确定要达到的目标，这样看来，此时的隐喻是恰当的、合适的；第五，隐喻所要表达的意义与人们过去的经历、经验有一定的关系，并且还与人们背后的文化背景有着密切的关系，不同文化背景的人对同一事物有着不同的理解，对同一种隐喻也有着相当大程度的差异看法。总之，隐喻对人类认知活动的影响是巨大的、长久的、悄无声息的，隐喻是人类概念系统组织的重要手段，是人类概念系统运作的重要工具。具体来说，隐喻对人类概念系统的作用主要体现在以下几个方面：

1. 组构

隐喻能够使人们为一个原来不存在的概念结构提供依据并重新组织结构。如人们对待死这件事，一般会把死亡看成是一件悲伤的事情，认为悲伤意味着再也不见，是一种离开、一种告别。当人们能够自然、平淡地看待死亡时，对死亡用语的态度也会发生变化，把死亡看成是一种久远的旅途，且有着自己的目的地，并最终会在与人同行的路途中各奔东西。这样，人们对待死亡就有了新的认识、新的概念、新的组织结构，以缓解的情绪正确看待死亡。

2. 选择

人类对事物、世界的认知主要依靠的是大脑中原来储存的关于各事物间以及事物内部之间的关系的符号图示。图示一般来说都比较简单，没有细致的描述，只有个大概的式样，正因如此大脑才能容纳数量巨大的图示种类。所以具体到细节选择和细节确定上，图示只能根据不同的种类、不同的层级细节一一进行选择，一个图示就是一个大类别，在这个图示里又有许多不同的小类别，比如在旅行这个图示类别里，下分到具体层级又有车辆、导游、酒店、出行工具等各种细节。

3. **推理**

隐喻在概念系统里具有推理作用，表现在通过隐喻，人们可以借用源领域的推理模式来对目的领域进行推理。这种推理的引导，能够帮助人们转变思维方式，找到理解、认知陌生事物的新的途径。还是以“把人生当作旅行”为例，遇到死胡同时，我们有两种选择，一种是待在原地不动，寻求过往路人的帮助；一种是主动出击，重新选择另一条路，并设法到达目的地。

4. **评价**

通过隐喻，我们还可以借用对源领域事物评价的方法来评价目标领域的事物，以达到认知事物的目的。如，当我们说“死胡同”时，也就暗含着此时此刻对此事是一种不乐观、否定的态度。

5. **渗透**

隐喻已经渗透到人们的日常生活中，成为人们日常生活的组成部分，尤其是作为普通概念的隐喻，已经成为人们日常的话语习惯，成为人们在交流、沟通、表达中的一种有力工具，已经成为默认的用语，已经忽视了其作为隐喻的存在。

6. **延伸**

隐喻具有一定的延伸作用，从对一事物的某种关系的经验认识延伸到另一事物相关关系的经验认识，这种延伸是人们自主选择的，是在隐喻的推理作用下进行的。

（三）隐喻是认识事物的新视角

隐喻是通过某一领域的经验来谈论另一领域经验的认知过程。比如随着社会经济的发展，世界各国对能源在经济发展中的重要性的认识日益提高，把能源作为国家的一种安全战略，在此影响下，就出现了“把能源危机比作一场战争”的论述。在这一隐喻概念的影响下，人们对能源有了很多新的认识，衍生出很多相关的内涵，并在此影响下，一系列相关政策随之产生，因为“战争”的出现，就有了“敌人”（enemy）的出现，有了“威胁国家安全”（threat to national security），在此情况下，就有了一系列维护国家安全的战略。

莱考夫和约翰逊在对隐喻进行研究时也指出，部分隐喻能够为人们提供看待事物的新视角，并且能够赋予人们日常活动新的含义和意义。以人们对爱情的理解为例，有人说“爱情是一种赋予艺术的工作”，有人把爱情作为一项事业，有人认为爱情是需要主动的，有人认为爱情是需要互相合作的。在这个角度上，人们对爱情的理解已经不同于传统的认识，对爱情有了新的理解视角，并且这种新的视角有着积极的、正向的、健康向上的引导，能够积极指引人们的行为方向。

从心理学角度研究隐喻，发现一个时期关于主题隐喻的选择与应用，与当时的社会发展水平有着密切的关系。在以计算机为主题的隐喻中，一定是因为当时出现了以计算机为主的新技术，在这种情况下，中心隐喻（根隐喻）就是计算机，而与计算机相关的输入、输出、信息检索等成为派生隐喻。在计算机出现以前，心理学家关于隐喻的中心隐喻是围绕着诸如生命体、神经、空间和系统等进行的。

经济学对隐喻也进行了各种各样的研究。隐喻现象运用于经济学中，使得那些抽象的、高难度的、晦涩的经济学概念具体化、形象化、意象化，更好地便于更多人对经济学基本常识加以理解、学习，同时对隐喻的运用也开拓了经济学领域新的视角，比如经济学中常见的“invisible hand”（无形的手）、“free lunch”

（免费午餐）、“safety net”（安全网）、“golden parachute”（金色降落伞）、“glass ceiling”（玻璃天花板）等，对于形象、生动地揭示经济学相关现象有很大的帮助，也为决策者制定相应的经济决策提供了帮助。

教育学对隐喻的运用更加明显。运用隐喻，为教育政策的制定、教育实践的改革提供了重要的参考依据，对教育事业发展有着重要影响。隐喻应用到教育学中，为教育教学方案制定者、执行者认识教育教学提供了新的视角，开拓了新的领域。拿“课程”（curriculum）来说，课程本身就可以作为一个隐喻，不同行业的人看待课程这个隐喻有着不同的认识，在建筑行业中，有“框架”之说，在饮食方面，有“食谱”之说。不管是哪种视角，课程的核心、本质是一样的，都需要在课程这个概念框架内开展实践活动。

关于“隐喻作为认识事物的新视角”这一观念，惠尔赖特在对隐喻进行研究时明确地指出，由隐喻组成的一种新的语境，本来就是一种不同于原视角的新视角，是一种新的维度，通过隐喻，人们根据自己的需求，采取适合的方式——某种独特的、与任何其他方式不同的方式来看待客观现实。

在西方现代文学和艺术中，隐喻是运用最为广泛、最为频繁的，且多种多样。最常见的隐喻主要是五个：“牢狱”（prison）、“荒漠”（wasteland）、“医院”（hospital）、“魔鬼”（monster）、“机器”（machine）。这五个隐喻在西方众多文学作品和艺术作品中最常为作者所用，也反映了当时那个时代人们的生活状况，反映了现实社会的面貌，以隐喻的形式形象、具体、带有戏剧效果地刻画了当时人们所经历的不幸、无奈、疯狂和机械。这些隐喻反映了人们对现实社会的认识、剖析、批判，通过对这些隐喻的表达，警醒更多的人清醒认识社会的黑暗，起到选择、推理、评价、渗透和延伸的作用。

四、隐喻的社会功能

本节所讲的隐喻的社会功能，主要指的是隐喻在人们的社会交往中能够加强彼此间的亲密程度，并能够充分考虑到委婉和礼貌两个因素。

语言学家科恩认为，使用隐喻的目的除了修辞和认知外，还有一个重要的目的是使用者为了获得一定的亲密程度，这种亲密程度是在使用隐喻前缺失的，或者是缺少的。通过借用隐喻获得亲密程度，主要包括：首先是由说话者发出含蓄的邀请给听话者；其次是听话者要付出特殊的代价（接收邀请，并明白讲话者的邀请含义）接受邀请；最后是讲话者和听话者共同交换信息，以此表示两者承认属于同一团体。科恩对这种同一团体给出了解释，认为这种同一团体的归属感得益于两方面：一方面，讲话者知道自己发出的邀请得到了听话者的接收；另一方面，不管是听话者还是讲话者，都知道这种互换的情况不是轻易就能实现、达到的，需要两者有一定的经历和相似的认可、认识，才能实现成为同一团体。因此，作为隐喻性语言，只有在对相互之间的知识、信仰、意图和态度等都非常熟悉的人之间才能被理解，相互之间不认识，有着不同的信仰、意图和态度是很难达成对隐喻的理解共识的，这也说明了隐喻的社会性功能，隐喻本身就是两个具有相似性的事物之间的组合、结合、组构。

另外，对同一团体没有明确的界定，什么样的情况才能成为同一团体？同一团体的人数是多少？学者们认为只要具有某种共同特征的人组合在一起都可以形成同一团体，这个同一团体可以是两个人，也可以是一个人，成为同一团体的人有着基本的共同点，就是都有着一种特殊的团体认同意识。保持这一认同感的重要方式是语言上的隐秘性，而那些不懂或者不会使用这种隐秘性语言的人往往就被阻挡在这一团体外，成为所谓的圈外人。从这个角度看，隐喻性俨然成为人们社会交往的必要途径，隐喻充分发挥着社会功能的作用。

库柏认为，隐喻性话语像人与人之间的“送礼”行为，隐喻作为一个大功能，下面涵盖着众多具体的小功能，就如“送礼”也有许多讲究一样，是一个你来我往的交往过程。隐喻的“亲密”功能使得社会团体的成员之间形成了一种“默契”和“归属感”。这个团体有着一套成型的、被成员熟知的隐喻话语，不同团体间的隐喻话语是不同的，比如不同行业有不同行业的隐喻话语，而其他行业的人不能够理解这一行业的隐喻话语，也就会成为这个行业的圈外人；比如我们经常听到的谚语和网络语，都是不同领域的隐喻话语，懂谚语的人不一定懂网络语，而懂网络语的人不一定懂谚语，就是这个道理。还有成人往往难以理解青少年间的隐喻对话，也是因为两个年龄段的隐喻话语是不同的，是不容易被理解的。要想融进另一个圈子，就必须要学会理解、使用这个圈子的隐喻话语。

另外，生活中还有常见的委婉语，委婉语也是语言的一种普遍现象，许多委婉语都是通过隐喻构成的。人们在日常生活中经常使用委婉语，主要目的就是凸显讲话者的礼貌、自尊，以及显示讲话者对听话者的尊重，有时候使用委婉语也是为了获得某种特别的暗示效果。总之，人们使用委婉语的目的是明确的，就是为了获得语言交际的社会效果，为了在社会交往中达到自己的目的。

五、隐喻的文字游戏功能

隐喻由于其意义的隐含特点，以及语言表达的隐蔽性，常常被认为在进行文字游戏。尤其在汉语中，使用最多的谜语，典型体现了隐喻的文字游戏功能。中国人自古以来就有猜谜语的习惯，如谜语“白天慈里宰啰，晚上茅草盖屋”，谜底是“眼睛”；又有谜语“小小一条龙，胡须硬似鬃，生前没点血，死后满生红”，谜底是“虾”。在谜底中，语言的文字游戏功能展现得生动、形象、活泼。隐喻的这种文字游戏功能还带有地方特色，各地有着属于自己地域特征的隐喻表述，比如四川人对人脸上有麻子流传下来一个谜语，谜语的表述使用了隐喻的手法：“啥？豆巴满面花，雨打浮沙，蜜蜂错认家，荔枝核桃苦瓜，满天星斗打落花。”这一表述，巧妙地把日常生活中常见的事物、景象结合起来，组成一体，再结合主体的特征，让脑海中的形象立马浮现，生动地展现了语言文字的艺术。

我国学者朱光潜先生指出，对于创作谜语的作者来说，作者视角独特，能够看出事物中一种似是而非、不即不离的微妙关系，本着觉得这件事情有趣，应该让更多的人知道，因此利用文字的巧妙用法，创作出谜语，并邀请众人来参与其中，可见对于创作者而言，最初的动机是为了把个人所见传递给集体、社会，是人的一种合群本能在发挥作用，同时又有游戏本能在辅助，即像玩游戏一样，有意吸引听者的注意力，引起好奇，设置悬念，作者自己是发出问题的人，而自己又是掌握答案的人，一问一猜，本就是一种认知过程，也是一种互动过程，有助于推动社会交往效果，设置谜底者与猜谜底者两人充当不同的角色，寻找其中所蕴含的相似点，掌握文字游戏的特点。当然对于设置谜底的人来说，“觉得自己是一种神秘事件的看管人，自己站在光明里，看别人在黑暗里绕弯子，而猜谜者的人，他对于所掩藏的神秘事件起好奇心，想揭穿它的底蕴，同时又起一种自尊情绪，仿佛自己非把这个秘幕揭穿不甘休”。[15]

所以，隐喻的文字游戏功能，本质上还是通过语言的隐喻性来表述两个事物之间的相似性，包括谜底在内的隐喻。两个事物之前总是存在着这样那样的关系，而文字游戏就是把这种关系设置得更为隐蔽，更难以让人直接发觉，只有通过文字表面才能找到内在的本质的意义，找到两个事物间的相似性联系，进而正确理解隐喻所表达的真实意义，最终提高人们的认知能力。

第五节　隐喻发生机制

一、“语言贫困”与隐喻构词

“语言贫困”指的是在现有的词汇中没有合适的词来表达某一特定的概念或某一新概念，这种情况下，就需要通过借用现成的词语来表达这一新的概念。而这种借用的结果就会使得原有语言中产生众多的隐喻性词汇，也就是具有隐喻意义的词语。通常来说，引起“语言贫困”主要是因为新的事物、新的文化现象

[15]朱光潜. 诗论讲义[M]. 北京：北京大学出版社，2014：47.

被人们认知需要给予命名，这是随着社会的不断发展而出现的，而某些具有特定意义的信仰用固定的词来表达并成为关键词也会促成“语言贫困”出现，还有某些社会理想需要具有象征意义的词来描述，也是造成“语言贫困假说”的原因。在这些情况下，原有的词义在这些语境下就会发生变化，具有了特殊的意义。

语言学家莫伊指出，现有语言中的标准词汇虽然范围广阔、划分明确、涵盖数量多，并且分类具体、细化，但是随着客观世界和人们精神文化世界的不断变化，现有语言中的标准词汇不可能在一开始就包括外部世界和人的大脑中的所有情景。这样，在遇到新的客观事物、人们有新的需要的时候，如果人的大脑里已经没有现成的字面意义词汇存在，就只能用其他现成的、与该事物具有一定相似性的词来替代，即“借用”。我们可以借用原有的词汇和原有词汇间的关系来谈论新的经历和情景。在这一过程中，并不能完全实现毫无错误地表达，如若发生误解，就可以利用其他隐喻或语言手段来消除。隐喻性构词方法有很多，而且不同的语言还有不同的隐喻构成方法。本节选取了许多隐喻的构成手段进行阐述。

（一）词义的延伸

不管是英语还是汉语，通过使用隐喻，就会有词义延伸的情况发生，都能从一个词延伸出其他词。词语的延伸本身就是存在的，因为词语的延伸，加上语境的变化，同一个词就有了多种词义，词义发生了延伸。如汉语中的“眼”，从“眼”延伸出“小孔”，词义得以延伸。

（二）词性转换

在隐喻中经常会出现词性的转换，如名词转动词、动词转名词，等等，这种转换是根据语境需要做出的适应转换。转换是在特定语境下发生的，根据语义，只有词性转换才能准确地表达语义。转换的同时，词本身的含义也被赋予了相应的含义。作为表达者，要做的就是准确掌握一个词在不同语境下的不同词性，并对这种词性加以理解，加强记忆，形成词汇的新组合。还有一些情况，也是隐喻中经常出现的，即通过一定的构词组合，形成一个新的具有隐喻意义的组合，比如名词与动词组合形成一个新的动词。

（三）复合造词

复合造词在汉语中出现得比较多，是指不同的词构成一个新的词，新的词又作为隐喻词出现在语句中，构成隐喻性复合词。比如常见的“鹅卵石”“鸡冠花”“虎牙”等，这些词都是由两部分组成，具体来看，前一部分是修辞语，后一部分是中心词，后者与前者之间存在着一种形体上的相似性，这种相似性组成的复合词更便于理解，使用者在运用中才能够充分把握要点。复合造词的关键是对修辞语与中心词之间的关系界定的把握，什么样的修辞语对应什么样的中心词，是需要具备一定的知识储备、经历、文化背景的。这里我们重点来看修辞语。

亚里士多德对修辞学的定义是，人们在观察某一特定场合时可使用的劝说手段的学科。可见，隐喻在修辞学中的作用首先是要服从于修辞总的功能——劝说。亚里士多德指出，在艺术表达上，修辞是说话的艺术。在修辞的具体用法，尤其是关于词汇的用法上，那些清晰、热情、合适、华贵的词语是能够明显增加修辞效果的。人们在日常用语上往往以清晰的风格为主，但是隐喻和其他特殊表达法却是有意脱离日常用法的，这样就会使得原有语言缺少了清晰性，但因为隐喻的本身特点，又使得语言具有不一样的特质。这种语言上的变化和异常给不明所以的人的感觉是有些区别的、不一样的，因为人们喜欢的是能够给大脑印象深刻的东西，对不一样的东西会引起注视。这样的话，使用隐喻表达法更容易引起人们的注意，尤其是为了一定目的有意使用隐喻表达法时，会更大限度地达到表达效果。诗歌语言和修辞语言已成为隐喻的主要表现形式，两者在使用手段上是一致的，但是修辞语言没有诗歌语言豪放，相对来说程度较轻。修辞性话语的主要目的是使话语具有一种不同寻常的风格，是比较含蓄、内敛的表达，更容易受到人们的喜爱。人类天生就有求知欲，尤其具有接收新事物、新思想的能力，思想只有通过词才能表达出来，因此人们对新思想只能通过词来取得。通常来说，常规的词向人们传达的是已知的内容，而非常规的词不容易被常人理解，因此如果想获得某种新的信息，只能通过隐喻。比如，人们在形容人老的时候，会用“枯萎的花茎”来形容，用“已过了花季”向人们传达另一种新的思想、新的事物。从隐喻与明喻的区别来看，隐喻更为精炼、简洁，并且能够更迅速地打动人、教育人。能够发挥这些功能的主要原因在于隐喻的隐秘性更能吸引人。

隐喻的使用方法与其他修辞手段一样，其目的主要是增加语言的表达效果，隐喻具有精炼、新奇、间接、婉转的特性，能够为增加语言的修辞效果提供有力的保障。在隐喻发展早期，主要以传统的隐喻理论为呈现方式。传统的隐喻理论主要有单指论和双指论两种。单指论指的是在隐喻表达中并没有显示字面指称意义，隐含论、替代论都属于单指论的范畴，隐含论认为隐喻词的意义能够在部分字面词语意义的基础上获取解释，代表人物有比兹利、科恩，而替换论则认为隐喻词的意义可以在字面意义的其他特征的基础上获得解释。双指论指的是在隐喻表达中仍然保留字面指称意义，对比论、互相作用理论都属于双指论的研究范畴。从双指论的理论来看，隐喻的产生主要归功于两个主词之间的相互作用，这两个主词之间的相互作用表现为，一个主词的主要特征能够映射到另一个主词上，这样词义就会发生一定的变化，所以，隐喻从根本上说表现的是一种述谓现象。隐喻不是词语与词语之间的简单互换，需要建立在句子以上的层级上，发生变化后被记忆成记号。关于记号，符号学家皮尔斯进行了详细的阐述，指出记号有三种情况，分别是形象、图像和隐喻。三者之间主要是根据不同事物间的语言结构与现实世界的相似程度、语言符号的抽象性符号来进行区分的。具体来看，形象是一种完全的相似，而图像则是一种结构上的相似，隐喻所追求的是一种平行关系，这种平行关系是通过对一物与另一物之间的相似来突出该物的特点的。这种相似性还体现在隐喻中的本体与喻体之间具有一定的相似性，还有隐喻中存在着双重影响的现象。

（四）联想网络关系

在所有词与词之间的关系里，构成了一个关于联想关系的网络，这种关系包括聚合关系和组合关系，比如“死”与“生”两个词就是一种聚合关系，而关于“人”或与有生命的事物相关的词之间就是一种组合关系。在人们正常的意识里，当听到或者看到有关“死”的字眼时，就会联想到相关的词语搭配或者物体形象。当人们把“死”与无生命的事物组合在一起，又构成了一个新的不同于常规词的语词，又会出现双影像的形象，比如说“石头死了”，在这种情况下，人们一看到这句话就会想到“石头”与“人”的关系。所以说，当组合起来的词越异常、新奇，组合起来的新形象就越明朗，让人们印象深刻，当发生双重影像重叠或者消失的时候，那么原有的隐喻也就不存在了，由原先的隐喻转变成正常的字面意义语言，也就是常规语言，或者叫日常语言。

前文中提到构成隐喻的基础就是隐喻中喻体与本体的相似性。举例来看，“她是只母老虎”利用的就是“她”和“老虎”共有的“厉害”“凶猛”的特征。当然，一个好的隐喻并不只是以存在的或者已经被人们发现的相似性为前提，还以创作者想象出的或者创造出的相似性为前提，这样想象出的相似性更具有新奇性，能激发人们的认知欲。比如，我们对君子的评价常用“君子之德，风也”，表面上看“君子之德”与“风”之间是没有关系的，两个不同的概念之间没有任何相似性。在没有这样的表达法之前，人们是不会把这两者放在一起的，也不会想到两者有什么关系，但是当有人这样创作出来后，再经指引，人们才会发觉两者之间确实有一种相似的地方。创作者把自己的一种独特的感受和观点传达给了读者，读者在此影响下看待和研究“君子之德”有了新的方式方法，这样关于君子的概念系统也有了进一步的丰富和发展，推进了人们认知功能的发展。因此，作为隐喻的两种基本类型，一种是以本体与喻体间原有（包括固有的和想象中的）的相似性作为基础隐喻，一种是以说话者或创作者新发现的或有意想象出来的相似性作为基础隐喻，而以说话者或创作者新发现的或有意想象出来的相似性作为基础隐喻相对来说更重要，更具有认知价值与研究意义。

总之，隐喻的工作机制问题的研究与讨论，不是对某一单方面的考虑，涉及众多领域，包括哲学认知论、语言学以及诗学等各个方面的研究，从传统隐喻研究到现代隐喻研究，都是从不同的历史时期对隐喻的工作机制进行不同角度的分析和探讨。当然，对隐喻的理解也是隐喻理论的一个重要方面，在对隐喻的理解过程中，文化背景与语境状况对隐喻的理解有着重要的作用。一般来说，语境对语言理解的重要性有两种影响方式，一种是“自上而下”，就是根据整体语言环境对具体话语进行分析；一种是“自下而上”，就是根据相关话语的字面意义来理解整个语境中的话语意义。

关于理解隐喻的特点和理解过程的研究，有很多学者都付出了诸多努力，提出了许多具有重要意义的观点，形成了具有研究价值的理论成果，包括格赖斯（P. Grice）、斯波伯（D. Sperber）和威尔逊（J. Wilson）等人。如格赖斯的合作原则、斯波伯和威尔逊的相关原则，都为研究理解隐喻特点、隐喻发生机制提供了重要参考。当然由于每个研究者所处的时代背景、文化背景，所研究的角度和立场不同，对这些领域的研究各持己见，没有达成统一的意见。

总而言之，纵观各种关于隐喻发生过程的研究，本质上是一种典型的语言理解过程，研究隐喻的理解过程对认识人类语言的发生机制有重要的意义，因此通过研究隐喻理论，进而建立和完善具有统一性的语义理论也有重要的意义。

二、隐喻的认知价值问题

一般来说，使用了隐喻的词语已经不再是原有的词语，词语的意义同样已经发生了变化，不再是常规的词语意义了，含有隐喻词语的语句也发生了变化，语句也变成了隐喻语句，语句含义已经与原语句发生了变化。有时候隐喻的语句也会被理解成谎言，但隐喻与谎言又是有区别的，最主要的是隐喻能够正确地表达说话者的认识、意图。隐喻具有认知价值性，在于隐喻并不是简单地对两个事物间的相似性进行描述，而在于作者能够通过创作相似性使得隐喻成为人们认识世界、认识客观事物、认识人类社会的一种重要方式，这种方式不断地帮助人们获取真理。随着对隐喻研究的不断深化，隐喻研究理论不断运用到人们日常生活中，隐喻性思维越来越成为人类扩大自身认识范围、提高认知能力、获取更多认识真理的重要工具。

（一）语言的隐喻性问题

在众多对隐喻研究的理论中，首先指出的都是关于语言的隐喻性问题。在对隐喻性质的研究讨论中，认为从整体上看人类语言本身就是一个隐喻性的符号系统，很好地解释了语言的隐喻性问题。莱考夫（Lakoff）和约翰逊（Johnson）在其《我们赖以生存的隐喻》一书中认为，隐喻存在于人们的日常生活中，无所不在，存在于人民的语言中、思想中的各个地方，而人类的概念系统也是建立在隐喻基础上的。按照这种理解和研究方向，人们在语言使用中的隐喻只是一种表层的现象、一种外在的体现，真正发挥作用、起核心作用的是深藏在人们自身概念系统中的隐喻概念。比如，英语文化中的深层隐喻：“Time is money.”（时间就是金钱）“Argument is war.”（争论即战争）等表述，都体现的是英语文化中的深层隐喻。在这些隐喻的影响下，出现了一系列人们在语言使用中的隐喻现象，如“I cannot afford the time.”（我赔不起时间）。

现代语言学奠基人索绪尔（F. Saussere）曾提出“语言符号的任意性原则”的观点。随着研究的深入，学者们逐渐发现了这一观点的不足和缺陷，并对此提出反对。学者们发现人类语言是一种普遍现象，这种普遍现象表明人类语言与客观世界的关系并非是任意的。包括语音、词汇和语法结构在内的语言结构与现实中的客观世界有着一种深刻的对应关系，因此评价语言隐喻性问题对我们揭示人类语言和语言交际的本质、语言与思维之间的关系具有重大的理论意义。

（二）隐喻在人类认知中的作用问题

隐喻认知价值问题还体现在隐喻在人类认知中的作用。众多学者在研究隐喻在人类认知中的作用时发现，对说话者或听话者来说，他们对隐喻中的喻体要比隐喻中的本体更为了解和熟悉。在喻体和本体两者发生互动反应时，人们往往将更为了解和熟悉的事物的特点与结构首先影射到相对陌生的事物上，这样通过了解和熟悉喻体的特点和结构，就可以帮助认识本体的特点和结构，因而也就具有了认知的功能。

隐喻在认知中的作用首先就是演绎推理作用，隐喻是人类实现演绎推理能力的重要方式之一。隐喻在科学中的价值近年来越来越引起隐喻研究者的注意。比如在科学家那里，“An atom is a solar system.”（原子是一个太阳系）这一隐喻对阐述原子内部结构、推动原子内部运动规律的发展有着重要的作用，成为人们在科学世界中进行演绎推理的重要手段。而在语言学中，某些学派观点的形成也与隐喻息息相关，如德国历史比较语言学家施莱歇尔认为“语言是一种有机体”，这一隐喻对施莱歇尔的语言观的形成和相关研究方法的选择有重要的影响。我们常见的许多科学定义的形成都离不开隐喻方式的表达。此外，政治学上许多概念的形成也是通过隐喻方式实现的，比如曾经的“冷战”（Cold War），中国人在解放初期的“大锅饭”、建设时期的“铁饭碗”等。不管是政治领域还是社会领域，都有着隐喻的影子，并且这种隐喻的使用对人们形成某种固定思维，以及有关政府制定某些相应的政策都有着重要的影响和对应。

所以，现在来看，隐喻在人类认知方面有两大作用，一方面是能够创造出新的意义，另一方面是能够提供看待事物的新视角，学者们的相关研究理论正是对这两个作用的解释和论证。与传统隐喻理论相比，现代隐喻学对隐喻产生的原因进行了着重研究，而传统隐喻理论认为之所以产生隐喻，是因为修辞的需要。实际上，如果把隐喻作为人类思维组织的一种工具，把隐喻当作看待和认识事物的一个新视角，那么隐喻就必须是一种认知现象。人类使用语言有多种原因，在使用语言的过程中还会受到各种社会环境、心理思想等多方面因素的影响和制约。随着人类社会的不断发展，人们也逐渐认识到解释语言、认知和社会心理等因素对隐喻现象的产生有着重要影响。正是因为人们在认知过程中一方面不断通过隐喻手段来创造新词或新概念，另一方面通过隐喻来认识新事物，形成新理论，所以隐喻的出现和发展必然对人类的认知方式和认知结果产生不可忽视的影响。关于隐喻对人类认知方式和认知结果作用的研究具有重要的哲学意义，还有重要的实践意义，尤其是对语言教学改革、教学实践具有重要的指导意义。

隐喻的修辞功能在人们日常生活中是显而易见的，隐喻可以使人们的日常语言表达更具形象性、意象性和趣味性。隐喻还具有诗歌功能，人们可以通过对喻体进行选择，对语言材料各个层面进行调节，营造出一种诗的意境。同时隐喻能够对人类概念系统进行组织，进而引导人们对经验的认知。隐喻中的根隐喻，也就是中心隐喻，还是人类概念系统中的核心概念。隐喻对人们的日常思维产生重要影响，还为人们认识、了解事物提供了一种新的视角，通过隐喻，人们对事物有了新的理解和发现。另外，从社会学角度来看，隐喻在社会学方面所起到的作用也是比较明显的，隐喻为人们获得社会认同感提供了途径，为人们在社会交往中表达委婉和礼貌提供了有效工具。

第四章 英语翻译研究

在欧洲，翻译实践活动有着悠久的历史。有学者认为，欧洲的文化、文明最早就是从翻译开始的，从古代的罗马帝国到现在的欧盟，依赖的就是翻译在国家交往、经济往来中发挥的桥梁作用。在欧洲文明史上，有用古希伯来语写的《圣经旧约》，还有用希腊文写的《圣经新约》，如果最开始没有用希腊文和拉丁文来对两部著作进行翻译，甚至后来对中世纪和近代语言进行翻译，具有欧洲文明的基督教文化就不可能出现，也不可能产生。自从《圣经》被学者进行翻译后，欧洲的翻译活动从此开始，并再也没有中断过，因此对《圣经》的翻译具有重要地位，有着重要意义，它为许多国家的语言奠定了基础。从《圣经》被翻译后，在古代希腊文学、拉丁文学方面，荷马的史诗，希腊悲剧、喜剧和抒情诗等许多欧洲经典作品得以被翻译，并且被翻译成欧洲各国的语言。翻译工作为古希腊文明的保存做出了重要贡献，从经典著作到著名文学作家的文艺作品，翻译在欧洲地区越来越多的领域里得到应用，并且翻译已经不再仅仅局限于欧洲文艺作品、东方文学作品，包括阿拉伯国家的《一千零一夜》、日本国家的能剧、中国的小说诗歌、印度的《故事海》《薄迦梵歌》等也都被翻译成了欧洲语言。翻译外国文学，不仅促进了各国间的文化交流，实现了文明互动，而且由翻译推动的各国间贸易往来、人文交流等都兴盛起来。理论是从实践中获得的，欧美许多的翻译理论复杂多样。总的来说，翻译分为可能论和不可能论两大类，当然绝对的可能是不存在的，绝对的不可能也是不存在的，所有的翻译活动都是在可能与不可能之间的中间区域进行的。关于翻译的研究，欧洲有许多学者提出了不少相关理论，如马丁·路德、M.阿诺德、F.W.纽曼等，都从不同的角度对翻译进行了不同程度的研究。这些理论研究有些成为翻译理论研究的重要参考，有些却存在着一定的局限性和不足，需要对其进行一定的反思和总结。

从早期的翻译研究理论来看，古罗马是最早有一定规模的翻译活动的，大量希腊文学作品被学者们翻译成拉丁语。像荷马、埃斯库罗斯、索福克勒斯等人的戏剧作品经过翻译被介绍到罗马，这些被翻译后的戏剧作品传到罗马后，为罗马文学的发展做出了巨大贡献。尤其翻译活动的出现，让人们开始对翻译进行研究和探讨，这一时期的研究还只是个别人的行为，并没有形成气候。这个时期比较有影响力的研究者有西塞罗与贺拉斯，他们提出翻译要尽可能地保留原作风格，反对把字当句、字句不对应的翻译，还有昆体良提出翻译应该与原作保有一定的竞争性。

在古罗马帝国后期，基督教盛行，有关基督教的文学著作、教义文本也迅速发展，并得到快速传播，直到现在，依然还有很多关于基督教教义的翻译文本，尤其是《圣经》，有很多翻译版本，比如有英国版本、德国版本、荷兰版本、中国版本，经不同翻译版本在各国得以传播、交流和学习，同时，世界各国的学者对《圣经》进行了不同程度、不同角度的传播和研究，使得基督教在世界各地开花。从对《圣经》文本的翻译我们可以看出，翻译一篇作品、一段讲话，甚至一个词，都会涉及两种语言的转换，一种语言是准备被翻译、要翻译的作品，讲话的语言或者是词语，有学者将这种语言称为源头语言；另一种语言就是要翻译成的语言，也就是被学者们称为的目的语言，正是因为两种语言存在着一定的差距、区别，所以才会有翻译的存在。从语言学的角度来看，完全相同、完全同义的词句是没有的，那么翻译出来的词语、句子或者讲的话会有各种不同程度的差异。当然，翻译者的目标是最大限度地寻求目的语言与源头语言的接近，尽管这样，翻译者还是无法实现完全照搬、原封不动地将原文的原意和神韵都给翻译过来，翻译者的任务就是正确处理好两种语言之间的关系。

翻译学者们普遍认为，像逻辑的、抽象的内容，翻译起来相对来说比较容易，重点在于把握逻辑性和抽象性，如数学、物理、化学等方面的知识，翻译的重点是抓住原文的逻辑性、抽象性；而像带有故事情节的作品，翻译难度相对较高，翻译的重点是抓住故事情节要害；像浅薄平庸的小说之类，翻译起来也比较容易，原文不存在多么深奥的道理，翻译的重点在于叙事；像说理、鼓动的作品，如格言诗、论文、政治演说、剧本等，翻译起来也不十分困难。但是那种高级文学作品，尤其是感情表达占据重要内容的高级文学作品，翻译难度相对来说就比较大。翻译的本质还是对原文进行或多或少的再创作，翻译者尽可能地接近原则，减少与原文的差距，对原文中涉及的神韵、情调、情感采取任何办法也是不能完全模仿成的。特别是源头语言中那些靠声音来实现语境的效果，在目的语言中是完全无法重新创造的。对翻译的研究历来是学者们探索的重点，包括前文提到的翻译的可能论与不可能论，还有关于翻译方法的研究，是在长期工作中进行的，有关翻译的研究又反过来影响着、指导着翻译活动。

第一节　翻译定义及研究对象

在世界经济文化一体化的背景下，国与国之间的经济往来、文化往来越来越频繁，国家间的交往界限日益变得模糊，各类语言翻译在国际交往中扮演的角色更加凸显，日益重要，在跨区域、跨国家的经贸协定签署中更是重中之重，直接决定和影响着协定签订结果。随着我国对外开放在深度、广度和力度上的持续加大，中国与世界间的贸易往来越来越重要，由此出现了商务英语翻译这一专业。我国对外商务英语工作与翻译活动在对外经济合作中起着重要作用，但就目前来说依然存在不少问题，如缺乏翻译规范标准、关键环节不统一等。

总的来说，不管在西方还是在东方，翻译工作都有着久远的历史。从我国历史研究来看，我国在文字上关于翻译的记录，最早可以追溯到公元前 1 世纪刘向所著《说苑・善说》中所记载的《越人歌》，此文距今已经有两千余年的历史。西方国家有文字记载的翻译活动最早可以追溯到公元前约 250 年，罗马人里维乌斯・安德罗尼柯把《荷马史诗》用拉丁文进行翻译，已有将近两千三百年的历史。所以说，不管从哪个角度、哪个层面来看，翻译工作在国际上都已经较为成熟，在国际交往、文化传播、文明传承上都发挥了重要作用。翻译工作也取得了很大成绩，这些成绩的取得离不来数以万计、不分国籍、不分民族、不分等级的翻译工作者的不懈努力，当然在这些成绩取得的同时，翻译工作也存在着不少问题。什么是翻译？翻译工作中应该遵循什么样的标准？对这两个问题的研究和争论，从翻译工作一出现就已经存在，各种说法、各种争论一直伴随着翻译工作走到现在。实际上关于翻译标准的问题，本质上还是翻译是什么的问题。翻译标准至关重要，没有标准就没有标尺，翻译就没有章法，可以随意进行。翻译的无标准性不仅影响着翻译工作的质量，还影响着原文的精髓、内容能否正确表达，影响着其他人对原文的理解、判断，甚至直接影响到国际交往、经济合作等国家间关系的重要事项。

理清、理顺翻译标准的前提，是理清翻译的基本定义。只有对翻译的本质进行明确界定，才能根据翻译的本质制定翻译工作的相关标准。从阅览中外翻译工作的发展历程来看，关于翻译的定义多种多样，各不统一。比如，苏联语言学派翻译理论家费道罗夫指出，翻译其实就是人用一种语言把另一种语言所表达的内容和形式再表达出来，并且是要准确、完全地对内容和形式进行表达。苏联翻译理论家巴尔胡达罗夫指出，翻译就是让一种语言的言语产物在保持内容、原意不改变的基础上，来改变言语表述的过程。美国著名翻译理论家尤金・奈达也对翻译的定义进行了阐述，指出翻译是在接受语中寻找和原语信息尽可能接近、自然的对等话语，这种对等前提是意义上保持对等，接着就是风格上要对等。再如中国现代学者林汉达对翻译的定义，他指出正确的翻译就是尽可能地按照中国语言习惯，忠实地表达出原文中所有的意义。中国现代学者徐永煐也指出，翻译就是译者用一种语言来表达原作者用另一种语言表达的思想。中国当代学者王以铸对好的翻译标准进行了定义，指出一个好的翻译决不是把原文的一字一句硬搬迁来，而是要把原文中的神韵尽可能地保留、传达过来。

从上述西方学者、东方学者对翻译的定义和理解来看，各学者对翻译的具体定义都有着不同程度的差异，各自所代表的观点、所看到的立场、所研究的角度是不一样的，因此各自对翻译的理解也是不同的。

但是总的来看，翻译工作基本上需要涵盖几个要点：一是两种语言要在信息和风格上保持一致；二是两种语言要保持一致不是以丢掉原文中的关键信息、核心思想为代价而机械地生搬硬套，一味追求形式上的对等，以达到两种语言尽可能接近的目标；三是翻译时要注意不同体裁的作品在各个方面的诸多不同，翻译不是千篇一律，不是一模一样，翻译要注意各种语言表述自身个性上的差别。

一、翻译定义

（一）传统语义学定义

最早人们只把翻译看作是一种语言与语言之间的变换活动过程。例如，在《韦伯斯特新大学词典》（*Webster's New Collegiate Dictionary*）（1960 版）里，关于翻译的定义，作者认为翻译就是把一种语言转换成本族语或者是另一种语言。从这样的表述里能够看到这个定义忽视了翻译的本质，没有抓住翻译的实质，把翻译原有的社会价值（即文化交流）要点完全丢掉，忽略了翻译背后的文化价值。如果按照这种定义，对英语中的很多词汇按照本族语的习惯简单地进行翻译，那么就会改变原文的意义，甚至会曲解原文内容，虽然从这个定义上看是满足了条件，但却不是真正意义上的翻译。“这种词典上的定义属于传统语义学的范畴，不可能对翻译作出科学的定义。对翻译的语义学定义还包括使用相类似的事物给翻译下定义。”[16]还有认为翻译就像嚼饭给人一样，虽然没有改变什么味道，但确实是一件不很舒心的事情，对翻译的理解带有很强的主观色彩。可见，传统语义学上对翻译的定义不能揭示翻译的本质。

（二）现代语言学定义

随着翻译事业的发展，以及对传统翻译观点的深入理解和反思，人们逐渐认识到翻译不仅是两种语言之间的简单变换，并且这种变换不只是一种表面现象，更重要的是原语言内容的传递。在这种理解的基础上，英国著名的翻译理论家卡福德指出，“翻译就是用一种语言（译语）的等值文本材料去替换另一种语言（原语）的文本材料【The replacement of textual material in one language(SL)by equivalent textual material in another language(TL)】”[17]。从这段表述来看，卡福德对翻译的理解已经有了新的认识，不同于传统的定义，卡福德开始追求原文和译文在内容上的等值。这个时期对翻译的理解，各个学者依然有着不同的见解，这种见解是建立在各学者对原文内容的不同理解基础上的，比如对原文的意义、观点、概念、精神实质等有着不同的认识，这样得出的对翻译的理解会有一些差距。以斯莱普（Slype）为例，他指出“翻译就是一个用目的语写的文本来代替用源语写的文本的过程，其目的在于达到意义上最大程度的对等(The process of replacement of a textwritten in a source language by a textwritten in a target language, the objective being a maximum equivalence of meaning）”。[18]我们可以看到，这个定义中出现了规范、专业的用语表述“源语（source language）”“目的语（target language）”，并且还指出翻译工作要达到的目标是实现两种语言在意义上最大程度的对等。这个定义其实已经接近翻译本质。这一时期的翻译体现了以现代语言学为指导的翻译观，当然距离翻译的真正本质还是有一定差距的。翻译的真正本质，就是实现两种文化之间的传递与交流的理解，这还有很长一段路要走。

（三）交际学定义

[16]侯林平. 翻译定义新探[J]. 西南交通大学学报（社会科学版），2004（4）：59-63.

[17]Catford J C. Linguistics Theory of Translation：An Essay in Applied Linguistics[M]. Lonhdon：Oxford University Press，1965.

[18]Nida E A，Taber C R. The Theory and Practice of Translation[M]. Leiden：E.J.Brill，1969：12.

现代语言学有不少分支，其中一个重要分支是交际学。人们从交际学的角度对翻译有了进一步的研究，尤其是对翻译的实质有了深入探讨。学者们能够从交际或者交流的角度对翻译进行定义，最主要的代表人物是美国著名翻译理论家尤金·奈达。早期，尤金·奈达对翻译的研究还只是表面的，认为翻译就是在译语中用最贴切而又最自然的对等语再现原语的信息，翻译要注重的首先是语义，然后是文体（Translation consists in rcproducing in thc rcccptor language the closest natural equivalent of the source language message, firstly in terms of meaning and secondly in terms of style）。[19]不过有学者对尤金·奈达关于翻译的定义有不同的意见，持一定的怀疑态度，但是不可否认的是，尤金·奈达对翻译定义的论述依然有着值得研究、讨论和借鉴的地方。比较来看，尤金·奈达关于翻译定义的论述跟以前的观点相比有着显著的进步，尤金·奈达是第一个把交际学中的信息论引入翻译理论研究中的。根据尤金·奈达对翻译定义的表述，“翻译意味着用语义和风格两方面都最接近、最自然的译语对等词语来再现源语的信息”。[20]随着研究的深入，尤金·奈达将翻译研究进一步发展，指出翻译其实就是一种交际。因此，尤金·奈达对翻译定义的研究已经离翻译的实质接近了，为“翻译是不同文化交流之间最重要的一种媒介”这一观点奠定了基础。

（四）文化学定义

随着交际学理论研究的发展，学者们逐渐认识到文化学对翻译活动的影响，并认识到翻译活动具有的社会、历史意义。学者蓝峰指出：“翻译其实是一种双向文化交流的主要形式，当然翻译和其他形式的文化交流一样，也是有着很强的实用性和目的性的，也就是我们后来经常听到的‘拿来’和‘吸收’。”[21]因此，只有当学者们对翻译概念的理解达到这样的层级，对翻译的理解达到这个阶段水平，人们在进行翻译活动时才有可能自觉地追求较高程度的文化交流。持有这种观念和理解的翻译工作者对翻译工作的认识和看法有了质的改变，与把翻译当作是语言之间简单的交换活动的翻译工作者有着截然不同的区别，即使有着一样的资质，专业能力相近，但因为对翻译定义的理解不同，所开展的翻译活动质量也是有着明显的区别的。在对翻译理解的过程中，蓝峰并不是刻意地研究翻译的定义到底是什么，他只是在对文化学进行研究时提出了有关翻译的论述，其所提到的对文化交流的翻译的本质的理解，并没有引起相关学者的重视，但是这一研究开启了翻译概念文化学定义的先河，这是毋庸置疑的。此后，学者王克非也对翻译的定义提出了自己的观点，认为“翻译是译者将一种语言文字所蕴含的意思用另一种语言文字表述出来的文化活动”。[22]从这个论述就可以看出，这个定义已经是从文化学角度对翻译进行定义了，属于翻译的文化学定义。此外，学者黄忠廉著有《翻译本质论》一书，在该书中黄忠廉从窄式和宽式两个角度对翻译进行了定义，分别来看，译者在最大程度保留风格的基础上将原语文化信息转换成译语文化信息，以此进行的思维活动和语言活动就是窄式翻译；“为满足读者特定需要的基础上译者将原语文化信息转换成译语文化的思维活动和语言活动就是宽式翻译”。[23]以上这些代表人物的翻译定义观点是我国目前比较认可的关于翻译的文化学定义代表。反观国外关于翻译学的文化学定义，典型代表人物有以色列著名的翻译理论家图里（G.Toury），他指出“在任何情况下，译文都表现为或被认为是目的语文化中的一种目的语文本（A translation is taken to be any target language utterance which is presented or regarded as such with in the target culture, on whatever grounds.）”。[24]可见，从文化学角度研究翻译的定义，是最接近翻译的本质的，即翻译就是一种文化交流，但此时并未直接说明，没有直接这样表述，对翻译的定义还有着一丝保守，没有直

[19]Nida E A，Taber C R.The Theory and Practice of Translation[M]. Leiden：E.J.Brill，1969：12.

[20]方岳华. 尤金·奈达翻译定义的误译与纠正[J]. 南通大学学报（社会科学版），2006，（5）：94-96.

[21]蓝峰. 观念与方法[J]. 中国翻译，1986，（6）：4-5.

[22]王克非. 关于翻译本质的认识[J]. 外语与外语教学，1997，（4）：47-50.

[23]黄忠廉. 翻译本质论[M]. 武汉：华中师范大学出版社，2000：14-15.

[24]Shuttleworth，Mark. Dictionary of Translation Studies[M]. Manchester：St. Jerome Publishing，1997：181.

接把翻译与文化交流变为对等值。

（五）跨学科定义

这些年来，关于翻译的研究，国内外出现了更多派别，不论是研究者的数量还是理论成果的数量都与日俱增。除了上文提到的文化学派以外，西方国家还出现了诸如目的学派、操纵学派、诠释学派、解构学派等从事翻译本质的研究。这些学派从不同角度对出现的翻译现象进行了多维度、多方面的研究，翻译研究范围得以扩大，使得人们对翻译本质的认识日益深化和进步。与之相适应的是，这一阶段也从多个方面、多个角度，如语言学、文化学、符号学、心理学、传播学等对翻译的定义进行了综合阐释和界定。笔者认为， 由于翻译本身的复杂性，从多个角度进行综合阐释和界定，因此关于翻译的定义也慢慢走向科学化。这种跨学科地对翻译进行定义，能更进一步地接近翻译的实质，当然学科间的结合不是随意的结合，而是按照一定的需要合理进行的。从各个学者对翻译的跨学科研究观点来看，学者侯林平的跨学科翻译定义是比较接近翻译本质的，侯林平认为，翻译是译者通过其思维或信息科技手段，将源语文本中表达原作者意图的各种信息转换到风格极似的译语中，为了尽可能满足读者特定需要的跨语言、跨文化的交际活动。从定义的具体内容来看，侯林平从交际学与文化学两个学科角度出发，并将两个学科进行有效结合，进而得出翻译的定义内容，其研究、理解的方向是沿着翻译的实质方向进行的。但是我们也要看到，侯林平对翻译的理解还不是完全正确的，不能成为翻译定义的准确描述，因为侯林平对文化的理解是比较片面的，具有一定的狭隘性，其在翻译定义中把翻译内容仅限于“各种信息”“跨语言、跨文化”“风格”等字眼，没有直接提出文化概念，其实定义中的各种信息本就是文化信息，没有体现出语言本身就是文化的一部分，风格也是与文化息息相关的。定义中只指出了“通过其思维或信息科技手段”，虽然比“通过其思维”要全面些，但还是有局限性，限定面并不能涵盖其他方式、手段。

（六）翻译内涵和外延

关于翻译的内涵，上文中已经讲到很多，列举很多学者关于翻译的定义表述，归根到底，翻译是一种以符号转换为手段、以意义再生为任务的跨文化交际活动。翻译是一项关乎多种因素影响、涵盖多个范围的文化实践活动。翻译工作关键是翻译主体，翻译主体有作者、译者和读者三类。随着社会的不断发展，国与国之间的联系更加紧密，翻译在其中的角色和地位更加重要，翻译已经成为国与国之间语言沟通和文化交流的重要桥梁。翻译工作有着悠久的历史，伴随着人类社会发展史，可以说，翻译对整个人类社会文明的发展具有重要的作用。

从“翻译”的词性来看，翻译不管在中文还是在英文里，是有两个词性的，一个作为名词，一个作为动词。在“有道”网络词典里，翻译的名词定义表述为，一是做翻译的人，二是翻译的作品/文本；作为动词，翻译的定义是翻译行为。关于翻译的内涵，在“百度百科”中有明确的解释：在确保准确、通顺的前提下，把一种语言信息转变成另一种语言信息的一项活动。在《汉英双语现代汉语词典》中多了一层定义，认为翻译就是做翻译工作的人，使得翻译的语言从语际扩展到语内和标符，并且用另一种语言文字把一种语言文字的意义表达出来，两种语言的转换可以是方言与民族共同语、方言与方言、古代语与现代语，还可以用语言文字把代表语言文字的符号或数码表达出来，这样翻译内容就会表现得更加深入、具体。

在对翻译内涵有了更加深入、全面的阐释后，翻译的外延也发生了不少变化，翻译形式已经从有声到无声，从语言到符标、图像、服饰等。日常生活中、学术研究中，翻译的形式也有了不少变化，如常见的翻译形式有口译、笔译、机译、计算机辅译四种。关于口译，还可以再具体划分，口译有同声传译、交替翻译等类别。还有学者从翻译的物质形态上进行分类，分为有声语言符号、无声语言符号、有声非语言符号和无声非语言符号四种符号系统，根据四种符号系统列类别，再一一划分。有声语言符号指的就是自然语言的口头语言；无声语言符号有文字符号和图像符号两种；有声非语言符号指的就是在传播过程中出现的那些有声而不分音节的“类语言”符号，像说话时强调重读、语调变化、笑声和掌声都属于有声非语言符号范畴；无声非语言符号指的就是各种人体语言符号，像人的形体动作、表情和着装服饰等都属于无声非语言符号范畴。从这个角度看，翻译就是一种特殊形式的信息传播——有声与无声、语言与非语言之间的信息传播。

整体来看，翻译活动体现出来的就是一种社会信息的传递，体现的是传播者—传播渠道—受者之间的一系列互动关系。所以人们在对翻译进行定义时，应该首先考虑到所有关于翻译现象的基本特征，翻译定义应该能够囊括各种各样的、整个一体的翻译过程、行为、文本（结果）和翻译者等。由于社会文化交往复杂多变，导致翻译分类也是多种多样的，翻译分类是翻译外延的表现形式，而对于翻译的分类，可以结合翻译的内容、方式、不同的语言特点、范围等进行，在这个基础上获得的翻译分类，形成了诸多关于翻译的概念。在众多的翻译现象和翻译概念中，需要从中选取一个具有概况性、全局性的定义，这是十分必要的。

现在我们来看，翻译定义首先涉及的是语言，翻译里的语言有译出语和译入语两种，翻译定义还要考虑翻译标准、翻译原则、翻译目的和翻译方法，这些都属于广义的翻译定义中涉及的概念内容，但同时又是在翻译的定义中不可不谈的。关于翻译标准的论述，不少学者都有涉及，如我们常谈的严复的“信、达、雅”翻译标准、傅雷的神似翻译标准、林语堂的三美翻译标准、钱锺书的化境翻译标准、曹明伦的最接近最自然翻译标准、苏联费道罗夫的等值论翻译标准、巴尔胡达罗夫的语义等值论翻译标准等，这些翻译标准都对翻译定义进行了阐述，以至于被误以为翻译标准就是翻译定义。在《汉英大辞典》里，关于翻译的定义内容比较简单，认为翻译就是把一种语言译成另一种语言，从上述关于翻译标准的观点里，严复的“信、达、雅”翻译标准、傅雷的神似翻译标准、林语堂的三美翻译标准、钱锺书的化境翻译标准是比较高等级的翻译标准，而曹明伦的最接近最自然翻译标准、苏联费道罗夫的等值论翻译标准、巴尔胡达罗夫的语义等值论翻译标准算是比较基本的标准。因此，对于翻译定义的界定应该遵循翻译的基本属性，过高或者过低的标准只能保证翻译质量，而不能体现翻译本质。所以，只要是能用另外一种语言或材料折射出源语或原材料的基本意思，就可以称为翻译。在翻译的过程中，包括了源语、作者、源语读者、译者、译语受者等多种因素，所以对于如何界定翻译定义，确实是有一定的难度的。

（七）翻译定义的产生涉及语言文化背景

在对翻译定义进行表述时，表述者自身所处的语言文化背景，以及用于翻译的两种或多种语言本身的特性都会影响对翻译定义的界定。比如用汉语或者英语对原文进行翻译时，汉语和英语本身的特性就是不一样的，汉语注重的是意合，属于意合语言；而英语注重的是形合，属于形合语言，并且受语言内部的连接关系或结构差异的影响，使得翻译在文字、语言处理方面有着不一样的处理方式。比如，以汉语为母语的翻译人员，其翻译工作主要是英汉互译，那么他们对翻译的定义通常来说就是以汉语的意合属性和英语的形合属性为原则来进行的。学者林汉达在对翻译的定义进行表述时，指出正确的翻译就是要尽最大力度遵循中国语言的使用习惯，翻译后的内容应该要忠实地表达原文中所有的意义，这就是典型的翻译成员在自己母语文化的基础上对翻译进行界定，对原文的语言形式并没有给予较多的关注。再来看苏联语言学派翻译理论家费道罗夫关于翻译定义的表述，费道罗夫认为翻译其实就是用一种语言把另一种语言的内容和形式准确地传递出来，并且按照原有的内容和形式进行完全转达。这里重点关注的是形式，因为费道罗夫的母语是以形合语言为基础的语言，所以其立场也是按照形合语言的习惯来进行，把翻译认定是对形式的翻译，只有保证形式统一才能忠实原文效果。通过对比可知，中国学者林汉达的翻译定义强调要按照中国语言习惯，也就是翻译要以译入语为准。所以，不管是哪种定义的提出，翻译人员都是按照自己所处的语言背景和语言特性来进行翻译的，并在此基础上提出各自的观点。因为各国的语言背景和语言特点的差异性的存在，所以对翻译理论、翻译界定、翻译标准的理解、认识也是不同的，正是因为这种不同，构成了翻译理论体系的多样性、全面性。

（八）翻译定义源于翻译实践，也滞后于翻译实践

得益于翻译实践活动持续而深入地开展，翻译理论研究工作也在持续广泛地进行。随着社会的不断进步，新实践、新理论的不断推进，从前关于翻译定义的表述已经不再适合现在的实际情况，翻译的定义需要跟随翻译实践活动的变化而不断丰富和完善，一时适合的翻译定义不会也适用于以后的翻译实践活动。翻译实践最早是从口译开始的，逐渐扩大到经书、诗歌、文学翻译，还有科技翻译、公示语翻译、标符翻译、编程和解码等，翻译内容也从语际之间的转换扩展到“理解就是翻译”，因此对应的翻译定义也需要随时跟进，不断调整，只有这样才能保证翻译相关理论符合客观现实情况，相关理论才能立住于社会实践活动中。在《汉英双语现代汉语词典》中，关于翻译之一的语内翻译是这样表述的，语内翻译就是方言与民族共同语、方言与方言之间的转换。这里我们不禁要问，方言又是指哪些呢？比如四川话是方言，那么四川地区各个地方的语言是否能算得上翻译的方言？这样的话四川地区内各种方言之间转换是否算得上翻译？再如英式英语与美式英语之间是否算得上翻译范畴？当然对于这样的研究和讨论，还没有学者对其进行认定，这也使得关于翻译的定义还有不确定性。

我们必须要看到，也要承认，上述所有关于翻译定义的界定以及相关理论都有其存在的原因，并且在其存在的时期起过一定的作用，成为翻译理论系统中的重要组成部分。只是随着时代的不断发展、实践活动的日益丰富、人们经验的不断积累、理解认识的逐渐深入，人们对翻译的定义也在不断地取得清晰化、明朗化的认识。虽然发展到现在这个时代，对翻译的定义仍没有形成一个统一的界定，但是不容忽视的是，很多翻译工作者、翻译理论家和学者对翻译概念的研究投入了大量的精力，并且也提出了不少具有新的特点的思路和有参考价值的建议，为翻译理论的持续发展做出了不少贡献。

（九）翻译的本质

首先，翻译本质上是文化交流的过程。这是在前文论述中不少学者提出的。学者纽马克就指出，译文是需要用现代语来表述的，因为翻译自身就是一种解释，至少从词汇上来看，翻译过程中体现着译语文化，只有使用译语来表述源语文化，才能保证被译语民族理解。所以，在翻译过程中，源语文化和目的语文化经常会分不清，混合在一起。翻译本身也是一种跨文化活动，源语文化和目的语文化之间有着很多不同之处，应通过翻译把新事物从源语文化中引进译语文化中去，并且使得译语从中尽可能吸收一些有用的东西。

其次，翻译本质上是文化交流的产物。在翻译过程中，翻译人员需要把源语文化与目的语文化进行充分的比较。作为翻译人员，要对两种文化间的风俗、心理、社会、历史、思维方式等各个方面进行通盘考量。根据对比结果，翻译人员必须最大限度地用自然的译语来表达尽可能多的源语所包含的文化信息，只有如此，才能确保译语读者在自身文化背景里，最大可能地、尽全力地对源语文化信息进行理解、认识。许崇信教授曾经指出，因为文化间有着不同点和文化差异，就会造成译者在翻译时有顾此失彼的状况，因此，从这个角度看，翻译其实是文化交流和文化冲突之间的交叉，也是两种交叉点下必然出现的产物。

再次，翻译属于一种跨文化交际的活动。如前所述，尤金·奈达指出翻译本身就代表着交际。尤金·奈达阐述了怎样利用交际理论来解释翻译中出现的问题。换种说法就是，如何把源语信息传递到接受语来。总的来说，在交际过程中（即翻译过程中），我们所应该传递的就是文化信息。我们需要注意的是，这里的文化指的是广义层面的文化，不是狭义上的文化，这样看的话，我们可以从翻译的角度将文化定义为人们可交流的知识（包括文学、艺术、科学技术等）和可交流的习得的行为特征（包括交际方法、价值观念、心理结构等），而这些知识和行为特征是属于某个固定的社会团体、社会群体所有的，并且是能够被人们

从其制度中、从其所有的制成品里感知到的，是能够看到的行为特征。所以，翻译是一种以文化交流为目的跨文化交际活动，是能够被人们所切实感受到和意识到的。

最后，翻译的主要目的是文化交流。上文中讲到翻译是文化交流的过程和产物，但这种过程和产物能够发生的原因是有目的的，也就是为了文化交流而进行的翻译活动。一篇好译文的评价标准就是能够让目的语读者尽可能多地从外面世界中了解和认识事物。翻译的本质特征就是文化交流，所以每一位翻译工作者在进行翻译时应该首先明确主要任务是什么，要把文化交流当作从事翻译工作的主要任务。因此，从文化交流的角度，对翻译的定义是：一项涉及相当高的不同文化交流之间的跨文化交际活动。从事翻译活动的人员，除了需要具备一定的专业能力外，还需要付出相当多的努力，需要通过多种途径来完成比较、介绍、吸收等各种工作，以尽可能地实现、完成高层级的文化交流。对翻译人员最核心的要求就是尽量把原文的文化信息传递到译文去，并尽可能有效地将所传递的源语文化在译语中表达出来。

（十）新翻译概念的意义

关于翻译新概念、新理解的阐述，提醒我们尽量不要使用那些表面上看似对等，但是实际上却代表着不同文化背景的译语词组。翻译的目的就是实现文化交流，所以在翻译过程中就不能在译语文本中选择表面上看起来对等的词或词组，如果选用这样的词或词组，就会造成译文与源语文本的文化意义有很大的出入。比如，在对英语词语“popart”进行翻译时，从字面上来看，这个词的意思是“流行艺术”，看似翻译过程实现了对等，但其实原文词组有着明显的文化背景，英语中的“popart”其实是 Rayner Bahnhan 和 LeslieFiedler 所创造出来的一个词组，所指代的是一种特定的现代绘画艺术。在英语文化背景下，这种艺术主要指的是人们日常生活中的常见物品，像广告、家居用品、报刊之类的；而汉语背景下的流行艺术则涵盖得比较多，并且主要指的不是日常生活中的常见物品，而是那些有些抽象的、富有艺术气息的作品，比如绘画、歌舞、音乐等等。出现这种误解的主要原因就是翻译人员并没有对这个词产生的文化背景进行了解，该词创造于 20 世纪五六十年代，当时是在美国和英国出现并兴起的艺术形式。按照这种表面的方式进行翻译，不能达到文化交流的目的。所以，为了避免这种错误，翻译人员在翻译过程中应该使用音译法将其译成“波普艺术”。在这个基础上我们再来理解翻译概念，就能够有效地规避在翻译中单一地选择具有不同文化背景的对等词语，这种词很容易引起本国读者对源语国家文化的错误理解，并且对文化交流、讨论和学习也会带来不好的影响，甚至是负面影响。

另外，对新的翻译概念的理解，能让我们在翻译过程中避免为了适应本国读者而刻意把外国文化民族化。但在现实翻译中，经常看到翻译人员出现这种翻译行为，就是把外国文化全部民族化，忽略外国文化意义的现象。举例来看，我国翻译学者王仲年翻译了《欧・亨利短篇小说选》，原文内容是：“Through one violent -stained window a soft light glowed, where, no doubt, the organist loitered over the keys, making sure of his mastery of the coming Sabbath an them.（O.Henry ‘*The Cop and The Anthem*’）翻译成中文是：一丝柔和的灯光从紫罗兰色的玻璃里透露出来。无疑里面的风琴师为了给星期日唱赞美诗伴奏正在反复练习。”[25]在这个翻译里，王仲年把原文中的“Sabbath”翻译成“星期日”，这就是一种典型的把外国文化民族化（中国化）的翻译方法。当然，也有学者对王仲年的这一翻译方法给予了肯定，像袁锦翔教授在《中国翻译》杂志上专门发表了相关文章来称赞王仲年在翻译外国作品时使用的中国化翻译方法。袁锦翔教授认为，因为中国读者并不都能对西方文化尤其是涉及宗教方面的固定词语有所了解和理解，因此在翻译中翻译人员可以根据本国语言使用习惯对原文意思进行调整。但是也有学者指出，王仲年因为受当时翻译概念发展的局限，还没能充分意识到翻译在文化交流中的重要性，因此他的这种翻译虽然不是很妥当，但也不是有意的，但正是因为这种无意，也使得中国读者对西方宗教文化，尤其是典型的西方基督教会的词语仍然是无知的、陌生的、不清楚的，甚至还处于一种误解状态。

[25]欧・亨利. 欧・亨利短篇小说选[M]. 王仲年，译. 北京：人民文学出版社，1986：31.

因此，根据新翻译的概念，《欧·亨利短篇小说选》中的“the Sabbath”应该用中文翻译成“安息日”，如果担心中国读者对“安息日”不能理解，翻译人员可以以脚注的形式再对此进行解释（原文中的安息日就是汉语文化中的星期日，在基督教里，大多数基督教会会把这一天作为休息和敬拜上帝的日子，因此叫做“安息日”）。以这个翻译案例为例，能够看出其实很多国内学者、翻译人员以读者的角度（本国语言的角度）认为对外文的翻译就是要把它们中国化、民族化，这种翻译观点认为要接受的翻译读者是已经对本国文化习惯的，当读者们遇到、看到、听到不常见、不习惯的表述、形象时，是不适应的、不习惯的。当然，作为译文读者，在读一些译文时是非常愿意像读自己本国作品一样看外国读本的，这样在看的时候是没有任何压力的，带来的是一种快乐和放松的心情，如果一篇译文下面有一些附加的说明和脚注，就会觉得在阅读的时候被打断，会有一些不习惯，甚至觉得读得不顺畅，但是如果以追求这种短暂的快乐和满意为目的，必然就会以掩盖文化差异为代价，读者也不会感受到因为文化背景不同而形成的文化意识的成就感，最终结果是读者可能会得到一种错误的印象，他们被眼前的字面意思所迷惑，视野也会受到很大的限制，知识面也会受到很大的影响，不能够去接受、观察新事物，也就不能获得新知识、新事物的学习机会，这样必然就造成文化交流受到严重阻碍，所以把外国文化民族化的翻译方法是不符合新的翻译概念的，不符合翻译本质的。进一步深究来看，简单地把外国文化民族化并不能算得上真正意义上的翻译，最多算得上是用一些外来素材对原文进行改写。因此，新的翻译概念、翻译定义界定能帮助翻译人员、翻译工作者在翻译过程中避免使用外国文化民族化的翻译方法，真正实现通过翻译达到文化交流的目的。

二、翻译研究对象

按照严复关于翻译标准的界定，翻译就是保证译文在准确（信）、通顺（达）、优美（雅）的基础上，用目的语的语言信息来转变源语言信息的行为。通俗来说，翻译就是将一种对读者来说相对陌生的表达方式，转换成读者相对熟悉的表达方式的过程。要翻译的内容有语言、文字、图形、符号和视频等等，在两种语言（A 语言、B 语言）对比中，对两种语言进行转换其实就是“翻”，即先把一句 A 语转换为一句 B 语，然后再把一句 B 语转换为 A 语。而两种语言转换的过程就是“译”，把 A 语转换成 B 语，在译成当地语言文字的过程中，进而明白 B 语的含义，A 语言、B 语言两种语言形成了概念意义上的翻译，进而让更多人了解两种语言所代表的含义。

（一）翻译过程

研究翻译对象，就要对翻译过程进行阐释。当今，翻译研究过程主要包括理解、翻译、校对三个方面。首先来看理解是什么，所谓理解，指的就是正确理解原文。在理解这一阶段，是前提，是基础，翻译人员需要对翻译目的进行确定，了解原文作者的意图和原文所在的时代背景，并且要对原文语言意义和精神意义能够充分把握。理解是翻译活动进行的第一步。其次是要明白翻译是什么，翻译就是能够运用适当的翻译方法对两种语言、两种文化进行转换，翻译这个阶段至关重要，需要翻译人员从多个方面、多个角度进行考虑，既要从微观层面去考量字、词、句的选择，又需要从宏观层面去把握段落、篇章的整体效果。最后是校对，校对是什么呢？校对就是要认真检查翻译并整理译文，校对本质上是信息输出的过程。校对和整理在整个翻译过程中意义重大，必不可少，体现着翻译人员对翻译工作的负责态度，是保证翻译质量的最后一道关。

在翻译过程中，翻译人员要正确理解并传达原文作者所思、所想、所言，同时要让读者明白原文作者的所思、所想、所言。在翻译过程中，如果翻译以源语为基础，翻译就会表现出以异化为主的翻译方法；如果翻译以目的语为主，翻译就会表现出以归化为主的翻译方法。综合比较两种翻译方法，最好的翻译方法应该是在沟通源语和目的语的基础上，避免出现极端的异化和归化现象，并注重形神兼备。翻译的几个过程环环相扣、紧紧相连，翻译人员需要对每个环节中译文的语言和原文的语义进行认真把握。

翻译是翻译活动的结果，是翻译人员首先对原文进行理解，然后进行翻译，最后对翻译内容进行整理和校对，最终呈现给目标读者。这个翻译定义在对中国文化传承、文化交流、文化创新方面都起到重要的推动作用，具有举足轻重的意义，正是因为有了这个定义，翻译内容有了方向，翻译方法有了正确的选择，翻译形式也有了一定的规则。从目前翻译活动的形式来看，翻译一共有三种类型，分别是语内翻译、语际翻译和符际翻译。具体来说，语内翻译指的是在同一语言范围内，用一些符号形式解释另一些符号形式，比如常见的文言文转白话文，古文转现代文；语际翻译指的是用一种语言符号解释另一种语言符号，所反映的就是文化交融，是对文化内涵的翻译，需要重点关注语言文化意义；符际翻译指的是用非语言符号系统解释语言符号。

我国著名翻译家朱生豪先生，对外文翻译事业做出了重要贡献，为我国民众了解外国文化、学习外国文学做出了很多努力。朱生豪先生是我国第一位翻译莎士比亚系列作品的翻译工作者，正是由于朱生豪的努力，莎士比亚文学得以在中国传播，使得莎士比亚戏剧文学影响了一代中国人，为中外文化交融做出了巨大努力。他把他毕生事业都献给了对莎士比亚戏剧的翻译。在翻译过程中，朱生豪先生只专注翻译，闭门不出，潜心研究，他翻译的《莎士比亚全集》，不仅保留了原作的艺术风格，传递了原作的情感思想，而且还结合了中国人的语言文化特色，使得整个翻译流畅、典雅，带有特色，为读者呈现了一部优秀、成功的翻译作品。他的译作使更多的中国人了解莎士比亚和他的戏剧，了解英国文化、社会，同时他的翻译精神也感染了很多翻译工作者和莎士比亚研究者，学者们为朱生豪教授的翻译精神所鼓舞、激励、引导，越来越多的人全身心地投入翻译事业中去。在中国，很多优秀的翻译工作者成功翻译了外国作品，为外国优秀文化在中国传播、中外文化交流做出了很大贡献。当然，国外也有不少翻译工作者成功翻译了中国优秀作品，使得中国文化在国外得以传播、宣传，比如西方翻译家葛浩文专注于翻译诺贝尔文学奖得主莫言的作品。葛浩文本人非常喜欢作家莫言的作品，并且十分喜欢翻译事业，葛浩文在翻译莫言作品的过程中，基于莫言原著内容、精神和中国文化内涵，大胆采取具有创造性的翻译方法，并且充分考虑西方人的思维方式、西方人的用语习惯，对莫言原著的意思进行完整、准确的转达，而且在翻译过程中还充分融入了作者本人所蕴含的思想感情和精神韵味，葛浩文的翻译作品使得中国文学走出中国，走进西方，走向世界，有利地推动了中国文化的对外传播范围。

（二）翻译活动

研究翻译定义还需要研究翻译所要描述的对象，也就是翻译活动。翻译活动指的是在翻译过程中要注意观察各种各样具体的翻译活动，从这些具体的翻译活动中进行归类、总结，进而概括出翻译的本质属性，实现对翻译的抽象化描述。由于翻译活动的多种多样客观存在，人们难以对其进行全面、系统的观察，这样就很难得出全面性、系统性的结论，只能对翻译的某种属性、某种特质进行概述，很难抓住翻译的本质属性，更别提归纳出翻译的抽象概念。如果我们只把翻译定义为一种文化活动，那么这种定义下就只是反映了翻译的一种属性，即文化属性，文化属性并不是翻译的特有属性或本质属性。纵观人类的所有活动，每一种活动都或多或少地带有一定的文化性，文化性只能算是一般属性，却不是本质属性。如果只是把翻译定义为一种符号转换活动，那么这种定义也只是反映了翻译的特有属性，符号转换同样也不是翻译的本质属性。符号转换实际上只是译者实现意义传递的一种手段，是翻译本质属性派生出来的一种属性。

我们再来重述一下翻译的定义，翻译定义是人们在对翻译活动认真观察的前提下，翻译人员对翻译活动的抽象化描述，是对翻译活动本质属性的表征。在这种翻译定义的指导下，本书将以原型理论为基础，对翻译活动进行进一步阐述，尝试把翻译活动看成是以翻译原型为中心，包含各种翻译活动范例的翻译认知范畴，在这种认识的基础上，完成对翻译全面性、系统性的观察，进而发现、讨论出翻译活动的本质属性，以得到新的翻译定义。

1. 原型理论

原型理论指的是原型范畴理论，是以 Eleanor Rosch 为代表的学者们在 20 世纪 70 年代提出的，其研究的理论基础是经典范畴理论和家族相似性认识。原型理论的主要观点有：首先认为判断个体事物范畴化的依据是事物的属性；其次认为同一范畴中的成员，其所处的地位是不在一个层级上的；再次认为同一范畴中，原型性高的个体只有跟同一范畴中的其他事物相比才有更多共同的属性，倘若跟其他范畴中的事物相比，其共同属性则比较少；最后认为要采取完型感知的方式评估同一范畴中的事物典型性，如果采取逐一分析的方式是不可取的。与传统理论相比，原型理论的优点在于有助于人们在事物范畴化的认识过程中，首先就能看到同类事物之前存在的多样性和差异性特点。与原型理论不同，经典范畴理论是以事物特征而不是以事物属性作为判断事物归属的依据的。采取这种理论的结果就是，人们在同一范畴中，看到的同类事物都是一样的，地位是平等的，这显然与客观现实是不相符的。

基于原型范畴理论，只要是同一范畴中的事物，都会有一个最典型的范例，这个范例就是这个范畴中的原型。而与原型同处一个范畴的还有很多其他范例，其他范例与原型之间的距离判断主要是依据其他范例与原型特性之前存在有多少属性。当范例与原型之间共有的属性较多时，那么该范例就与原型范例距离较近，就会处于原型范畴的中心区域；当范例与原型之间共有的属性比较少时，与原型范例的距离就会比较远，该范例就处于原型范畴的边缘。我们应该看到，这样的原型范畴是能够充分容纳同一范畴中各种各样事物的，可以容纳事物的多样性，也可以容纳事物的差异性，因为这种足够的容纳，在这个原型范畴里能够系统、全面地反映所容纳事物的真实存在状态。这一原型范畴理论告诉我们，在研究事物的定义时，不仅要看到同一范畴内事物属性的多样性和差异性这一特点，还要能够找到同一范畴内事物所特有的本质属性。在这个基础上，形成的翻译定义研究是以翻译范畴内的各种原型和各种范例为依据的，并提出翻译的本质属性。

2. 翻译原型

基于原型范畴理论内容，翻译原型是翻译认知范畴中最具代表性、最典型的范例，翻译原型是整个翻译范畴的关键和核心。翻译原型是翻译概念的表征，是翻译定义的具体化表现。翻译原型如何准确找到？对于翻译人员而言，就是在面对翻译时，脑子里所出现的一个严格的翻译活动实例，这个翻译活动实例其实也是翻译人员使用一种语言的文本去转换成另一种语言文本的过程，这也是翻译原型。所以学者们所形成的最早的关于翻译的定义也是在翻译原型理论的指导下界定的。从早期学者对翻译定义的阐述来看，里面涉及很多原型。贾公彦（唐代）“‘译即易，谓换易言语使相解也。’ 法云（宋代）‘夫翻译者，谓翻梵天之语转成汉地之言’”。[26]针对此句逐步分析，“换易言语”与“梵天之语转成汉地之言”其实采取的都是将一种语言转换成另一种语言的过程，这就是早期典型的翻译活动。随着翻译活动的不断发展，翻译相关理论研究的不断深入，早期的翻译定义已经不再适用于翻译活动的实际现状。以翻译原型为基础的相关理论，其局限性越来越明显，这种理论对越来越多的、具体多样的翻译活动不再适用。对翻译原型的认识也在不断深入和发展，首先，学者们已经认识到翻译原型所描述的就是一种笔译活动，但是事实上口译实践活动日益成为翻译活动的主要形式；其次，翻译原型所描述的是一种语际翻译活动，但是事实上现阶段语内翻译活动和符际翻译活动已经成为翻译活动的新的主要形式，像口译范例、语内翻译范例和符际翻译范例虽然不在翻译原型范畴内，但是这些新的翻译形式已经在翻译活动中频繁、大量出现，拓宽了人们对翻译活动的认识范围，也推动着学者们对翻译的深入认识。所以，随着新的翻译实践活动的出现，原先以原型范畴理论为基础形成的翻译定义——翻译就是语际转换，是传统意义上的符际转换，已经不符合翻译活动的客观现实了。学者们也看到了这样的不足，在借鉴、吸收早期翻译定义的经典内容的基础上，充分结合翻译原型和翻译认知范畴中的其他范例特点，对翻译新的观点和定义进行了界定。如今再看当下

[26]葛中俊．翻译学科的未来及翻译研究的历史性转向[J]．同济大学学报，2007，（1）：78–82.

对翻译定义的表述，就能够明显地看到翻译定义中关于翻译原型的界定，还有对其他范例的界定，比如认为“翻译是以符号转换为手段、意义再生为任务的一项跨文化的交际活动”，[27]再如认为“翻译是语言服务的一种重要形式，是通过各种介质的转换传达包括语言在内的各种符号信息的活动”[28]等等。我国学者许钧在2003 年就对翻译定义进行了重新界定，明确指出翻译活动发展到现在，早已不再是简单的语际转换，其实更多的是一种符号转换。学者穆雷在2015 年对翻译的定义也提出了明确的观点，认为新时期下翻译活动已经不再是传统意义上的符际转换，而变成了各种介质间的互相转换。从这个论断里，已经用“介质”来代替“语言”或“符号”，这样就充实和丰富了翻译活动的范围，将翻译界定在语内描述的范围之内。而翻译的原型其实就是人们对翻译的一种认识，对翻译原型的界定也是定义翻译的基础。通过不断加深对其他翻译范例与翻译原型间的关系的认识和理解，有助于形成更加科学、合理、规范的翻译定义。

学者们对翻译的认识不断深入的过程，是从翻译属性到翻译特有属性，再到翻译本质属性的认识不断深入的过程。在新的社会实践活动中，人们重新审视翻译原型，重新理解翻译原型对翻译定义界定的影响，在此基础上，进而发现翻译活动的本质属性，并最终对翻译定义重新界定。这一系列的重新认识、比较与评估，对提高人们的认识能力、提高翻译的理论研究水平、丰富和完善翻译相关理论都发挥着重要作用。

（三）翻译的新界定

上文我们指出用描述翻译原型或范例的语言来直接表述翻译的本质属性，这种方法或者界定从思维逻辑的角度看是有一定的局限性的。所谓的事物属性，指的是事物本质的东西，并不是事物表面的描述。从这个角度，对翻译定义就有了新的认识，包括有学者认为翻译是使用一种语言（符号）对另一种语言（符号）中所含信息进行重现传递的过程。也有学者指出，翻译在使用目标语言时分两步，第一步是在意义层面上，第二步是在风格层面上，从原信息找到最贴近、最自然的重现对等信息。在对翻译新的定义界定中，学者们对翻译有了新的、更深的认识，不再仅仅关注对翻译活动表象的重视，而是转向关注翻译活动表象背后所包含的语言信息、语言意义的再现传递。我们知道，如果一味坚持用语言转换传统的翻译定义来界定翻译，就容易误导翻译人员在翻译过程中只看到语言对等，意识不到这种方式会造成翻译中意义传递的忽略，而意义传递远比语言转换重要得多、关键得多。在对新的翻译定义理解的基础上，我们可以把翻译分成两个阶段，第一阶段是理解，第二阶段是表达。这说明，学者们已经开始对翻译原型有了新的认识，在翻译过程中能够用新的角度更全面地看待翻译，再也不会只对翻译表象进行描述，而是对翻译表象背后的内容进行描述，并且已经认识到意义传递才是翻译活动中更加本质的东西。意义传递过程首先是对意义的理解，然后是在理解的基础之上将意义用另一种方式表达出来。基于这种认识，把翻译过程分成理解和表达两个阶段是有依据的。

随着学者们对翻译活动研究力度的持续加大，又把翻译分成理解、脱离语言外壳和表达三个阶段。我们可以看到这个界定中首次提出了“脱离语言外壳”，那么首先就要明白什么是脱离外壳语言。学者认为，在对语言意义进行对等翻译时，首先是理解原文，然后就是要摆脱原语言的限制，用另一语言来表达对原文内容和情感的理解，在这个过程中，所谓的“摆脱原语言的限制”，就是“脱离语言外壳”阶段，而这个阶段是十分必要的。翻译人员在进行表达的过程中，如果受到原文语言形式和原文表述思想的影响，就很难有自己的见解了，就会自然而然地按照原有的表达习惯来翻译。

翻译人员如果能够处理好原文所表达的思想与原文表达思想的形式合理地分离开来，就不怎么能够受到原文形式的影响，可以更好地把原文的中心思想表达出来。这种翻译方法能够很好地帮助翻译人员减少因为受翻译原型表象影响所造成的对翻译本质的误解，从此翻译原型中原文的文本与译文就脱离了形式上的约束，指引人们对翻译形成了一个新的视角和领域。在这个基础上，人们对翻译本质的认识有了进一步

[27]许钧．翻译论[M]．武汉：湖北教育出版社，2003.

[28]穆雷，邹兵．翻译的定义及理论研究：现状、问题与思考[J]．中国翻译，2015，（3）：18–24.

的接近，对翻译的定义也有了明显的深入探究。而翻译原型表象背后所隐藏的，实际上是对原文意义的传递，人们可以通过“理解”这一阶段获取原文的意义，并且能够使用语言完成“表达”意义阶段。在这个过程中，语言文本成了原文意义的载体，人们通过解读文本获取原文文本中所蕴含的意义，并通过新文本的构建，将意义呈现在读者面前，使得读者也能接收到原文意义。

随着时间的推移、翻译活动的推进，人们发现“语言文本成了原文意义的载体”这一表述也有不少漏洞。因为在翻译实践活动中，文本并不承载意义，进一步来看，文本不过是刺激意义形成的线索，在语言交际过程中，语言充其量相当于一个向导，语言所起的作用是引导听者、读者慢慢走近说话人、作者的认知世界里，站在说话人、作者的角度来理解话语意义。所以，今天我们来看，语言交际活动实际上是听者、读者对原文文本的一种意义建构行为，这种意义建构是双方为实现交际目的而进行的一种选择，并在这个选择的基础上生成的。所以从这个角度来看，把翻译分成“理解”和“表达”两个阶段也不能真正反映翻译的本质属性。在对两个阶段各个层面进一步的深度描述中发现，如果把翻译的定义界定为翻译人员受原文符号的刺激，再结合自身的知识经验和认知能力来形成自己对原文作者的思想、情感理解，并采用新的符号来表达自己的这种认识、理解，这种过程就是上文提到的意义建构。翻译中的口译第一步就是要求翻译人员对原文进行意义建构，根据口译时的语言环境，充分借鉴自己的知识结构对原文语言符号进行合理的意义建构，进而在这个基础上，采用语言符号对听者表述自己的意义建构。不管翻译阶段如何划分，现在比较受大家认可的是把翻译分成意义建构与刺激两个阶段。对照“理解”与“表达”两个阶段来看，翻译人员对原文进行“理解”的阶段实际上对应的就是“意义建构”阶段，就是翻译人员根据原文符号“建构”原作者的思想、情感的过程，而翻译人员的“表达”阶段对应的就是“刺激”阶段，是翻译人员根据自己对读者、听者的了解，使用新的符号“刺激”读者、听者构建翻译人员已经构建了的意义的过程。

上述关于新的翻译的定义，对原型表象背后的本质属性进行了揭示。新的翻译定义就是翻译人员从一种语言文本转换成另一种语言文本的过程，这个过程是翻译人员在一种语言符号的刺激下，构建原作者所要传递的意义，并使用另一种语言符号刺激读者、听者构建翻译人员本人建构的意义的过程。根据这个新的定义，我们再看前文中提到的“翻译原型理论”，结合当下诸多翻译案例可了解到，翻译中除了原型还有很多其他一般范例，这些范例与原型有着各种各样的关系或者联系，所以说一个高质量的翻译定义既能对翻译原型进行全面描述，又能对翻译原型以外的其他范例进行准确描述。在对翻译范畴进行研究时，翻译范例种类既有使用不同语言进行意义建构与刺激活动的，又有使用同一语言进行意义建构与刺激活动的，还有使用不同符号进行意义建构与刺激活动的。以中国汉语为例，中国汉语有古代汉语与现代汉语之分，有有声语言和手势语之分，如果把古代汉语翻译成现代汉语，把有声语言翻译成手势语，就可以运用到对翻译新定义的研究范畴中。其实不管哪一种语言的翻译，终究都是符号的运用，翻译实际上就是用一种语言符号换成一些符号，又用另一种语言符号换成另一些符号。对古代汉语和现代汉语的翻译，涉及的是同一种语言范围内的翻译，只是使用符号的区别。有声语言和手势语体现的也是使用符号的区别，符号种类有着明显的差异。因此，运用新的翻译定义界定，能够帮助翻译人员在一些符号的刺激下，结合自身知识结构和经验积累，积极构建原符号作者想要传递的意义，同时充分考虑目标读者、听众的特点、习惯和文化背景，妥善使用另一些符号，刺激读者、听众构建翻译人员已经构建的意义的过程。总之，新的翻译定义认为翻译就是意义建构与刺激，翻译人员需要在这个新的定义界定指导下开展系列翻译实践活动。

第二节　英语翻译原则

翻译活动既离不开翻译标准，又离不开翻译原则。我国翻译学家刘重德先生在其著作《文学翻译十讲》中明确指出，翻译原则和翻译标准是同一事物的两个对等面，翻译原则强调的是翻译人员要在翻译过程中遵循一定的翻译准则，翻译标准强调的是读者、听者以及翻译评论家对翻译作品进行评价和讨论时也要遵循一定的标准。同样关于翻译原则和翻译标准的理论，学者们也进行了非常多的研究和讨论。以中国为例，古代有对外来佛经的翻译，关于佛经的翻译一直有文质之争；近代以后发展到直译和意译的争论；再到当代，有了严复的“信、达、雅”三个标准，并以此开展各种争论，代表性的有学者傅雷提出的“神似”（“神韵”）说，还有学者钱锺书提出的“化境”标准；当今形势下学者对翻译标准的相关理论进行了各种补充、说明，关于翻译原则和翻译标准的研究一直都在进行着，关于翻译原则和翻译标准的文章也层出不穷。西方国家关于翻译原则和翻译标准的研究也是多种多样，如西塞罗提出把翻译分为解释者的翻译和演说家的翻译，并且指出了翻译有直译、字译、活译、意译等多种形式，翻译原则有不同于原作与忠实原作的区别，还有德莱顿的翻译三分法，坎贝尔和泰特勒的翻译三原则，卡特福德、费道罗夫、巴尔胡达罗夫等提出的对等标准，以及尤金·奈达提出的动态对等、功能对等和读者反应论原则，再有功能翻译理论者莱斯提出的“把翻译行为所要达到的特殊目的”作为翻译批评的新模式，解构主义者提出的“译文是原文生命的延续而存在，原文并无确定的意义内容，译文决定原文”翻译原则。这些翻译原则与翻译标准问题经历了很长时间的讨论与演变。

一、翻译原则演变历程

不管是中国关于翻译原则和翻译标准的争论演变，还是西方国家关于翻译原则和翻译标准的争论演变，从根本上看都体现了翻译原则发展的一个共同规律——翻译原则的讨论经历了从片面到多面，从感性到理性，从一元到多元的演变历程。学者们最初对翻译原则的讨论，都试图找到一个具有普遍性的原则和标准，但是随着人们对翻译活动复杂性的逐渐认识，开始从标准的单一性跨越到多样性。

（一）西方国家的翻译原则观

具体来看，西方的解构主义者对原文进行了解构，改变了原文的中心地位，认为翻译人员具有创造性，翻译标准具有不确定性。解构主义理论一方面强调解放翻译人员、解放翻译作品，另一方面又使得对翻译人员的理解、对译文的衡量失去了客观有效的标准。虽然解构主义关于翻译原则和标准的表述有助于翻译人员不受原文形式和思想的限制，可以随心所欲地理解和毫无根据地主观猜测，但是这种情况必然导致译文和译者都陷入混乱。当然解构主义关于翻译原则和理论的表述还是有着一定的进步性的，表现在这种观点承认了翻译标准的多元性，看到了翻译标准存在的不确定性和模糊性。还有以德国功能理论为代表的翻译观点，强调原文与译文之间是有着这种那种的联系的，但这种联系的质量和数量由译文的预期功能确定。在这个观点的基础上，对翻译原则进行了明确，首先认为翻译各方面的交互作用由翻译目的所决定；其次认为翻译目的与接收对象有着直接关系，受接收对象影响。可见功能翻译理论强调的是翻译的目的，受翻译目的多样化特点的影响，翻译标准也具有多元性。但是不管是解构主义还是功能翻译理论，都没有站在系统、全面、富有哲理思辨性的角度对翻译原则和翻译标准进行阐述、研究和讨论。

（二）中国的翻译原则观

中国翻译学家对翻译原则和翻译标准的讨论，弥补了西方建构主义和功能翻译理论的不足。辜正坤作为代表提出了翻译标准多元互补理论，他构建了一个翻译标准系统，即翻译标准分为绝对标准（原作）、最高标准（接近原作）、具体标准三个级别。绝对标准是最高标准的标准，最高标准是具体标准的标准。这个翻译标准观点首先肯定了翻译要符合客观事实，肯定了原作的中心地位，认识到如果翻译否定了原作权威性，就等于否定了翻译本身。这个理论还认识到具体标准的重要性，看到了具体标准的存在，意识到分类标准的多样性、相对稳定性和绝对动态性的存在。辜正坤认为，因为不同人群对翻译作品、翻译实践具有多样化的要求，就必然导致翻译多元化标准的形成，而翻译本身对人类社会的多重性功能具有反作用，所以强调翻译标准的多元互补性是必然的，也是必要的。本书关于翻译理论的研究正是在同意、支持辜正坤先生的翻译标准多元互补理论的基础上展开的，辜先生的翻译标准多元互补理论是对自古以来人们关于翻译标准问题长期讨论、争论的终结性理论。但辜正坤先生的理论观点也存在一定问题，即没有对翻译的具体标准究竟应根据什么进行明确的表述。

当然，不能找到一个具有永久性、能够适用于一切翻译现象的翻译标准的存在，但是在特定的历史时期，特定的翻译活动中总是有具体标准的。就像学者们对翻译的定义界定一样，在特定的历史时期，人们获取的翻译定义都是适用的，翻译标准的制定要根据翻译的具体类型和翻译的具体目的进行，然后再进行确定。况且，翻译作为特殊的语言交际活动，在每一项不同的、特定的、具体的翻译活动中一定是涉及翻译人员的主观选择性和能动创造性这两个因素的，那么所取得的最后翻译出来的结果也受翻译人员所进行的活动的直接影响。但是翻译人员的选择又不是随意行为，而是根据翻译活动发起者的要求、读者对象的情况、原文材料的文本性质等多种因素共同决定的。所以人们在制定某个具体的翻译标准时，主要考虑的因素不是翻译人员的现实情况。如果在制定具体标准时考虑翻译人员的情况，这样得出的因素太多，无法对具体标准进行预计。所以，读者、听者和翻译批评家们如果对翻译作品的质量进行评价，其实就是对翻译人员的翻译水平和态度进行评价。如果我们以翻译类型和翻译目的作为具体标准制定的参考，那么得出的具体标准类型是多样的。比如口译标准和笔译标准，两者有着明显的区别和不同。从口译角度来看，方式不同、场合不同、口译的内容不同，都会形成不同的翻译标准，比如，同声传译和交替传译的标准就不一样，还有，虽然都是交替传译，但涉及国际会议交替传译和商务交替传译的标准也不一样。从笔译的角度来看，不同的文本类型、不同的翻译目的和不同的处理方式都对应着不同的翻译标准。以翻译活动最多的文学翻译为例，其中的诗歌翻译和小说翻译的标准就明显不同；还有，同样作为小说翻译，以获取思想信息为目的的翻译与以整体文化鉴赏为目的而译的标准各有不同；再比如，为了学术研究而进行的翻译与为了消遣娱乐而进行的翻译，两者标准更不可能一样；还有像全译和变译的标准也是不同的，变译里又分为摘译、编译、译述、缩译、综述、述评、译评、改译、阐译、译写、参译等，各个标准也是各有规定。

这么多具体的翻译标准，有没有共同之处呢？又如何来看待这些具体的翻译标准呢？在本节的论述中，一方面肯定了各个具体标准中存在的共性，承认了这些具体标准的现实，另一方面还要看到各个标准间的区别。那么，根据辜正坤的翻译标准多元互补理论，各个具体标准间存在的共性就是坚持让原作的抽象标准达到最佳近似度。实质上，各个具体标准间的共性与传统翻译标准强调的保持原作“忠实”和“对等”是有着不少类似之处的，但是“忠实”有不同程度的区分，“对等”也有不同层次的区分。而这些忠实程度和对等层次的确定最终是由具体的翻译类型和翻译目的决定的。

二、翻译原则的研究现状

历经几千年的历史，从翻译活动开始出现，世界各国都对翻译原则和翻译标准进行了研究，各个学者长期大量地从事翻译原则和标准的探讨，而各个国家关于翻译原则的研究和理论又是不同的，不管是在发展历史、研究方向，还是翻译标准体系完整性等方面都各不相同，有着或多或少的区别。

（一）国外关于翻译原则的研究现状

国外关于翻译理论的研究同中国一样，不同时期有着不同的观点，每一时期都有不少翻译学者为之做出努力。在传统经验期，代表人物是西塞罗，他提出翻译原则其实就是作为解说员的翻译，泰特勒指出翻译就是要把原文优点完全融入另一种语言。在现代语言学时期，代表人物是尤金·奈达，他指出翻译原则就是要实现功能对等，要做到反应与归化的统一；还有卡福德提出的“等值翻译”，彼得·纽马克倡导的语义翻译和交际翻译理论。在当代多元理论期，乔治·斯坦纳主张的阐释学理论认为翻译原则也是理解原则。由上可见，西方国家对翻译理论的研究也是层出不穷，并且不断深化。

从对西方翻译理论的研究来看，西方翻译理论在发展过程中会更加注重直觉性的思维方式，以及体系的完整性。西方的翻译理论研究对国内翻译理论研究的开展和发展都有着一定的借鉴意义和参考价值，国内学者在吸收、借鉴西方翻译理论的前提下，结合国内翻译实践活动，形成了具有中国特色的翻译理论。学者严复提出的“信、达、雅”翻译标准，就是在吸收、比较了众多西方翻译理论后，结合中国语言特点、国内翻译实践，形成了有重要影响力和重要价值的翻译标准的。

（二）国外翻译理论对国内翻译研究的影响

国外翻译理论对国内翻译研究的影响可以追溯到20世纪五六十年代。随着国内学者对西方翻译理论和苏联翻译理论的引入，我国翻译标准有了新的发展，出现了包括等值论、等效论在内的一些理论，再结合国内实际情况，国内学者对中国的传统翻译理论进行了补充，并对新的理念进行了阐述，形成了不少独到的见解。

比如学者乔曾锐认为，翻译理论研究的核心就是界定翻译标准，翻译标准的定义成为研究重点，翻译标准的作用就是作为翻译方法的指导原则，翻译标准是一条能反映和符合翻译活动规律性的公认准则。还有，作为翻译标准，从宏观上来看应该是具有比较原则性的，是粗线条的，翻译标准不能作为一种死板的规定和规则，翻译标准其实就是对翻译人员和翻译内容的一个总体要求。而关于翻译标准到底怎样界定，一直是学者们争论和讨论的话题，一直没有形成普遍性的论述。为了不影响翻译活动实践的开展，不能因为翻译标准的不统一性而中断翻译活动，一些学者就提出先选出几条能为大多数译者、读者、出版者所接受的翻译标准，再由实践来检验、弥补、修正翻译标准，逐步使其趋于完善，趋于具有统一性。关于标准的界定，有很多因素需要考虑，界定翻译标准还是比较复杂的。学者黄忠廉在关于翻译定义的界定中提出“相似”程度该如何界定、对其中的“似”又该如何认定的疑问。对于这种疑问，学者们还不能取得实质性的研究成果，而这其实就是关于翻译标准的界定。我们再来看，不管是出于防止翻译人员偏离翻译要求的目的，还是为了探究翻译批评理论的要求，都涉及翻译标准的界定，而以往翻译学者的研究活动都是一种形而上的总结，所以很难实现对翻译标准系统性、完整性的表述。本节关于翻译标准的论述虽然是在严复“信、达、雅”翻译标准的影响下进行的，但是又力图以一种新的视角，跳出“信、达、雅”三个字的固定思维，以更讲究标准的有效性、适应性，得出适用于笔译与口译、全译与变译的翻译标准。

学者许钧在其《文学翻译批评的基本方法》一文中，运用语言学与符号学的原理，对翻译批评的概念进行了阐述，指出翻译批评就是翻译人员对要翻译信息的再现活动、语言转换活动、符号转换活动和内容传达活动等，并对这种转换活动的合理程度和转换结果的等值程度作出评价。从本书的研究立场来看，笔者认为许钧先生的这种提法已经充分考虑到了翻译活动的实际情况，并试图摆脱传统翻译标准只关注笔译和全译的局限，其翻译观点也明确指出翻译等值的程度问题，为以后翻译标准的研究和界定提供了研究思路，为翻译标准的研究拓宽了视野。总的来看，对翻译理论的研究，首先要从翻译的定义出发，然后对翻译的性质进行充分理解，这样就能发现其实关于翻译的标准已经不再局限于“信”的标准。当然中国翻译理论本身就是与外国翻译理论不同的，国内翻译标准与国外翻译标准也有不同的界定，而翻译标准需要具有普遍的适应性和开放性是统一的要求。

（三）国内关于翻译原则的研究现状

国内比较早的对翻译原则进行讨论的是学者严复，他曾在其译作《天演论》中明确提出“译事三难：信、达、雅。求其信已大难矣，顾信矣不达，虽译犹不译也，则达尚焉”。这里的“信”指的是在翻译过程中翻译出的内容不能够违背原文，应将原文意思如实表达出来；“达”指的是在翻译过程中翻译人员要保证翻译的内容通顺易懂，不能完全受原文形式的影响；“雅”指的是在翻译过程中，翻译人员要注意考虑选词用字的文采、适宜性和可读性，还要注意语言风格的合理使用。严复关于翻译标准的论述，是在总结前人翻译标准观点的基础上，对相关理论进行系统归纳、提炼和总结后提出的。其实在严复关于翻译标准的论述提出之前，我国就有学者提出过类似的观点，只是没有“信、雅、达”标准明确、清晰。

随着翻译活动的发展，严复的“信、达、雅”翻译标准也有了新的发展。比如鲁迅提出的“宁信不顺及”认为，只要是翻译，就必须兼顾两个方面，但前提是最大限度地保证其通顺、易理解，保持原作的风格形式；学者林语堂也提出“忠实、通顺、美”的翻译标准，还有傅雷提出的“重神似不重形似”“神似与形似的和谐”以及钱锺书先生提出的“化境”标准，著名翻译家许渊冲提炼的“意美、音美、形美“翻译标准。

虽然翻译标准各有不同，但是严复的“信、达、雅”翻译标准一直作为翻译界的“金科玉律”，得到学者们普遍认可。“信、达、雅”翻译标准是严复对大量翻译实践活动的总结和升华，并且将翻译理论从“直译与意译”的二元标准升级为三元标准，这一升级也是对之前翻译理论的发展和继承。另外，“信、达、雅”的翻译标准体现了中国传统哲学天人合一的思想，体现了主体与客体相互统一的本质特性。

严复的“信、达、雅”翻译标准在翻译学界影响深远，持续时间长，在其影响下，又出现了许多其他的翻译标准。后来出现的相关翻译标准都是在“信、达、雅”翻译标准的框架下根据时代变化适时更新和调整的，并在翻译实践活动不断变化发展中进行了及时修正。国内关于翻译标准的研究理论，每个时期都各有特色，为当时的实践活动做出了重要指引。随着社会活动的发展，再来看当时的翻译标准理论，都有着一定程度的局限性和不足之处，需要对其批判性地继承。中国学者历来都是能够主动发现不足、主动反思的，在实践活动中不断去完善、去修正，做到理论和实践的充分结合，中国的翻译学者们一直都在坚持对翻译标准进行不断更新、不断解读，为其注入新的生命力。

三、英语翻译原则

英语翻译原则是翻译原则中的一个重要部分，关于英语翻译原则，有着诸多论述和论点。英国著名翻译家彼得·纽马克在其《翻译问题探讨》（*Approaches to Translation*）一书中，从翻译内容和翻译文本角度，对翻译方法提出要求，即翻译方法要有语义翻译和交际翻译两种，常见的翻译文本有表达功能型文本、信息功能型文本和号召功能型文本。纽马克提出语言信息功能的关键在于外在的语境、话题事实和语言之外的因素等方面，包括报道的观点或理论。从翻译内容来说，典型的信息文本涉及百科知识，形式日渐偏向标准化，像教材、技术报告、报纸之类，还有期刊上的文章、学术论文、会议记录或备忘录等。针对这些文本内容和形式，纽马克对文本又提出了四种分法，分别是以学术论文为代表的正式的、非情感的、技术性的文体，以教材为主的有明确技术术语的中性或非正式的文体，以科普或艺术类书籍为代表的非正式的、有感情色彩的文体，以通俗、非技术性为特点的通俗新闻文体，通俗新闻文体的特点是涵盖隐喻的修辞、短句、美语、非传统的标点符号、专有名词前的形容词和口语。

（一）英语翻译常规原则

根据彼得·纽马克关于翻译理论的观点，语义翻译作为英语翻译类型的一种，强调的就是翻译人员应该在目的语句法和语义的框架内，尽最大努力在目的语规定的范围内对原文形式进行再现。同样，交际翻译也是英语翻译的一种类型，强调的是翻译人员要实现的是目的语在读者身上产生的效果要尽可能接近原作对源语读者产生的效果，也就是翻译人员对翻译方法的选择要以读者能够理解和接受为前提，尤其是要重现原文的内容和注重上下文的意义。面对三种文本，只有两种翻译方法时，纽马克对每种文本该选择什么样的翻译方法进行了阐述，具体来说就是以非文学写作、新闻报道、信息性文本为代表的文本和以教材、报告、科技写作、通俗小说等为代表的文本适合采用交际翻译，而以文学作品、自传、个人信函、散文等为代表的文本则适合选择语义翻译方法，这种分法充分考虑到了文本类型与翻译方法之间的关联性。对文本类型进行分类能够有效提高翻译人员区分不同文本类型、选用不同翻译方法的意识，从这个角度来看，纽马克提出的语义翻译和交际翻译两种翻译方法为翻译人员在翻译过程中有效翻译提供了可行办法和思路。在纽马克翻译方法的影响下，人们在进行英语翻译时要遵循准确性、可读性和适应性等翻译原则。这些原则具有一定的普遍性，对很多翻译内容都有效，尤其是对新闻翻译至关重要，是评判新闻翻译质量好坏的关键。

1. **准确性原则**

从纽马克关于文本分类的特点这一角度看，信息功能文本翻译原则的重点是准确性原则，像新闻报刊不管是原文报道还是翻译作品，准确性都是其第一要素。新闻报刊属于信息功能文本，所以准确性原则是信息功能文本翻译的重点，对信息功能文本的翻译必须、只能参照原文内容来进行。准确性原则指的是在翻译中保持专有名词的准确，尤其对于新闻翻译而言，词语是文本中最基本的元素。新闻内容关系到社会生产生活各个方面，从国家大政方针到普通民众日常生活，从国际交往、国家关系到民族关系、地区关系，新闻中的用词本就严格、规范，词汇量庞大，在新闻中经常听到、看到热点词、外来词以及文化负载词，表面上看似对新闻报道的翻译，其实还是词语的翻译。新闻翻译的重点和难点都在关键词和关键语句上，而关键就是词语翻译要准确。同样，新闻翻译对于翻译工作者而言是一项艰难的任务，对专业术语、专业能力、文化背景、跨文化研究等各个方面都有严格的要求，由于新闻报道翻译的高要求，翻译成员在翻译过程中要做好充足准备，要勤查词典，多搜集资料，以便更准确地翻译此类词汇。

2. **可读性原则**

可读性原则指的是翻译人员要保证翻译文本的通顺性和流畅性，翻译作品要便于读者阅读和理解，可读性原则是在翻译表达形式的基础上形成的。还以新闻报刊为例，新闻报刊的阅读对象是广大读者，群体广泛，人数众多，复杂多样，因此译文就必须保证具有可读性，不管多么重要的事情，在新闻报刊中都要让读者看得明白，理解得了，如果不能实现这一要求，那么新闻报道也就失去了存在的意义，翻译也就没有了价值。所以说可读性对于新闻翻译工作者而言是非常重要的，是必须要重视的。另外，从新闻翻译的理论和实践要求来看，不管是其理论还是实践特点，都需要用交际法来解决。根据纽马克的交际翻译理论表述，交际翻译的目的就是要对译文读者产生的效果尽可能接近原作对原文读者所产生的效果，为了实现这一目标，就必须用译文读者能够理解和接受的方式来进行翻译，并且还要重视对原文内容的重现，这种重现并不是形式上的完全重现。反之，如果一篇新闻译文的可读性比较低，那么不管其内容是如何忠实、重现原文的，都不可能让读者有效阅读、理解，不可能实现像原文对原文读者产生的效果那样。从这个角度来说，英语翻译的可读性原则是必不可少的，作为新闻翻译人员要高度重视新闻翻译的可读性。新闻翻译必须坚持以可读性为原则还有一个原因就是“翻译腔”的存在，在新闻翻译活动中，翻译腔已经成为普遍的翻译范式。“翻译腔”是由尤金·奈达在其翻译理论和实践中提出的，所谓的“翻译腔”，指的就是翻译中容易出现晦涩、不自然、难以理解的翻译。学者范仲英对翻译腔的现象进行了详细的阐述，对翻译腔现象出现的原因进行了总结，认为出现翻译腔的原因主要有三点。首先，每种语言都有自身特有的表达方式，这种特有的表达方式一方面体现在词汇层面，另一方面体现在语法和修辞层面，而任何一种不符合目的语的词组搭配规则或者不符合语法规则的翻译作品，必然不会被目的语读者所接受和理解。其次，以中国为例，在中国比较受欢迎、被广泛认可的是翻译原则是“信”与“达”。再细分来说，“信”比“达”使用得更为频繁，更让人重视。对于“信”的理解，有些学者片面地认为主要源语与目的语在词汇或句法形式上具有相似性就是“信”，并且片面地认为如果翻译过程中对某个词、句子结构或修辞手段进行形式上的转变就不能算是忠实的翻译，这种观点影响下只能是逐字逐句地翻译或者是死译，这种翻译结果只能是出现翻译腔。最后，有的翻译人员在翻译过程中只去抓原文语句的表面意思，只满足逐字一一对应，不考虑原文原句中的深层含义，所以就会出现译文含义与原句含义有很大出入，读者困惑、迷茫，无从正确理解原文含义的现象。因此，从范仲英的分析中，我们显然可以明白，英语和汉语是两种完全不同的语言表达，两者有着自己特定的语言结构。在翻译实践中，不管是英译汉还是汉译英，都要充分考虑两者之间存在的差异性，在翻译过程中，还要充分结合译文特点合理对译文进行调整，遵循目的语的词组搭配和语法规则。只有满足这些条件，翻译才能真正意义上完成，才能被普通人理解和接受。

正是因为新闻报道的特殊性和重要性，对新闻翻译的要求更高、更严，不仅要达到准确性，还要达到可读性。对于从事新闻翻译的译者而言，想要高效、有质量地完成新闻翻译，一方面要掌握源语，另一方面还要通晓目的语。在进行新闻翻译时，需要统筹考虑各种区别、各方因素，并且还要能够根据目的语的语言习惯对译文进行必要的、及时的、正确的修改。只有这样，才能有效地避免翻译中容易出现的翻译腔现象，保证译文让更多的人接受和理解。总之，实现准确性与可读性的辩证统一应是一名新闻翻译人员始终努力的方向和职业目标。

3. 适应性原则

不管什么文章，不仅有其特有的内容和形式，还有着自身独特的语言风格。所以，在翻译过程中，语言风格也是英语翻译的一个原则。还是以新闻翻译为例，新闻翻译除了要坚持准确性、可读性原则外，还要满足适应性原则，也就是新闻翻译要使得译文符合新闻语言特有的写作方式，而且要达到目的语与源语在文体上的适应性。

与语言风格相关的是文本的正式程度。从英语文本的正式程度来看，英语有正式英语、中性英语和非正式英语三种文体类型。从对应的语言风格来看，正式英语语言用词严谨，词汇量大，多用于政治演讲、外交通知、商务文件等场合；非正式英语语言风格与正式英语截然相反，多出现在结构和措辞最灵活的口语场合；处于正式英语和非正式英语中间的就是中性英语，中性英语是比标准语法和书面语言更随性的英语，在日常英语使用过程中，尤其是在英语翻译中，中性英语是使用比较多的英语类型。中性英语最常见的就是新闻英语，新闻英语是中性英语的主体，新闻英语成为中性英语的主体，主要是因为一方面新闻英语具有常规的语法规则和固定的词语表达方式，另一方面新闻英语可以根据需要允许一些灵活的变化。同时，考虑到新闻本身的特点，在翻译英文新闻时，既要确保译文符合新闻的要求，又要注意译文的语法和措辞。学者刘宓庆指出，在对新闻进行英语翻译时，首先要考虑现代汉语中新闻文体的标准，翻译时要避免译文文体走向两个极端——要么过于优雅，要么过于粗俗。刘宓庆还指出，那些标注新闻的文章就是为了向读者阐述事实或者是提供信息，因此对于译者而言，就要学会像原文作者一样客观地陈述事实，力求用客观性的语言传递原文信息，对于那些富有情感的词语或者带有明显感情色彩的语句，则需要根据原文语境、原文思想合理地进行转述，不能过多使用富有情感的词语或感叹句。只有做到了这些，才能算得上为实现译文在文体上与原文相适应打下第一步基础。

当然，新闻语言风格还与新闻具体内容密切联系。根据新闻内容的不同，新闻有新闻报道、新闻特写和新闻评论三类。由于文体特点不同，相对应地，对翻译标准、翻译原则的要求也就不一样。比如，新闻报道在语言上有着明确的要求，即语言风格上要简洁、准确；而新闻特写的语言风格则相对轻松一些，风格以生动活泼为主；新闻评论由于内容的特殊性，在语言风格上则要求语言逻辑清晰。所以，面对不同内容的新闻时，翻译人员首先要有明确的语言风格区分，根据不同的语言风格选择相适应的措辞，进而达到译文的文体与原文的文体尽可能地相统一。

总而言之，作为新闻的语言风格并不是单一地限定于某一个类别，而是一个复杂、系统的概念，新闻的文体特征与其他文本有着显著的区别，新闻与文学作品、科技文章等明显不一样。另外，新闻本身也有很多种类，各新闻内容不同，相对应的新闻写作形式也就不同，各自有着相对应的特点。作为一名新闻翻译人员，在翻译过程中必须保证译文与原文文本一致，使得译文与原文保持适应性。

（二）汉译英翻译三原则

在进行英语翻译时，翻译人员要对表达方式和翻译词语进行仔细斟酌，根据语境和原文表述情况，适时选用合适的翻译方法和翻译技巧，灵活处理翻译过程中遇到的词语和语段，对原文信息进行如实传递，尽可能地保证翻译达到忠实、通顺、易懂。在翻译中，翻译人员还需要充分考虑到两种语言背后存在的语言习惯差异和文化背景差异、思维，坚持以目的语读者为目标，围绕这个中心和目标，翻译时才会保证方向正确，避免发生错译、漏译的情况，确保翻译质量达到一定标准，最终实现翻译的文化交流效果。综上，汉译英翻译所要遵循的原则就是忠实、通顺、易懂。

1. 忠实原则

不管是汉译英翻译还是其他翻译，忠实原则都是一个最基本的要求和原则。不管面对任何文字材料，都不能脱离忠实原则。在翻译过程中，翻译人员首先要做到对原文文意严谨忠实，尤其是对关键性的词句必须要做到绝对忠实，在涉及跨文化、跨语言翻译时，如果做不到忠实，就很容易造成误解，造成重大损失，但是忠实不是照本宣科，不是生硬搬用，不是完全按照原文字面意思逐一转述，忠实关键是对原文精神内涵、思想情感的忠实，需要对原文真实含义进行充分、准确的理解。

2. 通顺原则

通顺原则是保证译文具有可读性的关键因素，重点是要保证译文逻辑清晰、读起来顺畅，不能出现明显的语法错误。像中文语句或者文章，都是句子比较长，并且长句子的数量比较多，长句里大部分都是由多个并列关系的语句组成，逻辑关系不够清晰，各语句之间主要靠内在的语义进行连接，所以汉语重在意合。不同于汉语，英语则是一种形合的语言，英语中逻辑顺序清晰，上下逻辑关系明确，重点明朗，层次划分明确，英语中常见一些关系词、一些从句结构，这就是英语与汉语明显的区别。所以翻译人员在进行汉译英时，既要遵循英语语言的表达习惯，又要充分结合汉语表达者的用语习惯，合理采取翻译方法，来满足汉译英这种翻译所要实现的交际和宣传效果，即翻译人员必须按照通顺原则，翻译出顺畅的译文，以免造成两种语言转换而出现的逻辑不清、逻辑混淆的局面，使得读者不能正确、通顺地理解译文，不能解读原文作者的表达要点。

3. 易懂原则

翻译人员所从事的翻译，就是把一种语言翻译成另一种语言，目的在于准确传达原文作者所要表达的思想、意图，并根据自己的理解，对原文所体现的思维、心理和行为进行相应的转换，变成适合目的语读者理解的译文，这一过程其实就是易懂原则的反映。汉译英的目的就是让更多的国家、更多的外国民众了解中国的基本国情、中国各个时期的方针政策、中国现阶段的发展动态，通过汉译英对外宣传中国文化、中国文明、中国发展历史，进而进一步提升中国在国际社会的形象，并推动中国与世界的交流、合作、共同发展。从语言特点上看，汉语用词表现在工整、简洁、严谨，喜欢选择政治类名词、经济专业名词和具有中国特色的词汇、句式，对于外国读者而言，理解汉语意义具有一定的难度，所以在翻译时，遵循易懂原则十分必要。一个有效的翻译其实就是信息传达容易理解，易于目的语读者阅读。

总之，汉译英翻译的三原则为翻译成员完成全面、严谨、准确的翻译提供了依据，制定了标准。在这三个原则的指导下，译文逻辑清晰明显、内容简洁易读易懂，达到了符合英语语言的表达习惯和目的语读者的思维习惯等效果，使得汉译英翻译顺利完成。

（三）英译汉翻译三大原则

在翻译中，除了汉译英翻译，还有英译汉翻译。英语与汉语在表达习惯上有很多不同之处，英译汉翻译不同于汉译英翻译，也有三个原则，即动宾连接原则、换序原则和名词词组与分句相互转化原则。

1. **动宾连接原则**

在英译汉时，经常出现各种各样的翻译错误，主要原因就是对动宾短语的翻译不准确。人们在翻译时喜欢首先选择按照原文的顺序进行翻译，即习惯性从左到右来确定动宾短语进行翻译，也就是先确定动词的含义和翻译，然后再确定宾语的含义和翻译。这种翻译方法就很容易造成译文的动宾短语搭配不当。

【例】We must avoid these stupid,short-sighted traps and constantly strive for an open communications system with objective information.

【译】我们必须打破这些愚蠢又短视的禁锢，坚持不懈地致力于建立一个公开的沟通系统，确保信息客观真实。

上述例子中，“avoid”与“traps”组成一对动宾短语，通常翻译中会把“avoid”翻译成“避免”，把“traps”翻译成“陷阱”，这样直接翻译就变成了“避免陷阱”，显然是不对的。翻译这个动宾短语，首先要确定宾语“traps”的含义，然后根据原文意思选择合适的动词与之搭配。将宾语“traps”译成“禁锢”，那么动词“avoid”可以译为“打破”或“冲破”。

所以，在翻译动宾短语时，第一步是从上下文意思确定宾语含义，第二步是根据原文意思选择适当的动词与之搭配，这一先后顺序就是动宾连接原则，该原则的关键是“先宾语，后谓语”。在进行英译汉时，遇到动宾短语时，优先考虑先宾语的译法，再确定动词的使用。

2. **换序原则**

在英语翻译中，会经常遇到宾语特别长的句子，传统的翻译方法就会习惯性地选择一步一步处理主、谓、宾三者关系，这样就会造成翻译后的中文宾语过长，整个句子就会显得头轻脚重，这样也不符合汉语习惯。要解决这个问题，避免出现这种失误，学者们从长期的翻译实践中总结出可以按照换序原则，先把宾语译出，然后再译主语和谓语，在对英语翻译的过程中，在遇到无生命主语句时，也要按照换序原则进行翻译。无生命主语句指的是主语是动作的执行者，且主语表示的是无生命的事物。对于这类句子，最常见的译法是将主语和宾语互相翻译，使得译文符合中文习惯，即换序原则。

3. **名词词组与分句相互转化原则**

英汉两种语言本身在语言结构上就存在差异，这种情况下在翻译中常常面临把名词词组与分句进行相互转化的情况，也就是把英文中的名词性词组翻译成汉语中的分句形式，有时候是把英文中的分句形式翻译成中文的名词性词组，这样翻译后能够使得译文与汉语习惯更加接近。名词词组与分句相互转化原则下常常遇到“what、when、where、who、why 和 how”等疑问句形式，这种情况下就把宾语从句翻译为名词性词组，对于英语中的多定语的名词词组，在翻译时将其译为主谓分句，简洁利落，符合汉语习惯。

第三节　英语翻译现状

随着我国国际地位的不断提升、对外开放水平的不断扩大，我国国际交往、涉外商贸、涉外旅游等活动日益增多，成为经济社会发展的重要组成部分，因此翻译市场需求快速发展，在翻译市场快速发展下，我国翻译人才的短缺却越来越严重。从我国各高校来看，英语专业已经成为各高校必设专业，培养出不少专业翻译人员，但由于其社会经验不足，缺乏翻译实践活动，短时间内难以完成实际翻译工作。从中国翻译协会的调查结果来看，我国目前从事翻译的人员主要以应用型翻译为主，科技翻译人员缺乏，尤其是高新科技领域翻译人才极其匮乏。如果把翻译人才的培养全部寄托于高校外语专业，很难一时内培养出合格的、综合性的翻译人员，尤其是合格的科技类翻译人才。从我国目前的高校教学来看，英语翻译尚未成为高校重点专业，也并未引起高校足够重视，虽然高校在课程设置上增加了英语翻译选修课，但实际教学却未能充分结合实际需求。当然，不可否认的是，这些年来大学英语翻译教学确实发生了不少变化。

一、教学大纲对英语翻译教学的影响

截至目前，我国在英语教学方面共颁布了五部教学大纲，但其中关于英语翻译的内容占比十分小。像1986版英语教学大纲，尚未把英语翻译能力纳入培养目标中，而2004版和2007版的大纲将目标定位为培养学生的综合能力，尤其强调的是听、说能力，也并未指出翻译的目标和任务。从这一点来看，虽然对英语教学大纲根据实际情况在不断进行修订，对英语翻译重视程度也在不断提高，但这种提高是相对于英语翻译自身而言的，跟其他目标定位相比，英语翻译还是没能成为大学英语教学的明确目标定位。英语教学大纲中重点关注的依然是英语专业学生，对于非英语专业大学生的教学目标并未给予足够的重视。

转折点是2015年3月28日全国大学英语教学指导委员会在武汉召开的全国大学英语教学改革与发展研讨会，在这次探讨会上，推出了最新版大学英语教学大纲意见征订本。意见征订本加大力度关注大学生的英语输出能力，要求教学目标是一种对综合能力的考查，并提出翻译能力是综合能力考察的一部分，并且规范了翻译能力培养的具体要求。所以，随着教学大纲的不断修订，非英语专业大学生也能够接触翻译教学，学习英语翻译。随着教学实践改革的推进，非英语专业大学生完全有可能同英语专业学生一样成为应用型翻译人才，越来越多的非英语专业大学生加入应用型翻译人才队伍，能够有效地缓解社会对合格应用型翻译人才的需求，甚至非英语专业大学生还能成为钻研于高科技领域的翻译人才，有效地推动我国英语翻译事业的发展，更好地满足英语翻译需求，服务地方及全国经济和社会的发展。

二、四、六级考试改革对大学英语翻译教学的积极反馈

根据大学英语教学大纲规定，大学英语四、六级已经成为非英语专业大学生英语综合能力考核的一方面。大学英语四、六级考试从某种程度上讲就像指挥棒一样，成为非英语专业学生学习英语的目标，但是英语四、六级对大学生英语学习具有双向作用，既有积极推进作用，也有反面不利影响。有利的是四六级考试不断进行改革，翻译比例加重，从句子翻译到篇章翻译，从单句汉译英调整为段落汉译英翻译，内容涉及中国历史、经济、文化、社会发展等，突出了英语翻译的重要性和重要地位。其中的整段英译汉翻译，主要目的就是在翻译过程中考查学生对两种语言背后的人文知识、语法知识、逻辑关系、语言能力等方面的综合理解，这种考查相对来说是比较科学的、公平的。

大学英语四、六级中从句子翻译转变为段落翻译，这种转变对于非英语专业大学生而言，表面上是加大了难度，但实际上变相促使非英语专业大学生重视翻译、了解翻译、认识翻译，推动大学生加强对英语翻译的认识，在英语学习上也会发生转变，从以前关注词汇和短语的学习转变为对其背后更深层次的学习。段落翻译考查对学生能力有相当高的要求，要求考生对原文本的背景知识有一定程度的了解，而且能够合理分解原文本的相关结构，要具备一定的逻辑思维能力，还需要平时做好中西方文化差异、中西方语言差异的知识准备。最关键的是段落翻译设置为检测大学生的综合翻译能力，已经介入到英语翻译定义、标准、原则的范畴内，对非英语专业大学生的英语学习和研究有着积极的推动作用。

三、大学英语翻译教学研究的发展

英语教学的开展一方面需要英语教学大纲的指导，另一方面需要有充分、全面的教学研究作为后盾。本书将采取对比的方法对大学英语翻译教学研究进行阐述，在阐述前期，通过查阅相关文献，发现翻译教学研究尤其是大学英语翻译教学研究，成果相对较少，但近几年大学英语翻译教学研究比例与往年相比已有所上升。大学英语翻译教学研究逐步迈向深入性、本质性和全面性，与大学英语翻译教学研究相关的教

学方法、评估测试等方面的研究不断出现。

随着英语翻译行业的发展和进步，英语翻译策略也在经历着不断的变革。尤其是随着中国经济实力和国际地位的不断提高，中国与各个国家、与世界的关系日益紧密，中国经济、文化与世界经济、文化之间的互动不断增强，经济往来、政治互动、文化互融的趋势刺激着英语翻译事业的不断发展，由此产生的英语翻译市场、英语翻译需求量在不断增加。而有关英语翻译的策略也成为近些年研究的重点，成为英语翻译研究的一部分。

（一）英语翻译策略的专业化

翻译文本的多样化成为英语翻译市场需求多样化的直接原因，不同种类的英语翻译各有特点，在此基础上，英语翻译策略不断朝着专业化方向发展。英语翻译专业化体现在：第一，英语翻译领域涉及的跨度比较大，受此影响，翻译的专业程度要求不断提高，在此情况下，行业英语应运而生，包括旅游英语、商务英语、国际贸易英语等成为英语翻译市场比较火热的行业英语翻译，面对行业英语翻译，翻译人员既要具备基本的行业常识，又要懂得专业术语表达，还需要及时根据不同行业的材料选择合适的英语翻译策略；第二，专业化体现在英语翻译策略逐步走向规范化和标准化发展，具体来讲，即使比较难的文献资料，在翻译过程中能够及时、灵活地选择相应的翻译策略，与其他材料的翻译策略构成一个多角度、多维度、标准化、规范化的翻译技巧系统，这种长期的翻译策略经验积累，也能进一步推动翻译人员翻译水平和翻译能力的提升。

（二）英语翻译策略的个性化

受两种语言跨文化因素和受众需求因素的影响，英语翻译策略呈现向个性化方向发展，在个性化发展的前提下，需要英语翻译者更多考虑综合因素，以提高翻译质量，推动英语翻译市场化发展。英语翻译策略之所以追求个性化，是因为在面对不同的英语翻译诉求、不同的翻译文本时，英语翻译策略需要及时进行调整和改善，并且翻译完成后，目的语读者在理解译文的过程中，也会对翻译提出自己的意见和建议，这也体现了翻译文本的个性化要求，这时就需要翻译人员能够及时从个性化要求出发，考虑翻译材料要体现译文读者的文化心理、文化背景及文化需求，比如翻译文本要体现企业文化，带有文艺气质。

从翻译的本质来看，英语翻译策略讲究个性化特点，这也反映着翻译已经走向市场化。对于翻译人员来说，在从事翻译这一行业时，就必须按照市场需求进行翻译，积极推动翻译工作个性化目标的实现。

（三）语义场的发展趋势

从根源上来说，英语其实是属于印欧语系的，从英语构成来看，有 40%来自于法语，10%来自于拉丁语，一半来自印欧语。随着我国经济、文化的不断发展，尤其是国际地位的日益提高，对世界经济、文化的影响也在不断扩大。汉语在中国与世界各国间的友好往来中扮演着重要角色，汉语在国际通用语言中的地位也在不断提高和加强，比如汉语中有不少固定词语已纳入相关语义场，大概涉及最多的是食物、饮料、炊具、生物等方面的词汇，而关于地理、艺术、宗教、政府、种族、职业、度量衡的词汇涉及较少。从发展趋势看，考虑到中国地域广阔，民族数量众多，各地区饮食习惯、语言风格各不相同，这也就促成了有关生物名称和食物的借词数量庞大，并且呈现出不断增加的趋势，但是关于地理、艺术、宗教、种族、职业、餐饮、炊具等则相对具有稳定性，对应的词汇量相对比较稳定。随着世界各国对中国历史、文化越来越主动了解，学习中国文化的留学生也越来越多，中国几千年的文明史加上中国改革开放四十年的发展史，都为汉语语义场的发展和扩大创造了不少的词汇，这种词汇量的变化也为英语翻译带来了新的词汇，为语言语义场的不断丰富和完善做出了贡献。汉语在国际上的影响力不断增强，对应的英语翻译事业迎来一次又一次的春天。

（四）借入方式的发展趋势

追溯国门在近代对外打开，是18世纪广东成为出海要道，因此早期中国对外经济贸易活动涉及的外语风格主要是粤方言音译下的英语，因中国对外贸易受到不公平对待，外来翻译还是以音译方式的英语为主，即使后来有不少关于中国风土人情的地名、饮食、文化习俗、特有物产的翻译，但还是属于粤语的音译。直至20世纪50年代后，普通话开始在全国推广，以普通话音译的英语开始成为主要形式。

随着中国改革开放政策的提出以及教育政策的改革，越来越多的中国人开始学习英语，能够熟练掌握英语翻译技能、熟练使用英汉两种语言的人也越来越多。人们对英汉两种语言背后的文化都能较好地理解，能够找到两种不同文化中的相通部分，并能用意译的形式来阐述。另外，近些年来中国学习汉语的外国人不断增多，在中国完成学习回到本国后根据自己在中国所学，加上自己的理解，开始主动传播中国历史、中国文化。同时我们也要看到，新闻媒介对英语中的汉语借词也有着深刻的影响。像《中国日报》（*China Daily*）、《北京周报》、《中国建设》、《时代周刊》，以及一些广播电视媒介，如中国国际广播电台、中央电视台英语频道以及新形势下的互联网平台都在大力宣传、传播中国文化，更重要的是对汉译英翻译的影响，当然也影响着汉语借词的输入。在这种影响下，一部分高频率使用的词汇就会成为永久的英语词汇。比如我们常说的“菜篮子工程”（vegetable basket project）、“乡镇企业”（townshipenterprises）、“廉政建设”（constructclean poltics）、“宏观调控体系”（macro economic control system）等这些具有中国特色的词汇已经成为英语词汇内容。

由替换而进入英语的汉语借词主要受中国汉语词汇发展的影响，更重要的是中国在国际上的影响力大大增强。但是这也并不是中国所特有，对于英语词汇而言，如同汉语词汇一样，也是一个不断发展的过程，有汉语借词的增加，也会有汉语借词的减少，有合成词的增加，同样也会有合成词的减少，这些变化都是由世界发展趋势、国家发展形势所决定的。

四、中国翻译理论

（一）起源

中国的翻译理论和实践在国际社会中起着重要作用。从中国古代文学来看，很早就有翻译理论的相关阐述，比如《诗经》中体现的就是翻译的“信、达、雅”；《礼记》也有关于翻译的记载；《周礼》中提到的“象胥”，就是今天说的“四方译官”之总称；还有《礼记·王制》中提到的“五方之民，言语不通”，为了“达其志，通其欲”，各方都有专人，北方曰“译”，再后来佛经译者在“译”字前加“翻”，成为“翻译”，至此“翻译”一词终于定型，并一直流传到今天。

在佛教传入中国前，翻译只是个别地区局部的存在，并没有形成普遍的现象，这也是由于早期周边国家还没有自己的文字，这也足见中华文明历史悠远，早于其他国家很多年。

（二）历史

中国翻译的出现，是因为佛教开始在中国传播，可见宗教文献翻译在中外历史中占有非常重要的地位。早期的翻译人员在对佛经进行翻译时往往会根据自己的理解加入一些修饰，使得翻译出来的佛经更切合中国文化，比如我们在佛经里会看到关于孝道的描述。

晋代，道安在对佛经翻译时主张采取质的方式，即直译。他提出了“五失本”方针，指的是当用汉文翻译佛经出现五种情况时，译文可以与原文不一致，接着又提出了“三不易”，即译文过程中常常会出现三种不容易做到的情况。鸠摩罗什（344—413）对佛经翻译则主张不仅要保持原文的主要意思，还要考虑到原文的文本表达。

隋代，彦琮（557—610）很是认同晋代道安的翻译理论，坚持对佛经翻译要采取直译，提出“八备”和“十条”：“八备”就是从事佛经翻译的人员必须具备的八项条件；“十条”就是指关于译文体例、格式的十种规定。

唐代，玄奘（约600—664）出现，成为中国最早从事佛教传入和传播的人。玄奘生活在初唐时期，是一个立志高远、意志坚强的僧人。28岁时，他抱着“一睹明法了义真文，要返东华传扬圣化”的目标前往印度求学，17年间历尽艰辛，学成归国后已是45岁。玄奘在其生命的最后20年里，一直从事的都是译经，总共翻译了佛教大小乘经论75部1335卷，共计1000多万字，这在中国佛经翻译史上达到了巅峰。玄奘去印度学佛经，又回国传佛经，为中印两国文化交往、文化传播做出了突出贡献，一方面带去了中国先进文化，另一方面带来了印度先进文化，因此，玄奘也成为了中国翻译史上第一人。中国人对佛经的翻译跟随至后汉至宋代，佛经翻译在中国延续了一千多年，这也是中国历史上持续时间最长，翻译最具系统性、深刻性的一个阶段。玄奘是中国翻译史上集大成者，主张文质并重，以质为主、文为辅。玄奘并没有将翻译理论汇总成明确的文章，形成系统的内容。《翻译名义集》中记载了他的“五种不翻”学说，也只是提出玄奘在翻译时指出有五种词语只能译音。

北宋，赞宁（919—1001）对前人的翻译理论进行了汇总，提出翻译佛经的“六例”，并对这六例进行了研究，“六例”就是翻译的六个方面。赞宁对翻译定义进行了界定，指出：“翻也者，如翻锦绮，背面俱花，但其花有左右不同耳。”赞宁用一个比喻的说法，指出翻译其实就是一种艺术，一种关于语言的艺术，这种艺术的表现需要用语言形式来进行改变，对内容不需要进行改变。北宋初期依然有不少翻译活动，只是后期由于历史原因，翻译活动逐渐减少，很少再出现。

明代，中国翻译理论进入新的发展阶段，出现了不少翻译家。中国与西方的联系日益加强，但这一时期的翻译还是以合作的形式为主，是模仿佛经翻译的方式，主要是中国学者与外国学者合作，而对译文的修饰工作主要在中国学者肩上，结合中国用语习惯，使得译文更能让中国人接受，便于国人理解。到了永乐年间，翻译活动再次兴起，并设立了专门培养翻译人才的机构——四夷馆。到了明代末期，西学东渐，翻译工作更加活跃。这时候的翻译内容不再只是对佛经的翻译，佛经翻译走向尾声，翻译内容主要是欧洲的天文、几何、医学等方面的典籍，这也标志着中国翻译史进入一个新的阶段。

（三）兴起

甲午战争后，中国有识之士深感国内与西方差距，迫切需要学习西方，推动了翻译活动兴起，中国翻译史进入一个新阶段。一些主要学者提出了自己的观点，如马建忠认为“译事之难”，梁启超则鼓吹“佛经翻译之高明”。而长期钻研于西方社会科学翻译的学者严复根据其翻译实践经验，提出了翻译要遵循的原则。其在《天演论》序中明确指出“译事三难：信、达、雅”。“信”是忠于原作，“达”是忠于读者，而“雅”是对文学语言的忠诚。虽然严复只用“信、达、雅”三个字概括了翻译的原则，但是这三个字却指出了作品、读者与语言三者之间的关系。纵观学者严复的译文，都各自有侧重点，所遵循的翻译原则有着一定的区别，像《天演论》接近意译，意在表达原文主旨的阐述；《原富》近于直译，体现的是根据原文辞义进行翻译；《群己权界论》则是两者的结合。可见，三种翻译方法，不管是哪种，目标都是一样的。翻译不能按照原文字句逐字逐句进行直译，翻译中要正确用新的词或词组以实现对词义完成全部传递。

五四运动以后，中国历史进入了当代，翻译的重要性再次凸显。尤其是中国新文学的兴起，要归功于翻译的影响。这一时期第一个重视翻译并对翻译进行大力推广的人是作家鲁迅，鲁迅主张直译，在对外国思想进行传播的时候，认为在借鉴外国思想的同时，应利用译文来实现语言形式的改变，以供读者解读。鲁迅认为在进行英译汉时，避免过分依赖中国文化，避免形成完全中国化的译文。不赞同译文完全中国化的原因是中国语法仍存在不够精密的问题，在输入外国新思想、新内容时，也要向国内输入新的表现方法，这样才能够推动中国语法的完善，尤其是中国语言的发展，这也对新文化运动的开展、新文学的兴起、新文学战胜旧文学提供了理论依据。

（四）翻译派

瞿秋白和鲁迅一样都主张直译，瞿秋白先生认识到翻译对中国语言发展的重要性，一方面翻译不仅能够为处于迷茫期的中国人民带来新的思想、新的观点，还能帮助中国人民认识新的语言表达。当然，瞿秋白先生也指出翻译不是只管照搬全输入，还需要考虑读者的接收能力，考虑翻译人员的专业能力和综合素养；指出译文作为新的言语表达，应该保证看到的人实现了解、运用。对于直译，要点在于不删掉原文有的，不随意增加原文没有的，依然能保持译文顺畅。与直译不一样的是意译，意译指的是对原文可以增减。学者郭沫若对这一翻译方法指出，理想的翻译就是保持原文的字句、原文的意义，并且仍能保持原文的气韵，由此也看到翻译工作的复杂性和难度性。茅盾先生也指出，在进行文学翻译时应该采取直译，因此直译在中国近代史上占据着重要地位，成为主导翻译方法。

对比欧洲翻译史与中国翻译史，对比欧洲翻译理论与中国翻译理论，双方探讨的关于翻译的问题基本是一样的，重点研究的都是翻译的可能与不可能的问题，也都在讨论直译与意译的问题。但是双方也有不同之处，西方谈翻译理论，偏重于可能与不可能的问题以及可能的程度，并得出相应的结论，认为文学翻译是比较难的，而科技翻译相对比较容易，虽然也会涉及直译与意译问题，但没有作为研究的重点；中国翻译的相关理论则是相反的观点。

在涉及翻译基础和翻译背景方面，欧洲与中国有所不同。在欧洲，翻译涉及的基本上是在同一语系内部进行的语言之间的互相翻译，在这个基础上形成了关于翻译的三分法的观点，即翻译—变换—逐词对照，而这种三分法在中国则是不适用的。在中国一千多年的翻译史上，涉及的是不同语言之间的翻译，只能在同一语系语言间进行变换。中国翻译研究侧重的是直译和意译的争论，也就是我们一直说的文与质的争论。受特殊历史文化、历史背景的影响，从对佛经的翻译到对现代科学文学著作的翻译，都需要依据这一情况。中西方所有的思维方式具有明显的差异性，讨论中国翻译的人只是从翻译的综合角度切入，主要关注的是翻译的实际应用，并没有对语言本质做细致的分析，因此中国对翻译技巧研究得较多，对抽象理论研究得较少。对直译与意译进行讨论和区分后，还需要对翻译中出现的具体作品和文句的译法进行深入研究。

第四节　翻译发生机制

前文对翻译定义的界定，指出翻译其实是把一种语言表达的意义用另一种语言传达出来，通过这种转换实现思想情感的沟通、文化知识的传播，推进社会文明进步，尤其是能够促进译语文化的持续长久发展。在翻译实践活动中会遇到这样那样的问题，但解决所有问题的核心还是要克服语言上的障碍，改变语言交际的形式，最终达到意思交流、情感交流。所以，翻译归根到底是使译文读者能收到原作者所要表达的思想，得到与原文读者大致相同的感受。在翻译实践中，面对英汉翻译，翻译者的英语水平、汉语水平、知识水平、专业技能及综合素养、工作能力都直接关系着翻译质量如何。

一、语言方面

翻译是在两种语言之间进行的实践转换活动。因此，翻译人员要想从事翻译工作，必须具备通晓两种语言的能力，翻译人员的外语水平如何，直接决定着翻译质量。具体来说，在英汉翻译中，如果翻译人员自身英语水平比较低，对英语理解能力差，那么就不能正确理解原文信息，即使了解，也只是表面的含义，对其深层次的内涵不能理解，这就容易造成因为翻译人员的理解错误而导致的对原文翻译的错误，这也成为翻译人员常犯的低级错误，甚至还可能出现因为理解错误而导致的错译，这也是翻译中最常见的错误。

【例】It seems to me what is sauce for the goose is sauce for the gander.

【译 1】我觉得煮鹅用什么酱油，煮公鹅也要用什么酱油。

【译 2】我认为应该一视同仁。

表面看，【译 1】与原文形式一致，句子长度相似，似乎更接近原文意思。出现这种翻译的主要原因就是翻译人员对原文没有真正理解，只是按照表面意思进行转述，这样的翻译会让读者难以理解，不明白此句的含义。【译 2】的转述就简单明了，读者看到后就知道所指的含义。所以通过这个例子，能够发现两句翻译的区别主要在于翻译人员的英语基础薄弱、英语知识储备不足。翻译人员要想避免出现这样的低级错误，一方面要花大力气弥补英语基础的薄弱环节，从扩大词汇量、巩固已学的语法知识、多记一些特殊句型等基本功做起，增加基础知识储备；另一方面要弄清翻译过程中“理解”的概念，明白“理解”所含的重要性。翻译与阅读是不一样的，阅读主要依据的是读者个人能力，因个人主观因素，对阅读内容理解得有深有浅，即使有误解，也是个人自身的原因，与外在因素无关，不会因为自己的理解有误而对别人的理解有影响。但是翻译不同，翻译人员的理解水平，直接关系到翻译出来的内容的表达效果，进而影响到读者对此文的理解水平，即读者是否理解正确，是否理解有偏颇。一旦翻译人员出现失误，出现错误理解，不只是对一个个体造成影响，所以，对于翻译人员来说，理解原文、读懂原文至关重要。

二、文化方面

翻译不只是两种语言之间的转换活动，还包括各种非语言因素，尤其是两种语言背后所代表的文化因素。总的来看，语言和文化是一个互为依存、密不可分的整体。不管哪一种语言，都不能脱离文化单独存在，哪种形式的语言都是一定文化活动的反映，这种文化一方面体现着本民族的自然环境、历史渊源、风土人情、传统习惯，另一方面还体现着本民族的宗教信仰、文化心态、思维方式和价值观念等。语言和文化二者相互作用、相互影响，理解语言必须要了解文化，理解文化又必须要了解语言。所以，翻译人员在从事英汉互译时就需要对比两种语言背后代表的两种文化之间的差异和相同之处，处理好翻译与文化背景之间的关系。

【例】John can be relied on. He eats no fish and plays the game.

【译 1】汤姆靠得住，他不吃鱼而且玩游戏。

【译 2】汤姆为人可靠，他既忠诚又正直。

上述英语例句中，并不存在特别难理解的生词，从字面意思上看，【译 1】似乎符合原文句意，但进一步看，【译 1】并没有揭示出原文背后的文化内涵。在英国历史上，曾经有着激烈的宗教斗争，旧教规定只有在斋日（星期五）才能吃鱼，新教推翻了旧教政府后，新教徒严禁斋日吃鱼，只有这样才能表示对新教忠诚，所以，在理解这一文化背景后，就不会把 to eat no fish 翻译成“不吃鱼”，而应翻译成“忠诚”。to play the game 只是一个用语习惯，to play fair 意为“举止光明正大，为人正直”。从这个层面上看，【译 2】才是准确的翻译。

因此，文化传达是需要通过语言来实现的，而语言又包含着本民族的文化色彩。翻译人员在翻译实践中需尽可能减少因文化知识欠缺而造成的翻译理解偏差，为避免这一现象发生，需要翻译人员平时尽可能地扩大阅读量，理解外国文化，既要了解不同国家的文化习俗，又要了解本国的风土人情，只有充分提高自身专业素养和综合知识，翻译人员才能在翻译时灵活应对，积极应变。不管是西方国家还是中国，日常生活中都会有一些俗语、成语、谚语、俚语，这些语言都是不同民族、不同文化背景下的人们在长期社会实践中提炼出来的语言精华。它们短小精悍、言简意赅、富有浓郁的民族文化特色，在翻译中如果能够自如运用，就会对翻译增添不少效果。

三、语境方面

英语中经常存在一词多义、一词多类的现象，这个时候翻译人员如果不能对这种一词多义和一词多类的现象进行准确把握，就会造成翻译误差，甚至是错误的理解。在翻译中，处理和选择一词多义、一词多类的办法就是要根据原文语境进行准确分析、真正理解原文。语境分析，实际上就是根据上下文的关系、上下文的语言环境，结合上下文的思想表达、情感流露，来准确确定词、短语、句子的意义，对整句话、整个段落进行一个基本基调的确定。从语言学角度来看，语言之间是互相联系的，不是彼此孤立存在着，如果单从一个词、一个短语、一个句子切入，并不能完全掌握意思表达，往往获得的只是表面上的理解，因此只有在真正的语言环境中去考虑、去思考、去讨论，根据上下文才能判断相应的意义。

人类在交流过程中，尤其是在两种不同语言的交流互动中，只有通过语言这座桥梁，由通晓不同语言的人对原文进行另一种语言表达，才能实现两者的思想交流、意见交换，没有翻译，很多语言交流都很难实现。

四、转喻翻译方面

上文已经对翻译在语言交流中的重要地位进行了阐述，翻译人员在对翻译方式、翻译技巧进行认真研究，并积极探讨其认知机制的发生作用，综合考量后，翻译人员的翻译技巧和翻译方法、翻译能力必然能得到显著的提高，进而打破在跨文化传播过程中所遇到的语言障碍与国界障碍，有利地推动真正意义上的文化全球化目标的实现。转喻翻译是翻译的一种重要方式，在涉及目的语与源语之间存在着一定的认知对应关系，两者通过某种方式能够实现相互转指，这种情况下，就需要对其内涵、模式与翻译措施进行充分研究，掌握此类翻译中的核心要素，进而达到预期的翻译效果。

（一）翻译转喻的内涵

在进行语言翻译的过程中，有多种翻译方法可以选用，如省译、增译、替换等多种方式，其中替换方式是翻译人员经常使用的翻译技巧。因为各个地区的人们在表达习惯方面有着或多或少的差异，当一种语言能够使用总结性的方式来表达相应意义时，另一种语言则需要借助某些具体的词语来对这种意义进行阐述，从这个过程看，总结义向具体义的转变就是语言翻译的一种表现形式，这种形式也叫转喻。从认知语言学的角度讨论，转喻有整体转和部分转两种，整体转指的是部分转喻类型，而部分转指的是在具象义中使用的转喻。一般来说，整体与部分之间的相互转指就是目的语和原始语对象之间的转喻，当然目的语和原始语对象之间的转喻也可看成是部分与部分的转指。深入来看，不管是哪种关系的转指，其实都是目的语与原始语在形式上的一种转换体现，这也是目的语与原始语认知机制的关键。转喻翻译是以认知语言学为指导、以语义为中心，对语言进行独立论证的，独立论证不等于特别设立解释，对语言本质进行解释。认知语言学认为，人是通过体验的方式来实现对客观世界的了解、感知的，思维方式、智力的发展与成熟必须通过身体经验来实现，语言结构受客观经验结构的影响和作用，因此在研究语言结构时，还需要对人的身体经验和心智活动两个方面进行研究、分析。实际上，我国最早关于身体经验的研究是对汉字字形的研究，汉字字形属于象形文字，这种字形是人们在长期观察事物的基础上形成的，是人们根据身体经验获得的认识和经验，另外，人的生理结构和环境因素直接影响着经验结构的形成，对经验结构起着关键作用。在人们体验性认知形成的基础上，人们实现了对不同语言的互相翻译，转喻并不单单是对单纯语言符号的转换，还会从多方面的认知角度对人们的心理特点进行了解，因此，翻译人员可以在转喻心理运作机制的指导下，有针对性地选择相应的翻译方法，进而提高翻译准确度，实现翻译交际目标。

（二）转喻的主要模式

随着翻译理论研究的不断深入，翻译理论开始与生态学充分结合，在这种情况的影响下，转喻机制不断有新的形式和特点，翻译理论与生态学之间存在着密切联系。翻译人员在面对翻译时，应该结合生态特点把自己放置其中，进而选取相应的翻译活动，尤其是在面对原始语、翻译语和原文构建的情况下，更需要从语言、文化与交际等多角度出发，构建转喻新模式。

从转喻类型方面看，语言转换形式可体现为整体转部分和部分转整体两种，整体指的就是一个完整的概念，如把人、事物当做一个整体；部分指的就是一个局部概念，如构成人、事物这个整体的各个组成部分。具体来说，两种形式的工作机制为，首先，整体转部分，有着明显的变体形式多样的特点，这部分形式转换又有矩阵域代次域和上位范畴代下位两种，矩阵域代次域指的就是静态语言与动态语言的转喻，而上位范畴代下位指的是前后主语进行换位；其次，部分转整体，在部分英语文献中关于中国特殊名词的表述，仅适用该名词中的某个部分，来代指整个名词，比如对长江、黄河的翻译，英语中多采用长江、黄河中的一个支流来代指长江、黄河整体，这就是典型的部分代整体。

（三）转喻模式

转喻模式是转喻研究的主要方面，本文主要从语言维度、文化维度、交际维度三个方面进行讨论。

1. 语言维度

转喻模式首先体现在语言维度上，语言维度主要是指翻译人员在翻译过程中，能够自主地根据语言形式的适应性进行灵活转换，从多个层次和多个方面对基础模式进行搭建，进而实现源语与目的语之间的动态平衡，因此语言维度是转喻研究的重点。当两者不能实现平衡时，就需要翻译人员根据情况在翻译语系统中创建一个新型环境，如电影《老炮儿》在进行字幕翻译时，出现的“Lampshade smashed a light”，解释为“灯罩砸灯罩”，结合电影场景，在这句话中的“Lampshade”代表的是六爷的结拜兄弟“灯罩”，再联系这个人物性格较为软弱的特点，出现该词时相对应地出现了与其他人撕扯并打碎车灯的场景，因此在对该电影进行翻译时，首先要尽可能保留原本的句子结构和语言风格，另外还要保留原本语言用词的风格，在两种语言之间灵活转换。

2. 文化维度

文化维度强调的是翻译人员在翻译过程中要重视两种语言文化的传承与解释。不管是哪种文化，必定存在着一定的差异性，差异性是文化存在的本质属性，因此作为两种语言的转换，对文化维度的考虑缺一不可。翻译人员只有通过文化维度了解源语背后的文化背景与产生原因，才能充分理解原文意思。翻译人员面对具有鲜明人物特点、情感色彩凸显的情况，保留原文的文化内涵，尤其是原文的语言文化色彩，有利于提高翻译效果，便于读者更能真实地还原、理解原文表达。在翻译时注重文化维度，也是对翻译人员基本翻译技能的要求。

3. 交际维度

交际维度要求翻译人员在翻译中要足够重视两种语言交际意图的适应性，翻译人员一方面要充分考虑语言信息、文化内涵等因素，另一方面要根据翻译转喻构建与原文相同的转换，即两种语言转换背后的语言交际，这种交际即是一种文化差异，也是一种文化交流，是人的交际因素在起作用。

（四）转喻翻译措施

人类通过身体经验不断对客观世界进行深入认知，为各民族整体认知能力的提升奠定了基础，正是因为人们处在同一个客观世界里，面临的自然环境有着基本的一致性，这种一致性促使了人们对客观世界的认知能达到相当程度的一致性，有着不少共性，因此在这种共性的基础上，即使语言不通，但依然还是能够互相翻译，在这种情况下，翻译的重点已经不再是单纯的语言形式，而是读者对译文的反应。对转喻翻译措施的探究，是翻译理论发展的体现，下面将从认知语言学的角度下，对转喻翻译措施进行相关论述。

1. 对等激活

在语言学领域，语言是人类的认知与客观世界相结合的产物。由于人们都同在一个地球，同在一个相似的自然环境里，所以人们对客观世界的认知与人的生理基础是基本相似的，虽然不同民族的文化背景各不相同，但对客观世界的身体经验是一致的，因此在语言中是存在着转喻对等激活的基础的。在翻译过程中，翻译人员采用对等激活的方式能够促使读者在看到译文后有如同看到原文的感受，这种对等激活的方式可以使原文中激活与被激活间的关系基本相同，这种关系能够基本不变地转移到译文中去，这种情况下，原文与目的语关于转喻认知的构成还能保持不变，这也可以帮助原文以外地区的人们感受到与原文读者一样的阅读体验。

2. 附加激活

附加激活指的是，有时候在翻译过程中，翻译人员为了保留原文的民族色彩，又要方便译文读者理解而采取的附加激活的办法，以实现对原文中部分转喻语所蕴含的特定文化信息进行充分、有效的转达。如果翻译人员在翻译过程中要通过人或事物的显著特征进行转喻激活，作为翻译人员，一方面要保持原文中语言形象一致，另一方面要保证译文读者能够真正了解译文含义，所以需要增加相关表述来实现这一翻译目的，达到预期翻译效果。

3. 对等激活加注

在语言表述中，有些词语带有明显的历史文化特色，造成翻译时转喻认知模式下的对等激活不能实现对原文特定信息进行有效传输，这种情况下，倘若实现完全呈现转喻联想意义的目标，在译文中是不能够用简短言语进行叙述的，尤其是在对诗歌进行翻译时，译文会受到多种因素的影响，如诗歌里的段落行数、字数、节奏韵律等，这种情况下，在翻译时很难再加入一些解释性的词语。因此，只能通过采用对等激活加注的方式弥补这种不足，这种方式不但可有效保存原文形象不受破坏，还有利于文化传承和传播，拓宽译文读者的视野。

4. 激活归化

我们知道心理经验对翻译有着重要影响，因此转喻模式的形成与心理经验有着各种联系。在不同的语言认知体系中，由于心理经验的差异，导致了人们认知的差异。从语言学研究角度来看，人类自身经验主要依赖于人与自然、人与人之间的相互作用。不同民族受历史传统、社会环境、宗教信仰等多种因素的共同作用，再加上不同人群之间相互作用、互相吸取经验的影响，人们的认知形式、认知能力一定表现出差异化，差异化又会通过语言表达反映出来。所以说，再回过头来看转喻，作为翻译的一种方式，其表达受翻译人员的语言文化、经验积累程度的影响。所以在翻译时，翻译人员为了能够充分获得原文表述的内涵，实现译文读者与原文读者获取同等体验的目的，就会选择在个人认知域范围内对目的语的激活模式进行规划，主要方法就是采用与目的语文化特点相同的认知域，对原文中的内涵转喻意义进行重述。

语言表达受民族心理、思维文化等因素的影响，不同地区的人们在心理与文化个性化的影响下，思维特点、思维风格等都有着明显的不同，并形成了不同的语言心理倾向。不管任何一种语言，都体现着所在语言的民族思维特点，英语有英语的思维特点，汉语有汉语的思维特点。这种思维特点的差异性表现在，一方面以汉语为母语的民族形成了采用具象词语表达抽象概念的用语习惯，而以英语为主的民族则形成了采用抽象词语表述理性概念的用语习惯。所以，在认知领域对目的语中的激活方式进行归化处理，能够保证原文转喻内涵在目的语译文中充分体现，这样就实现了两个目标，即既能实现原文转喻表达，又能实现译文文化特征体现，促使译文读者与原文读者获取基本一致的体验感受。

五、英译汉

英译汉是用汉语把英语所要表达的思想准确而完整地重新表达出来的语言活动。从这个定义中可以看出，英译汉的过程其实就是既要正确理解英语原文，又要创造性地用汉语再现英语原文的过程。在这个过程中，翻译人员应有足够的认识，一方面在英译汉中，汉语表达的不只是简单的英语原文的句子结构，其侧重点是英语原文的内容，也就是英语原文中出现的句子意义、段落意义和文章意义；另一方面在翻译过程中，要把英语原文的内容准确而完整地重新表达出来，不是把英语与汉语两种语言结构进行简单的转换。

英译汉的过程同样包括三个阶段，即首先是理解，其次是分析句子架构表达，最后是校核。三个阶段的关系具体是，理解是表达的前提，如果翻译人员对原文不能做到正确的理解，就不可能实现正确的表达，理解与表达之间是互相联系、互相促进的，只有理解了，才能表达好，反之，只有表达好，才能便于理解。所以，在用汉语表达英语时，能帮助译者、读者更好地理解原文。英译汉的过程其实也是个不断往复的过程，这种过程就是从英语到汉语，再从汉语到英语的一个不断反复的推敲过程。

（一）理解

理解这一阶段的目的就是要读懂英文原文，搞明白原文所要表达的意思。实现理解离不开三步。首先，翻译人员要通读全文。通读全文的意义在于从整体上对整篇文章内容有充分的把握，对原文中出现的画线部分、原文上下文之间、原文各部分之间的语法与逻辑关系做到心中有数。在英语原文中，逻辑关系明显，结构清晰，上下文之间互联性比较强，将某个词或某个句子放入上下文的语境中就能明白其含义，尤其是对画线部分语句意义的理解，也需要回到上下文解析，所以通读全文是理解的第一步。其次，要分析句子结构。作为英语学习者，对语法知识的学习往往是强项，在对某句话进行理解时，就可以充分发挥优势，快速找到该句中的主语、谓语和宾语，理清句子的骨干结构，明确主句与从句之间的关系，能准确找到句子中的省略成分，所以分析句子结构是理解阶段的关键部分。最后，理解句子含义。在对原文句子进行理解时，既要考虑句子本身，又要充分结合具体的语言环境，涉及的具体语言环境包括：第一，该句中有没有代词或者具有指代意义的词，如果有，就需要结合上下文明确代词或者指代意义的词具体所指；第二，对句子中出现的具有多种含义的短语、常规词，要结合语境明确其在该句中的具体含义；第三，根据自己的理解，反思该部分理解的意义与全文内容有没有保持一致，有没有存在相互矛盾的地方。总而言之，翻译人员在准备翻译前，需要先通读文章、读懂文章，不能拿到文章立即开始着手翻译。

（二）表达

表达是指翻译人员把对英语原文理解的内容用汉语表达出来，而表达如何是由翻译人员对英语原文的理解程度和翻译人员的汉语修养水平决定的。理解是表达的基础，表达是理解的结果，当然也要看到，理解正确并不能决定表达就正确，因为本身表达就存在着许多相应的方法和技巧。在英译汉中通常采用的是直译和意译两种方法。

1. 直译

所谓直译，就是在满足译文语言条件的情况下，对原文的翻译既保持原文的内容，又保持原文的形式。作为汉语和英语两种语言存在着不少共同之处，所以在对英语句子进行翻译时，只要条件许可，就可以采取直译的方法，这样既保持了原文的结构，又正确表达了原文的内容。当然直译不等于死译和硬译，直译的前提还是遵循原文内容意思。

2. 意译

虽然英语和汉语有许多共同之处，但两种语言还是归属于不同的语系，两种语言在词汇、句法结构和表达方法上还是存在不少差异。当原文的思想内容与译文的表达形式发生冲突时，如果采用直译就会造成错误时，就需要采用意译法，意译指的是不局限于原文的形式，关键是要做到正确表达原文的内容。但是意译并不等于乱译，不是随便地增加、减少，随意地按照翻译人员的理解进行翻译，意译是有一定保准的，依然要忠实于原文。在具体的翻译过程中，翻译人员需要灵活采取翻译方法，最后不管采取哪种方法，标准和原则都是不变的，即坚持“忠实、通顺”的翻译原则。在翻译中，翻译人员应该先理解透彻之后再动手表达，在动手表达过程中不能生硬地把汉语和英语按对号入座逐字逐句翻译，并且不能自作主张胡乱增减词义，造成译文与原文意义出现矛盾。这里说的随意增减意义不同于翻译技巧中使用的增词法与减词法。

（三）校核

校核阶段是理解与表达的深入阶段。经历理解与表达两个阶段后，翻译人员紧接着对原文内容进一步核实，并且对译文语言进一步推敲，以保证翻译无误，确保翻译质量。可见，校核是翻译过程中一个很重要的阶段，是必不可少的一个阶段。通过校核，及时发现问题，核实理解是否准确，翻译人员应着重对原文中出现的人名、地名、日期、方位和数字进行认真核对，还要核实汉语译文的词与句有无错漏，以及对译文中表达不够准确的字、词、句进行修改，另外还要仔细检查汉语中有无错别字，以及标点符号是否使用正确。

通过对英语翻译三个阶段的讨论，可以看出英语翻译过程就是从源语文化到译者，再从译者到译语文化的过程，在此过程中受文化背景因素、翻译需求因素和翻译交际效率因素的共同影响，需要对翻译策略进行适时调整和修正。

六、影响英语翻译策略的因素分析

在翻译过程中，相互关联的三个环节依次是源语文化、译者和译语文化，三个环节各自承担的角色和作用虽不相同，但三者之间互相影响，互相作用。分析英语翻译策略，就需要从这三个方面进行深入研究，对三者关系的建立进行合理化处理，以确保制定的英语翻译策略具有有效性、科学性和合理性。

（一）翻译文本的种类

英语翻译策略的选择和制定离不开对翻译文本种类的考虑，翻译材料种类不同，其翻译需求也是不一样的，那么其翻译策略相应也会有差异，如当翻译文本信息量比较大，文本所含情感色彩较重，人际交往意境强烈，需要具备一定审美需求时，一般选择归化的翻译策略；当翻译文本表达性语言多，审美需求程度高，对表达形式和表达内容都有要求时，比较适合选择异化的翻译策略；当文本材料以信息功能为主时，就可以弱化文化因素。

（二）不同文化的地位

翻译人员在进行翻译时，必然受到源语文化和译语文化的共同影响，两种语言文化影响大小主要是根据两种语言文化各自所占比重，也就是源语文化与译语文化之间相对位置的比较，即，当译语文化所占比重大于源语文化时，此时翻译人员倾向于选择用更多的译语文化融入文章中，以引导读者有效获取信息，这种翻译策略就是归化；当源语文化所占比重大于译语文化时，此时翻译人员倾向于保留源语文化因素，进而选择异化的英语翻译策略。例如，翻译家庞德在对中国古典诗歌进行翻译时，就倾向于用中国素材对英语诗歌进行翻译，这种翻译取得了比较好的效果，被人们称为英语文化传统的创作。再比如，在翻译英语国家的哲学或者文艺材料，遇到许多难懂的词汇时，可以选择异化的翻译策略。

（三）不同的接受主体

接受主体其实就是英语翻译的被服务者，不同的接受主体，即使面对同样的翻译文本，也会出现不同的阅读效果，有着不同的感受。因此，在翻译过程中，翻译人员会针对不同的接受群体选择不同的翻译策略，以保证翻译能够满足其需求。不同的接受主体就是不同的个体，有着不同的个性特点和心理需求，作为翻译人员，在翻译时要充分考虑不同的接受主体的特点，对应采取不同的翻译策略。

第五章 认知语言学视域下的翻译观

在认知语言学领域，认为语言是人类开展智能活动的基础，语言和认知密切相关，相互影响。认知决定语言，先于语言出现；语言是认知的媒介，能够促进认知发展，提高认知发展进度，帮助人类认识客观世界，实现人际交往，能够联系到周边环境，实现共享信息、思想碰撞和总结经验，进而实现个体之间的发展。在认知语言学领域，认为语言不全是形式，关于语言的共性并不都能用描述、转换、生成等进行解释。认知语言学以体验哲学为基础，因此在认知语言学指导下的翻译观与传统的翻译观有着显著不同，传统翻译观有前文提到的以文本为中心的传统翻译观、基于传统语言学的翻译观，相比较之下，认知语言学翻译观突出强调了主体的认知活动在翻译中的表现。总的来说，认知语言学翻译观认为，翻译过程就是以实现、体现为目标，认知主体主动参与的多重互动作用，译者也会在读者充分理解源语内容所表达的各类意义的前提下，尽可能把原文中的内容和各类意义体现在目的语中，翻译人员所作的译文，重点是翻译人员自己对客观世界和认知世界理解的一种描述。

通过对认知语言学翻译观的界定，能够看出认知语言学翻译观一方面强调翻译过程中认知活动的决定作用，把译者看成是体验和认知的产物，另一方面又认为译者作为认知主体之一应受到其他参与翻译活动的认知主体间互动的制约。认知语言学翻译观认为，虽然翻译人员作为主体，但不能对翻译进行随意发挥、随意创造，而应该在这一过程中努力追求一种动态平衡。可见，认知语言学翻译观出现后，为翻译研究提供了一种全新的领域和视角，有利于翻译理论的完善和教学实践的改革发展。从认知语言学翻译观角度看，翻译教学的目标是培养译者，要积极关注译者认知活动的过程，重视译者主体的体验和创造性。因此，在认知语言学翻译观的影响下，对照当前的翻译教学，及时发现问题，充分运用相关理论，对进一步明确翻译教学目标、选择翻译教材、构建翻译教学模式具有参考性意见。

第一节 传统语义观与翻译

语义学伴随人类社会发展的整个过程，追溯语言学发端，要从古希腊哲学家苏格拉底开始（前 469—前 399）。根据语言学研究范围的变化，语言学在长久的发展历史中分为两个阶段，第一阶段是传统语义学，这一时期的语义学研究范围为词义及其演变的研究。这一时期关于语义学的观点有，认为词与烽火、路标、军号等一样，都是一种符号，词是被人们用来指称客观世界的不同事物的符号代表，抑或是用来给客观世界里的不同事物起名。对传统语义学理论不能深入研究，比如 a book 可以指称一本书，但 run 之类的动词可以指称什么，beautiful 之类的形容词又可以指称什么。并且这一“指称”观点在翻译实际中也会有各种各样的反映，有些译文局限于词典中的具体义项，就会造成译文生硬难懂、不顺畅，读者往往对译文不知何意。传统语义观对翻译的影响主要体现在以下几个方面：

一、指称论对翻译理论的影响

传统语义观中的指称论是建立在客观主义理论基础上形成的语义观，强调语言符号与客观世界中事物之间的对应指称关系。坚持这一论点的包括古希腊的柏拉图、亚里士多德，近代的密尔，当代的维特根斯等。在早期研究中，都认为语言符号与其代表的事物之间是一种直接的指称关系，这种观点主要是建立在客观经验论的基础上，与其直接对应的有关意义的翻译方法就是“直指法”。直指法是翻译中最早使用的方法，也是最原始、最基本的翻译方法，人从幼儿开始，对世界的认知便是从指称开始的，直至成年，人们对事物的认识采取的最直接的方法还是通过指称，汉语中常说的“百闻不如一见”，也证明了不管语言如何表达，“看”才是最真实的见证。比如在对某一事物进行描述时，当读者凭借文字不能理解时，最直接、简单的办法就是直接将描述的事物指给对方看。指称论的运用，避免了很多语言上的表达。当然指称论存在不少问题，比如对某一事物的描述，并不能通过指称具体事物来指代整个事物，另外很多语言符号在现实生活中并不能找到原型，而且在某个特定的情境之中，并不能通过一个或一系列语境找到准确的指称，而且因为各个国家的人们生活习惯的差异，社会制度和文化观念的差异，如果指称论语义观作为翻译的方法选择，并不能实现有意义的翻译，翻译也不能完成，同时指称论不能对不可译的现象进行有效解释。总之，指称论对翻译有着一定的促进作用，其中的基本观点对语言翻译研究具有一定的启示作用。正是由于人们在认识上存在这种指称关系，人类共有思维才得以初步形成，当然语言本就可以用来描写世界、指称事物，这才是不同语言之间具有可译性的直接原因。指称论的语义观，其弊端也是显而易见的，主要表现在这一观点不能解释不同语言之间存在不可译现象的原因，其最大的问题是忽视了作为创造语言和运用语言的人这个主体在认知上存在一定差异。

二、观念论对翻译理论的影响

观念论的基本观点是强调客观外物是通过系统意义（sense）或观念（concept）与语言符号建立联系的。观念论的语义观对事物的抽象观念进行了一定涉及，但这一观点所反映的哲学观是客观主义和经验主义。观念论认为观念是外界所指物的镜像反映，这一观点没有认识到人类在认识世界过程中的创造性、想象力和差异性。观念论的语义观对翻译有着一定的影响，表现在该观点认为不同的语言社团在相同的客观世界里会形成不同的系统意义或观念结构，因此在翻译过程中要充分关注对语言系统意义的理解。

观念论是在对指称论的批判基础上继承发展而来的。19 世纪末，德国数理逻辑学家弗雷格明确提出了在符号和所指之间存在“sense”这一心理层面，并且对“sense ”（系统意义）和“reference”（外指意义）之间的差异进行了阐述，在此基础上提出了著名的语义三角理论。观念论侧重的是人们对客观事物的认识和了解是通过系统意义、外指意义这两个意义才与语言符号建立联系的。从某种程度上看，观念论和指称论 一样， 具有客观主义语义观的倾向，只涉及对外界事物的镜像反映，观念论与指称论一样都存在着这种问题，即忽视了人的主观因素、想象力、创造力等因素的存在。当然观念论对翻译还是有着一定的进步意义的，从反面告知人们因为同样的客观外界在不同的语言社团之中可能会存在不同的系统意义和观念结构，所以人们在翻译过程中应把握好对语言系统意义的理解。

三、真值论对翻译理论的影响

真值论分为真值对应论和真值条件论两种。真值对应论成立的前提是，“一 个句子的中心意义是其真值条件：知道作为陈述说出的句子的中心意义，即理解该陈述可能为真的条件”[29]。真值对应论认为存在一个客观外在世界，是独立于人的存在的，而语义是客观世界的内在表现，语义与其所指的客观领域有着紧密的对应关系。塔尔斯基和戴维森等哲学家根据真值对应论，又提出了真值条件论。真值条件论就是人们把语句命题与客观事实相符的看作真，不相符的就当作假，句子的真值条件决定着句子的真假，而句子的客观意义又是由该句成真或成假的相关条件决定的，当人们能够确定所描述话语得以成真或成假的条件时，那么就能完整理解该句的意义。

通过以上对传统语言学语义观的讨论，可以明显地知道，传统语言学所对应的翻译理论重点关注的是

[29]束定芳. 认知语义学. 上海：上海外语教育出版社，2008（03）：127.

原文作者的地位，注重的是原文作者的思想、表达形式，认为译者只能按照原作者的指示进行一切翻译，忽视了译者作为主体的能动性、创造性。

四、功用论、语境论对翻译理论的影响

国内外有很多学者在对翻译进行研究时介入了功能语言学的相关理论，比如我国学者黄国文、张美芳都曾试图运用功能语言学的基本观点来探讨翻译问题，并指出语言表达过程中背后的情景、语言表达所体现的功能等都应该作为翻译的基础，翻译的目的应该是翻译出原文语句中所包含的功能意义和语用意义。研究学者们明确了语境在理解原文语句和翻译译文方面的重要作用，提出当形式、意义和功能三者发生冲突时，应该坚持形式让位于意义，意义让位于功能，并把这种处理方式作为翻译过程中的一般原则。

学者张美芳和黄国文还明确指出，翻译研究中的语篇语言学方法是对传统语言学方法的继承和发展，在此基础上要重视语篇分析和语用意义，翻译研究对象不应该只限定在原文和译文两种语言范围内，研究范围应该扩大到语言体系以外的各种制约因素，像情景语境和文化语境都可成为考虑因素。功用论、语境论指出，翻译中的原文意义不是由语言结构本身决定的，是由整个语篇决定的，包括原文语句的交际功能和语境情况，翻译中传递的是原文的语言含义和语言使用（即交际）功能。

五、关系论对翻译理论的影响

关系论是以结构主义语言学派为基础形成的语义观。关系论指出，从语言内部的相互关系中可以得出意义，并不是如指称论者所言，从语言外部寻找指称对象。文本本就是一个独立的自由体，从文本的关键信息、部分环节或者上下结构衔接处，就能找到所蕴含的潜在意义，但是结构主义语言学的关系论对文本与作者、读者之间的联系进行了否定，片面地强调语言的“封闭性”和“静止性”。受关系论的影响，翻译工作会出现一定的偏差，在这种观点影响下就会认为只要研读作品本身就能做好翻译，完全不需要考虑原文作者、译文读者，以及其他有关信息。

第二节　其他语义观与翻译

结构主义语言学派盛行时期，关于语义观的研究是受阻的，结构主义语言学派否定语义研究价值，因此对翻译的研究也一度进入低潮。随着结构主义语言学派的衰败，对语义观的否定和打压也逐渐消失，随之进入现代语义学阶段。这一阶段不再受传统语义学单纯研究词义的限制，现代语义学对词义的研究是从多方面、多角度综合考虑的，涵盖了哲学、心理学、人类学等视角，正视了语义学作为语言学一个重要分支，同时也为语义学的研究开拓了一个新的领域。

现代语义学对词义的基本观点是，认为对词义的研究和讨论其实就是对概念意义（conceptual meaning）的研究和讨论。这里的概念可以是现实世界中的具体某个事物，也可以是客观世界中存在的无穷无尽的抽象东西，还可以是人们想象中的、非现实世界中的东西。以“develop”一词为例，对其概念意义的界定，需要从该词的词义理解，一般会把“develop”释义为“grow larger”“fuller or complete”，所以根据词释义，可以看出“develop”的概念意义就是指一个事物从无到有、从小到大的过程，还可以是某一事物从不完整到完整的过程。

概念意义就是我们经常说的词义，这里说的词义指的是概念意义，其实是狭义上对词义的理解，从广义上来看，词义除了有概念意义，还有内涵意义、风格意义、感情意义、反射意义、搭配意义，充分了解、熟悉一个词的各种意义，能够有效帮助人们理解语义，准确、全面表达语义。

【例】Now we have a kind of cascading brain.The best people from Paraquay go to Brazil.The best people from Brazil.The best people from Brazil go to America.

【译】现在我们的人才外流简直是势如瀑布……。

这里把“cascade”译为“瀑布”，表现上看似翻译出了该词，但是结合语境，把“cascade”译为“瀑布”只是表达了该词的概念意义，却没有揭示其内涵意义。这里我们仔细研究，“cascade”与“waterfall”有着一定的区别，并不是指垂直的、直接倒挂下来的瀑布，而是有着多种层次区分的瀑布，尤其在作为动词使用时，含有分级泻下的含义，结合这一层含义，对上述例句中的翻译应该进行完善和修正，可以翻译成“这里人才外流的势头犹如多级瀑布，勇猛急湍，分层而泻……”，这一形象生动的比喻指出了人才外流形势严峻，必须要引起重视。

现代语义学之所以是一个全新的学派，一方面该学派倡导的是用全新的思维方式对词义进行研究，进而深入挖掘词的内涵含义，另一方面该学派还坚持对词以外的其他单位意义进行深入研究，包括对短词、句子、话语等语义意义的研究。现代语义学具有一定的现实意义，指出要在言语使用过程中着重考察语义，侧重语境与语义之间的关系，这些新角度的介入，对实际翻译过程中面临的语义理解问题有着一定的指导意义。

除上述语义观对翻译研究有着不少的启示外，还有现象学、解释学、解构主义的语义观对翻译研究也很有启发。这些年国内学者对这些语义观有不少研究和关注，国内学者的研究和讨论还是建立在西方学者研究理论的基础上进行的。

一、现象学语义观及对翻译的影响

语言交际过程实际上就是“作者－创造出作品文本－传递给读者阅读”的过程，这是最简单的语言交际过程（主要是书面语交际），哲学发展历程中的经验论/客观主义、唯理论/结构主义、解释派哲学（现象学、解释学、解构主义）三种主要观点也是对语言交际过程不同环节的反映。西方哲学在发展过程中，既有重客观感知的经验论，也有重视人类理解和解释的解释派哲学，不管哪种观点，对语言交际过程的三个环节都会有不同的理解，并形成不同的翻译观。

现象学的重点是在“作者”身上，这种语义观是建立在经验论的基础上的，过分强调经验的作用，认为经验是人的一切知识或观念的唯一来源，只有通过经验才能构成人对事物的认知和经验，坚持要以客观主义哲学观为基本原则。所以，现象学的语义观只看到作者，只重视作者的地位，认为语言表达必须要做到十分精确的表征功能和再现客观世界的功能，认为人们只需要通过语言表达就能够认识、了解整个世界。这种观点对翻译的影响就是，认为翻译就是作者的自述，作者要以追求语言表述与客观世界之间的一致性和精确性为唯一目标，语言被看做是镜像般地反映世界的工具。

现象学的这种观点与前文中提到的语义观中的指称观、真值论等客观主义语义观的观点具有相似性，坚定地认为词语就是用来指称客观事物的、语句就是反映现实世界的。这种观点折射到翻译研究中，就表现为翻译的前提是服从原作者，以原作者为主导，翻译人员必须以原作者的意图为准，完全以原作者为中心，翻译人员在翻译过程中只是相当于一个传声筒、一个转述者，不能加入自己的理解，翻译人员必须要忠实于原作者，翻译的目的就是充当一个反光镜的角色，译文要与原文形式、内容保持一致，翻译的译文要与作者的原义形成镜像关系。所以在这种观点影响下，翻译人员往往只能采取直译法。

随着西方哲学的发展，尤其是认识论的出现和兴起，理性思维被认为是认识的唯一来源，以早期的笛卡儿为代表，一句“我思故我在”，标志着研究方向开始向人类的思维活动迈进，先后有先验论、二元论、天赋论等观点的提出，这些观点为结构主义的出现和发展奠定了基础。正是在结构主义理论的影响下，学者们对语言研究有了新的研究方向，即认为一切语言研究都应该是一种纯理性行为，语言研究不存在人的因素和社会文化因素的影响，语言与人的因素和社会文化因素是隔离的。在这种观点影响下，语言研究转入内部研究，即对语言系统、语言结构、语言内部规律开展研究。因此，作为语言的意义，当然也是由语言内部规律所决定的，因为语言内部规律具有固定性和稳定性，所以语言的意义也是固定的、稳定的，这样语言就是一个有着自己规律的、稳定的封闭系统。在这种思想影响下，对翻译的影响体现在，把对翻译的研究重点转向了文本自身，认为文本就是一个独立的自足体；认为翻译人员在翻译前只需要对文本进行认真、全面解读；努力挖掘文本语言内部所体现的语言意义，以及语言内部所包含的潜在意义；关注文本自身，关注文本内部意义，并且对文本自身和文本意义的解读是有一定规律可查询的，这样的话，就能够实现理解文本的目的，把对翻译的研究从以作者为中心转到以文本为中心。

现象学研究的重点是对人的抽象的、纯粹的、先验的意识的研究，认为意义是意识的意向性活动的产物。当然，这里所说的现象与日常生活中说的现象不是一个概念，这里的现象指的是一种对象、被知觉对象在意识和知觉过程中构造自身所呈现的意识现象。现象学认为意向性是人的基本特征，意向性是主体与客体之间连接的桥梁和中介。对意向性的分析和建构最终体现的是从内在根源探讨人的认识意义，所以关于意义的研究如果只停留在表达层面是不可能实现的，必须要深入到人的意识层面，揭示意义生成的内在机制。通常所说的各种符号，自身是没有意义可言的，符号只有通过意向性行为才能获得意义，当现实对象被还原为意识对象，作为人们的知觉物——形式符号，通过意向作用的激活而被赋予意义。在现象学的观点里，认为因为人的个体性差异，所以人知觉出的形式符号是不一样的，也就意味着每个人所知觉的世界是不一样的，这也体现了现象学对意识行为的重视，强调人的意识行为具有个性、差异性和不规律性的特点，从这个角度出发，对应的意义是具有不确定性的。

二、结构主义语言学语义观及对翻译的影响

结构主义者重点关注语言内部各种系统意义之间的关系，只研究文本内部。当然文本内部结构本身就是一个复杂的整体，内部结构包括各个方面，涉及各类语义场的分析与应用，还有各个层面、各种表达意义和修辞意义等。具体来说，有语音层面上的头韵、半韵、和韵、尾韵等各种押韵，还有词汇层面上的双关、隐喻、呼应、文体、用词的对应等，以及句法层面上的结构平行、语法意义、语法隐语等，最后还有篇章层面上的文风、结构、体裁、表述方式等。所以结构主义语言学理论下的语义观内容丰富，涵盖部分多样，对翻译研究有着很多的指导作用，但缺点和不足也是十分明显的，包括不注重内容分析、单一地研究语言，尤其是否认文本与作者、社会、读者之间的关系，所以对结构主义语言学派相关理论要全面地进行分析，用辩证的眼光来看待。

（一）替代论对翻译理论的影响

替代论的主要观点是：在保持语句原义不变的情况下，如果能用语言单位 A 来替代原句中的语言单位 B，那么 A 就可以视为 B 的意义。这种观点认为翻译是用一种文字来代替另一种文字。替代论实际上是从语义同义的角度来讨论原文意义，因为一词多义情况的存在，如果单单根据词语意义，不考虑具体语境情况就进行替代，容易出现互相替代的词义有不同的情况，甚至会出现替换之后，词义完全相反。

【例 1】我们打败了日本队。

【例 2】我们打赢了日本队。

在汉语中，这两句话是同义句，能够互相替换，但是“败”与“赢”在字面意义上是相对的一组词，如果在其他语境里，这样简单地采用替换是不行的，含义上会有一定的错位，只有与特定的词组合，在特定的语境情况下，才可以直接进行替换，这就要求翻译人员在考虑替换方法时，首先要考虑是否满足条件。

（二）关系论对翻译理论的影响

结构主义语言学家把语言研究重点转向了对语言文本的研究，从这一角度，把语言文本作为语言研究领域唯一的研究对象。在这一理论影响下，学者们把对语言内部结构的研究，尤其是文本内部结构作为所有研究的重点，忽视了语言形式和客观外界、思维规律的关系。在这个基础上形成的翻译观，认为翻译只需关注文本自身，对文本意义的理解只需要从内部关系中获得。在这一时期的关系论语义观的影响下，翻译理论界的学者们将重心由原文作者转向文本上，关注文本意义的表达与分析，对于翻译来说是一种实质上的进步，但这种进步离真正实现翻译的本质还是有很大的差距，这种只关注文本，而忽视语言其他相关因素影响的行为是片面的。在这种理论影响下，翻译人员将重点都投在文本自身，导致翻译缺乏个性，这也成为后结构主义学者所批判的主要方向。

三、解构主义语义观及对翻译的影响

上文指出，当哲学发展到以唯理论和结构主义哲学观为指导时，对应的翻译观转向以文本为中心。在这种观点影响下，翻译的重点转向文本内部结构，即通过研究文本内部结构来获取文本意义，通过等值或等效的翻译方法，用另一种文字来表达原文意义。在此基础上，通过文本结构确定文本意义时，翻译人员的工作重点就是将已经理解的、确定的意义完全再现出来，这种翻译方法也就是所谓的“忠实原文论”“等值论 ”“等效论 ”。在这种翻译观的影响下，翻译主导思想就是翻译内容与原文思想必须保持一致，并且翻译风格也要与原文风格保持一致，翻译后的作品要与原文在形式上保持一致，译文读者要像读原文一样读译文。

解构主义是在批判和继承结构主义的基础上建立起来的，一方面对传统唯理论哲学进行批判，反对结构主义以文本为中心理论，对占据学术主导地位的相关理论进行反击；另一方面主张在对文本的理解中要打散结构、解构系统，消解结构主义的二元对立模式，充分肯定结构中的各个组成要素，主张结构内部要素与外部要素充分结合，以此对文本意义进行重新解构。解构主义同时提出符号的意义，指出符号的意义具有差异性，符号与语境有着密切的联系，即不同的语境下符号意义各不相同，解构主义对符号意义的理解直接反对了结构主义提出的“封闭论”和“静态论”。另外，解构主义对社会科学的研究认为，自然科学与社会科学属于两种不同的科学研究领域，不能用一种研究方式来研究两种不同的学科；对结构主义提出的形式主义进行了批判，认为文本具有不稳定性，文本会随着历史的发展而不断发展；认为语言是一个复杂的、多变的系统，语言的意义，也就是文本的意义，是由多种因素共同影响的。结构主义认为的系统内部的封闭性关系决定了文本意义在现实语言实践活动中是不成立的。另外，解构主义用“延异”代替“差异”，这里的“延异”指的是一种空间上的差异和时间上的推延，因为文本会随着时间的推移不断变化、发展，所以原有的解构也会解散，那么文本原有的意义也就不存在了，原有意义消失，紧接着新的意义也就产生了，解构主义突出强调了人的主观能动性，强调人在这一过程中的主导因素作用。

四、解释学语义观及对翻译的影响

经历了认识论的西方哲学，在 20 世纪研究方向进入了语言论领域，至此语言分析成为哲学研究的中心任务，出现了解释派哲学，研究的重点转向了语言交际“读者”“接受者”角度。解释学指出，作品创作的初衷和目的就是为了读者、接受者，作品只有一个服务对象就是读者，所以必须重视和重点关注作为服务对象的读者、接受者的反应。从这个角度看，文本意义的决定者其实是读者、接受者。解释学认为，应该从不同的角度来阐释意义的产生过程，从读者对文本的解释、对意义的理解角度来看待文本表达的效果，指出文本具有一定的主观性，这种主观性是建立在读者、接受者的反应的基础上的。所以，解释派认为语言并不是一个封闭的系统，因此文本的意义不是固定不变的，也不是单一的，有力地反击了结构主体语言学观，尤其认为文本的意义是唯一的，强调原文作者中心论的观点是错误的。解释派指出，文本的意义会因读者、接受者而异，不同的人会有不同的理解和认识，文本的意义具有多种理解和解释的可能性。总之，文本的意义不是唯一的，也不是一直不变的，解释学派对结构主义进行了一次彻底的批判。

从另一个角度看，解释学是关于理解和解释文本意义的理论，认为理解不只是简单的认识方式，还是人类在生存过程中的存在方式，意义是根据理解得来的，理解决定意义。语言也不是一种简单的工具，作为由语言构成的文本，本身是没有任何意义的，只是因为有了人的因素的加入，文本在向读者、接受者服务时才有了其与读者、接受者之间的“对话”。在这个过程中，读者、接受者根据自己的需求对文本产生一定的理解，并在理解的基础上获取文本的意义，因此，在这个阶段，对同一文本可能会产生多种解释。在对文本意义的生成过程中，读者、接受者的理解和解释必须参与其中，正是因为人这一主体主观因素的影响，人是不断变化、发展的，所以人对文本的理解和解释才是不断变化、发展的，进而文本意义也是在不断变化、发展的。文本意义的变化和发展体现在整体和部分的解释学循环中不断地生成和被更新。

解释学派关于文本意义的观点是有着一定的根据和理论支持的。首先，不同的人对同一文本具有不同的理解，语言只有依赖于人这个主体才会存在，不管是哪种语言、哪种作品，都是由人创造出来的，人的基本特性就是具有个体性，所有文本在创造出来的那一刻就具有个体性。另外，创造作品的目的是让人看的、让人读的，作品创作过程中就已经蕴含了一个个体，在作品呈现的时候，又有另一个个体，理解文本就是两个不同个体之间的对话和交流，体现了一种主体性的活动，所以在理解和解释作品意义时，存在着人主观性的因素，当读者与作品进行对话时，也会增加作品对作品额外的意义。总之，在翻译领域，在这种解释学派的影响下，面对一篇译文，首先被激活的是主体意识，读者对原文的理解不只是建立在原文读者理解的基础上，还可以结合自身的实际情况和所处的社会环境背景加入自己的理解，这种理解有可能与原文意思是不一样的，这种不一样的过程也是读者与原文作者之间的一种平等对话，是读者作为自己主体意识的自由选择，可以不再完全受到原作者和原作品意义的约束，彻底摆脱文本系统的限制，可以对原文意义进行大胆的重建，充分加入自己的创造性思维，这样就有力地抨击了传统翻译理论中的“等值观”“等效观”观点，从理论根基上对这种观点进行批判，这样对翻译的定义就有了新的界定。关于翻译，就是再创作的观点得到广泛的支持和认可，对文本中所蕴含的各种潜在意义进行深入探讨，对原有文本进行新的诠释，用另一种语言对文本进行表述，在这种理论影响下，关于翻译的新理论不断出现，包括交际论、功能论、目的论、读者反应论等理论构成了翻译的新理论体系。解释学对翻译的影响是空前的，也是至关重要的。在翻译时，翻译人员应首先把自己作为一个读者，对原文进行解读，在带有自己思考、自己理解的基础上对原文意义进行理解。解释学派的重点是关注读者，重视读者在译文中的重要地位，这也反映了译文成功与否的关键在于读者对译文的反应和评价。

总之，不同学派所关注的是语言表达中的不同环节，各个学派从不同的理论模式、不同的分析方法得出了不同的侧重点，进而在此基础上形成了不同的结论，代表了不同的观点，从而构成了翻译理论系统。唯理论和结构主义的出现，结束了以作者为中心的翻译理论时代，开启了强调作品本身、以文本为中心的翻译理论时代。解释派哲学则强调接受者的反应作用，批判了文本中心论，结束了以文本为中心的时代，开启了以读者为中心的时代，解释学派的出现确立了读者在接受活动中的中心地位，形成了以读者为中心的翻译理论。不论哪种观点、哪种理论体系，都反映了当时特定历史背景下学者们为翻译理论研究所付出的努力，都有着一定的积极作用，在当时极大地推动着翻译理论的发展，只是随着时代的发展、语言活动的不断推广，刺激着相应理论与时俱进，不断完善与调整，以适应新时代的发展趋势，在实践中不断发展，以更好地实现翻译质量的提高。

五、现代语义学实例分析

上文从不同理论、不同语义观的观点进行探讨，分别对其观点进行论述，并根据对应观点认真分析了各自对翻译理论的影响。本文将结合现代语义学的一些基本观点，详细阐述其对英语翻译的影响，并结合具体实例作为辅助论据。

（一）语义理解与语法

英语中的词义包含两种意义，一种是具体的词汇意义，一种是语法意义。不同的词性具有不同的含义，像冠词、介词、连接词等虚词只有语法意义，而动词、名词、形容词、副词等实词，既有语法意义，又有词汇意义，了解词的语法意义有助于正确地表达原文含义。

【例】A computer also has a memory where it can store vast quantities of information.Whole libraries can be stored in it for example.

【译 1】计算机也有一个能储存大量信息的储存器。例如，整座图书馆都可以储存在计算机里。

【译 2】计算机也有一个能储存大量信息的储存器。例如，整座整座的图书馆都可以储存在计算机里。

对比【译 1】与【译 2】，再结合原文句意表达，“整座图书馆”的概念是一座图书馆，而原文 libraries 是复数，这一语法意义通过“整座整座的图书馆”忠实地表达出来。所以，两种翻译比较下，【译 2】才是正确的。

（二）语义理解与搭配

根据现代语义学理论观点，词与词之间存在着纵聚合关系与横组合关系两种语义关系。纵聚合关系指的是在一个语言结构中占据某个相同位置的形式之间的垂直关系。如“He walks slowly.”（他慢慢地走）与“As far as he can.”（他尽快地走） 两个例子里，“slowly”与“as far as ”等语言单位之间就存在着纵聚合关系。横组合关系指的是语句中词与词之间的水平关系或线性关系。当语言单位之间存在着横组合关系时，说明这个句子是能够被人们接受的，这个句子一方面是符合语法规则的，另一方面在语义上是相容的，只有这样才能满足组合条件。正是因为词与词之间存在这种关系，所以当遇到一个语言单位里有不能够理解的语义或者尚未发现的语义时，可以通过邻近的语言单位获得提示。

（三）语义理解与上下文

现代语义学家认为，只要是语言就可能存在歧义，这是因为任何一种语言里都会有大量的多义词。例如“The bill is large.”既可以理解为“张贴的广告很大”；又可以理解为“账单的数目很大”，这就是一个典型的歧义句。在翻译中如何有效规避这种歧义现象，对于翻译人员来说十分重要。现代语义学家指出，使用补充信息的方法来解除歧义，也就是根据上下文语境在表述上对该句进行增加。刚才的例子里，如果补充“but not be paid”，就能准确地翻译出原义，歧义得以消除。所以在解决语义理解的过程中，需要通过其他信息来间接实现理解目标，这里的其他信息可以是同句中的其他词义，也可以是同一段中的其他句子，或者是同一文章中的其他段落，上下文都能成为正确理解原文意义的信息源，因此对原文意义的理解应该是动态的、全面的理解，而不是静止的、单一的理解，这样才能保证原文理解的准确性和全面性。

（四）语义理解及语境

除了根据上下文的词、短语、句子等来理解原文意义的信息源外，语境也可以作为信息源。所谓的语境，就是指社会文化环境，语境具体反映在翻译人员的阅历、经验、知识等方面。语境还可以体现在翻译人员的逻辑思维、认知能力上，比如面对科技领域的翻译，因为科技类型原文本身就具有显著的特点，一方面内容明确，另一方面具有逻辑严密性，所以翻译时需要翻译人员充分利用自身的逻辑思维来理解原文。

语义学还处于发展阶段，有着众多语言学派，各种理论、各种观点占据着语义学研究领域，虽然每种观点和理论都有着明显的差异，但是各个学派和理论还是有一个基本的共同点，这个共同点就是都认识到语义学与客观世界、语言及非语言语境、话语的参加者与其个人的知识和经历有着密切的联系。语义学与人类社会发展、人类知识体系有着紧密联系，不管哪种观点，都是在这个共同点基础上进行的不同方向的探究。所以对于翻译人员而言，在从事翻译实践活动时，要充分关注语言单位之间与外部环境的关系，关注语言各单位之间的关系表现、现代语义学的发展、现代语义学理论的形成为翻译活动指明了方向，提供了理论支撑。

第三节　认知语言学翻译观

认知语言学是认知领域发展的一个基本原理，明确指出了现实和认知与语言之间的关系，认为三者之间是一个辩证统一的关系。从人自身的体验出发讨论，现实是体验的基础，体验是认知的前提，认知又是语言的基础，三者相互联系、相互作用。翻译作为语言交际的一种模式，随着翻译研究的发展，尤其是自20世纪中叶以来翻译研究理论的跨越式发展，实现了语言学的转向，这一时期出现了众多翻译学派，形成了诸多翻译理论，从各个角度、各个层面对翻译概念、定义进行阐释，出现了以经验论为先导，镜像般地还原作者原义的现象，还出现了在分析哲学和唯理性的影响下以文本为中心的翻译观。早期的翻译观理论都没能对翻译活动中涉及的客观世界和主观世界进行探讨，未对两者关系进行研究，认知语言学翻译观正是在这些翻译观有不足和缺点的情况之下进行纠正和补充的。

一、认知语言学翻译观简述

当前关于认知语言学翻译观的研究成为国内外翻译界的主要趋势。认知语言学翻译观是以认知语言学为指导对翻译进行的研究，认知语言学是在体验哲学指导下兴起并发展起来的。体验哲学指出语言不是一个独立、自治的系统，认为语言的形成和运作机制与人类认知息息相关，所以从这个角度来看，翻译实际上是一种认知活动。国内学者王寅指出，翻译是一种认知活动，认知主体以现实体验为背景，以多重互动为基础，完全理解原文全部意义，并尽可能使用目标语言将其理解给予全部转述，并且在转述中根据翻译人员的创作思维，对现实世界和认知世界进行描述。王寅对认知语言学视域下翻译观的解释，主要包含了六个方面：一是翻译具有体验性，突出主体认知活动在翻译中的重要性、对翻译活动的影响，因此要求翻译人员在翻译过程中主动体验原文作者在创作时所具有的认知意识，有了这种主动体验的经验，能够更好地去体验原文作者所要表达的思想，这样使得理解原文思想有了充分根据；二是翻译具有多重互动性，现实世界与主体（包括作者、译者、读者三个主体）之间、作者与源语言之间、作者与目标语之间、主体内部之间、译者与源语言之间、译者与目标语之间等都存在着互动关系；三是翻译具有创造性，翻译人员在翻译过程中需要发挥自己的主观能动性，在准确理解原文思想的基础上，加入自己的创造思维，因此一个好的翻译必然带有翻译人员的创造成分，使得翻译具有创造性；四是翻译具有语篇性，认知语言学翻译观认为语篇是翻译的基本单位，翻译是建立在一定的语篇范围内进行的；五是翻译要满足两个世界，认知语言学翻译观倡导翻译就是尽可能地满足原作的两个世界，一个是现实世界，一个是主观世界，现实世界指的是原文作者陈述的内容，主观世界指的是翻译人员理解的内容，翻译就是要让这两个世界充分融合，让读者能够感受到两个世界的一致性；六是翻译具有和谐性，和谐性体现在翻译过程中，翻译人员在保证现实世界和主观世界两个世界融合的前提下，还需要考虑到作者、文本和读者三个要素的和谐，和谐性是翻译质量的评价标准。

认知语言学翻译观被引入我国后，一经提出立即引起各领域学者的广泛关注和重视。国内学者们纷纷以认知语言学翻译观为指导，对各领域进行深入研究，获得了不少理论成果。比如，姚振军教授在认知翻译学视角下对翻译批评进行了全新构建；吴波教授从认知语言学翻译观的角度对翻译能力进行了重新研究，对翻译能力提出了新的要求，形成了新的理论观点；学者蔡龙文以认知语言学翻译观为指导，提出翻译补偿性原则、主体性原则与和谐型原则三大操作原则；学者甘阳、王平等从文化观和译者主体性视角对认知语言学翻译观进行了研究；学者蒋华、史营等以认知语言学翻译观为指导思想，进一步探索翻译教学领域，将翻译教学研究推向新的高度，并根据这一理论对翻译教学中的不足与弊端进行了修正。我国学者利用认知语言学翻译观对各种领域进行了研究和探讨，并且将这一新的观点很好地运用到现实生活中，比如利用认知语言学翻译观对译作进行赏析。当然任何一种理论都不可能是完美的、没有任何瑕疵的，认知语言学翻译观同其他翻译观相比有着很大的进步，是对前面所有翻译观的补充和完善，是在对以往翻译观的反思中形成的新翻译观，但这一翻译观也必然存在着一定的问题，需要不断地进行修补和完善。

二、认知语言学翻译观是对传统翻译研究的一种新突破

认知语言学翻译观给翻译研究提供了一个全新的视角，是对传统翻译研究的一种新突破，为翻译研究新领域和新空间的拓展做出了贡献。认知语言学翻译观充分借鉴认知科学和心理科学两门新的学科，对传统翻译研究进行完善，提供了新的研究视角，在研究过程中积极采用科学技术和实证手段完成了繁杂的、大规模的数据收集，实现了翻译研究从纯粹的理论思索层面转向科学实证层面的研究。在中国，受传统文学持久影响，翻译界长期被艺术的探究所束缚，翻译研究缺少科学理论的指导。把认知语言学与翻译研究两种跨越式学科进行融合，解决了长期困扰国内翻译界缺少科学理论指导的难题，所以认知语言学翻译观在中国的发展，很好地证明了该理论具有实证性和科学性，即使这一理论存在着这样那样的不足，但是当前各学者对其不遗余力地进行研究，这种不足和缺点一定会得到补充和完善，并且能为翻译理论的不断完善和进步提供强大的动力。

对比认知语言学翻译观，经验论翻译观把原文作者作为翻译过程的中心，以经验观哲学为指导，认为原文作者在翻译过程中起着关键作用，翻译人员只是翻译过程中的从属，对应的翻译观点是忠实论、直译法。经验哲学观之后出现了以唯理论为指导的哲学观点，其认为翻译过程的重点是原文，把原文文本作为翻译的中心，认为翻译质量的好坏在于译文与原作是否相符，对应的翻译观点是等值论、等效论。解释派哲学把读者作为翻译过程的核心，关注读者的感受，强调读者在翻译中的主导地位，对应的是再创作论、目的论。总之，以上三类翻译思想只是强调整个翻译环节中的某一环节，把翻译中三个环节的关系割裂开来，忽视了三个环节间的相互影响、相互作用。

认知语言学翻译观正是在以上三类翻译观存在问题与不足的背景下产生的，是对这些翻译观的改善和发展。认知语言学翻译观认为，原文作者在创作前就已经对身边的客观事物、客观世界有了相当程度的理解，通过自己对客观世界的认知和体验进行写作，以此表达自己对现实世界、感知态度和情感世界的体验情况。所以，翻译人员在进行翻译前，应该像原文作者一样主动地感知原文所在的客观环境，感受原文作者所经历的情感世界，在对原文作者的创作思想和表达方式理解的基础上，再结合翻译人员自己对原文的认知，采用对应的手段和方法尽可能地实现重现相似效果的目的。译文中也要尽可能地表达出原文所涉及的现实世界和情感世界，在整个翻译过程中，着重强调的是作者、文本与读者三个要素的连接。认知语言学翻译观为翻译人员创造、提供了一个全新的翻译视角，为翻译理论的研究提供了新的思路和方向，彻底解决了传统翻译理论中出现的不足和问题。

认知语言学翻译观的形成离不开翻译研究中融入认知语言学的转变，认知语言学与翻译学本属于两个完全不同的学科和研究领域。两个学科第一次同时提及是在 20 世纪 90 年代初《口笔译认知过程》一书的

发表，该书第一次将翻译与认知进行了跨学科研究。到2010年，《翻译与认知》的发表推动了翻译与认知的研究进一步发展，该书中第一次提出了认知翻译学的概念，这一时期认知语言学翻译以一门组合学科成为学者们研究和谈及的话题。

认知语言学翻译观采取实证方法和认知科技两种方法对翻译过程和翻译能力进行研究，在这一观点指导下，形成了包括出生思维法、翻译过程、键盘记录法、眼动系统、脑电图、磁共振成像等在内的研究方法。这些研究方法的重点是探究翻译过程中人脑所发挥的认知运作功能和心智过程。另外，认知语言学中的相关概念运用到翻译研究中，成为翻译的部分指导方法，主要表现为翻译人员对源语进行解码，对目标语进行编码，在此过程中离不开对语言知识的解析，以及翻译人员自有的认知经验的运用，因此认知语言学翻译观对翻译人员提出了更高的认知能力要求和综合能力要求。

认知语言学翻译观对翻译定义进行了新的界定，认为翻译就是把实际体验当成主要背景的参与者，认为主体形成的认知基础来源于各种互动关系的作用，而译文就是在参与者理解源语意义的基础上尽最大努力把目标语所含的意义进行表述。另外，在译文中还需要尽可能地把原文作者所陈述的认知世界、情感世界给予展示，在这一过程中突出强调了认知与体验之间的制约关系，还有作者、读者与作品之间的互动关系。认知语言学翻译观也指出，翻译人员在进行翻译时还可能会受到其他翻译主体的影响，根据认知语言学翻译观对翻译定义的表述能够看出，虽然这一观点指出了认知活动在翻译中的客观存在性，但是翻译时还是需要翻译人员尽可能对原文客观世界以及作者对原文客观世界的体验、认知完整地转述出来。

认知语言学翻译观指出，翻译的本质是一种带有目的性的跨语言和跨文化的交流活动，翻译其实也是对语言文字和翻译技巧的理解和运用，这一理论应用到翻译教学中，有着很大的启示作用，大大弥补了传统翻译教学存在的弊端和不足。现在看来，传统翻译教学模式只是一种单向的传播，对翻译教学而言只注重知识传播，忽视技能传播。传统翻译教学只强调结果，不关注学习过程和教学过程，传统翻译教学观点是以行为主义理论为指导的。所以，在传统的翻译教学模式中，翻译课一直采取的教学模式就是教师提供原文，学生进行翻译，教师以参考答案为准，对参考答案和翻译结果进行阐述，对学生的翻译结果进行评价，给予打分制考评。教师翻译教学模式主要以教材为主，根据教材内容进行课程设置，分课时阐释翻译理论、总结翻译技巧，并根据教学内容选取相关案例，对学生在翻译中经常出现的问题进行纠正，这种教学模式就是典型的“纠错”式的翻译教学法。“纠错”式的翻译教学法有利于学生翻译方法和翻译技巧的培养和提升，但是存在着明显的缺陷和不足，这种教学方法只关注对学生进行语言训练，并没有按照翻译过程进行有效引导，忽视了学生作为主体对译文的主观感知和理解。教学模式以教师为主导，学生处于被动接受地位，不利于教学目标的实现，教学效果较差，并且在教学活动中，教师与学生之间缺乏互动，学生上课的积极性不高，难以激发学生创造性思维的发挥，不利于学生认知水平和主观能动性的充分发挥和有效提升。从长期教学来看，“纠错”式教学难以激发学生对翻译的学习，不能使其真正理解翻译的本质和翻译过程，长时间受这种翻译教学模式的影响，学生对翻译会有错误的认知，认为接受的教学模式就是翻译的教学模式，并且无法真正掌握翻译方式、翻译策略和翻译技巧。

由上可知，认知语言学翻译观是对传统翻译理论的一种突破，这种突破不仅有利于翻译理论的发展，有利于翻译事业的良性发展，还有利于翻译教学的改革和创新。

三、认知语言学翻译观对翻译能力的培养

认知语言学的核心观点可概括为“现实—认知—语言”，认为语言来源于认知和现实。人类的认知活动体现在语言对现实的反映，所以认知语言学关注的是整个过程，有对语言本身的关注，也有对语言习得和语言习得过程的关注，这种思路反映在翻译活动中，翻译就是从现实到认知再到翻译的三个环节的整体，由这三个环节构成了一个翻译模式。从这个模式里三个环节的关系来看，翻译既是关于语言层面的转换，还是对现实的体验和认知的结果，人的每一次新的认知活动都是建立在认知主体先前的认知基础上的。在

进行翻译活动时，人们所要认知的对象首先就是原文作品，翻译人员通过对现实世界的认知，即已有的认知经验，对原文所反映的世界进行理解，接着用语言进行重现或重述。

认知语言学翻译观对翻译的界定，体现了翻译人员翻译能力的重要性。以唐代诗人王维的诗《鹿柴》为例，这首诗有多个译本，因其诗词以平畅易晓、田园风格为主要特点，且很少涉及典故，情感表达比较固定、简单，因此很受国外译者欢迎。从多种版本的译文来看，各个版本的语言措辞、节奏、风格和形态各不相同，体现了翻译人员对汉语诗歌的不同理解。可见，在翻译活动中，翻译人员的个人体验、个人思想对译文的整体风格有着很大的影响，翻译人员对源语和译语的理解影响了译文的具体表现形式。从认知语言学的角度看，翻译体现的是翻译人员对原作及其所反映的世界进行认知的过程，翻译能力体现的是翻译人员对这一认知过程所能进行的控制程度，根据事先设定的情况得出的翻译结果。一个翻译能力比较强的翻译人员有着明确的翻译意图和目标，在翻译过程中能够对原文进行合理处理，采取合适的翻译方法和翻译技巧，使得译文能够按照预期充分发挥功能，译文能够得到读者接受和欣赏，甚至获得较好的评价。当然这种翻译能力离不开后期大量翻译实践活动的积累，与译者的认知水平和经验能力有着直接的关系。

（一）翻译能力培养的主要目标

认知语言学翻译观认为，翻译人员在翻译活动中占有重要地位，是翻译活动的主体，翻译质量的好坏与翻译人员的翻译能力有着直接联系，而翻译教学的主要目标就是培养学生的翻译能力，翻译能力培养的关键是对分析和重组原文本这一重要能力的培养，主要是对语言和语言技巧的使用能力的培养。当然本处所指的分析原文本不只是对原文本所含有的语言符号进行分析和研究，还包括对原文本所蕴含的思想和认知进行深层次的分析和讨论，并且要弄清楚原文作者对客观世界认识和思维活动的表达形式，因此提高翻译处理能力是提高翻译能力的主要方面。翻译处理涉及多个方面，既有对原文本中语言的处理，又有对原文本中所描述的两个世界的处理，因此，翻译能力体现的是一个综合性、整体性、宏观性的概念，包括了很多方面，涵盖了很多内容。翻译能力培养的目标体现在，第一，体现了翻译人员的认知能力，在翻译活动中，翻译人员需要学会通过自身认知和体验，对原文本所反映的实际现实与思想认识给予准确理解；第二，由于翻译能力体现了翻译人员对重组原文本所描述的世界所具备的能力，因此还要培养翻译人员的创造力；第三，体现在翻译人员要学会科学合理地控制翻译效果，能够明确翻译的主要目的，擅于运用各种翻译方法；第四，要求翻译人员在实际翻译过程中学会控制情感、确定立场，并能够处理好对这个翻译过程的控制，牢记翻译目标。

（二）认知语言学翻译观注重从体验、认知到再现的翻译过程

认知语言学翻译观认为，要特别注重翻译人员在翻译实践活动中从体验、认知到再现的过程。认知语言学中体现的语言观包括了以体验性、多重互动性、创造性、语篇性、和谐性、现实和认知世界为特点的基本观点。这一观点体现出：一方面，把认知语言学看做是翻译教学模式，从大的概念来看，认知语言学翻译观是一个从现实到认知再到翻译的过程，包含了现实、人和文本三个要素，所以对于翻译教学而言，教学活动不应该只是讲解语言之间的转换，还需要引导学生学会处理对原文本的态度，并引导学生学会理解原文本所描述的世界，在翻译教学中，积极为学生创造了解和参与翻译活动的机会，学会处理翻译中存在的三个主体间的关系；另一方面，培养翻译人员的综合能力，在翻译过程中，翻译人员作为体验主体和认知主体，是翻译活动的关键和主导者，因此，综合能力的培养不只是语言交际能力的培养，还包括各种关系的协调能力和处理能力的培养，在这种情况下，认知语言学翻译观下的翻译能力培养不只要强调翻译人员自身语言能力的提高，还要彻底激发翻译人员的创造思维、人际交往、主动解决问题等各种能力。可以说，认知语言学翻译观注重从体验、认知到再现的翻译过程，本质上也是作者与译者、读者的互动过程。

（三）认知语言学翻译观对翻译能力培养的启示

认知语言学翻译观认为，翻译人员在翻译活动中占主体地位，这一翻译观重点关注的是翻译人员在翻译活动中所经历的体验、认知和再现的过程。学者王寅对认知语言学进行了深入和细致的研究，提出了具有代表性的认知语言学相关理论，从认知语言学的角度对翻译模式进行了概述，把翻译模式从翻译的体验性、翻译的多重互动性、翻译的创造性、翻译的语篇性、翻译的和谐性以及翻译的“两个世界”（即现实世界和认知世界）等六个方面进行讨论，围绕这一翻译模式开展翻译实践活动，突出了翻译能力的重要性。认知语言学翻译观对翻译能力的培养具有深刻而长远的启示作用。

1. **认知语言学翻译观本身就可以发展成为一种翻译教学模式**

认知语言学翻译观认为，从宏观层面看，现实认知语言本身就是一个翻译过程，研究内容充分考虑了语言之外的各种因素，除了语言本身外，现实、人、文本与翻译都密切相关，这些因素具体来说涉及具体的情境、对翻译任务的描述、人的立场和态度、人与文本的关系、文本与现实及情境的关系、人和人之间的关系等多种因素。除此之外，上述这些因素对语言的具体反映，以及相互之间的关系对语言的具体反映，都是认知语言学翻译观所要研究和关注的领域。从另一个角度来看，认知语言学翻译观对源语和目的语两种语言间的转换以及两种语言间转换背后存在的认知活动都纳入了研究范畴。所以说，认知语言学翻译观对翻译的研究是全方位的、多维度的，把这一翻译观运用到翻译教学中，对翻译教学有着重要启示和指导作用。从认知语言学翻译观看当下翻译教学，会发现翻译课堂中所关注的不同语言之间的互换技巧只是真正教学内容的一部分，语言之间的互换技巧教学并不能作为主要教学目标。认知语言学翻译观下的翻译教学不仅包括语言交换技巧的教学，还有引导学生去正确面对原文以及原文所反映的世界的技巧，引导学生合理确定对原文的态度以及学会分析整个翻译的情境进而确认自己在翻译活动中的立场的方式方法，引导学生学会承担翻译过程中所应负的责任并明确翻译活动所应达到的目的和效果的技巧。因此在翻译教学中，作为教育引导者，要让学生真正理解翻译的概念、翻译的意义，以及引导学生参与到翻译过程的每一个环节，引导学生理解原文、确定翻译目标，进而积极主动开展翻译活动，对译文大胆提出修改意见。另外，引导者还应该创新、丰富教学形式，尤其是对翻译活动形式和内容的创新，这一环节的教学形式要紧紧围绕引导学生进行不同语言间的互相转换、学会正确处理翻译中的人际关系、灵活选择翻译决策和翻译方法等展开。认知语言学翻译观下的翻译教学，主要目标是充分发挥学生学习的积极性、主动性和创造性，通过翻译教学提高学生的人际沟通能力、面对问题正确处理和选择的能力，所以，认知语言学翻译观下的翻译教学重点转变了以往以语言教学为中心的教学模式，把教学模式转变为以确定培养翻译能力为目标。

2. **认知语言学翻译观肯定了翻译人员的核心与主导地位**

认知语言学翻译观的哲学思想基础是体验与现实世界之间的关系，而体验的主体是人，所以这一翻译观强调了人在翻译过程中居于最重要、最活跃的体验和认知主体地位，最主要的是翻译人员的主体地位，因此认知语言学翻译观把翻译人员推到了翻译活动的核心与主导地位。正是因为翻译人员在翻译活动中的重要性和重要地位，因此翻译活动对如今翻译人员的要求远远高于以往对翻译人员的要求。今天的翻译人员不仅要具备基本的语言转换能力，还要具有较强的协调和处理问题的能力。翻译能力作为翻译研究内容的一个重要概念被研究和讨论，也是由翻译人员在翻译活动中的重要地位决定的。

3. **认知语言学翻译观对翻译教学的课堂方式和教材的编写具有启发意义**

以往的翻译教学模式以教师为中心，而认知语言学翻译观指导下的翻译教学模式以学生为中心，教学方式不再以教师点评译文为主，而是积极鼓励学生参与到翻译的每一个环节，鼓励学生参与到对译文的态度、立场和意见中来。从教材的编写来看，在认知语言学翻译观指导下，对教学思想进行了明确，确定了以培养学生的翻译能力为目标，围绕这一教学目标，传统的以训练语言转换技巧（直译、意译等）为主要内容的翻译教材已经不再适用。新的教材编写更加凸显实用性和实战型，参照翻译的语篇性，选取具有实际交流价值、学习价值和引导价值的语篇例文作为教材辅佐内容，编排形式和内容充分考虑学生的心理特点和学生的学习需求，突出学生的主导地位，把组织学生对自己的翻译和参考译文进行比较作为日常教学的主要方式，转变学生被动接收信息的传统教学方式，积极发挥理论指导实践的作用。

总之，认知语言学翻译观下，关于翻译的定义界定更加完善和全面，确立了以现实体验为背景的、认知主体参与的、以多重互动为认知基础的定义。译者在完全理解源语言语篇所表达出的各类意义的基础上，尽可能将其在目标语言中表达出来，在译文中尽最大努力描绘出作者所欲描写的现实世界和认知世界。所以对翻译的界定，不管是从作者、文本、读者三个要素中的哪一个要素去理解，都有一定的片面性，只有兼顾三者，综合考虑三者在体验和认知、交际三个环节中的影响，才能建立完整的、合理的解释过程。当然正确理解翻译，还应该根据具体情况加入其他合理要素，更好地诠释作者、译文与读者之间的关系，实现翻译的和谐性，最终呈现一个优秀的翻译作品。

随着我国社会经济的快速发展，翻译在国际交流、全球经济合作中发挥着重要作用。翻译者作为文化、经济交流的重要纽带，其地位更是显而易见。翻译教学的主要对象——学生，作为从事翻译事业的主要组成人员，接收到的翻译教学成效直接影响到翻译事业的发展。认知语言学翻译观对主体在进行翻译时所拥有的体验性与创新性重要地位的阐述，为翻译教学明确了指导思想和教学目标。因此，研究认知语言学翻译观与翻译能力培养之间的关系，对翻译教学活动来说有着十分重要的现实意义。

四、认知语言学翻译观的翻译模式

认知语言学翻译观的翻译模式是建立在基本翻译观点基础上的，结合翻译概念内容的相关界定，认知语言学翻译观的翻译模式主要包括体验观、“人本主义”互动观、和谐观、语篇性、“两个世界”、创造性等方面。具体来说，如上所述：

（一）体验观

西方学者在对前人传统哲学思想批判的基础上，提出了“体验哲学”的哲学思想，这一哲学思想奠定了认知语言学的哲学基础。体验哲学认为人类的一切认知活动都来源于人对同一客观世界的感知和体验。语言翻译属于认知的范畴，因此具备体验性是语言翻译的前提和基础，也就是说，只有作者先对客观世界有了体验才能获得认知，进而通过语言进行创作，对于翻译人员和读者来说，面对的是同一个客观世界，正因如此，两者才会有思维相通的基础。翻译人员和读者通过体验同一个客观世界，对文本进行体验性解读，以此来理解原文作者，与作者通过文本进行空间上的对话。因此，如果作者、翻译人员和读者不处在同一个客观世界，就无法对客观世界有相同的体验可能性，这种情况下形成的体验性是不完整的，翻译活动也就不够完整，不能作为真正意义上的翻译进行讨论。比如关于医学领域的翻译，如果读者或者翻译人员不是医学领域的从业人员，对医学知识比较陌生，对这一领域不能实现体验性，那么面对翻译医学领域的内容就会十分困难，既不能理解原文内容，又对翻译无从下手。

所以对于翻译人员来说，应先体验原文作者的现实世界，也就是所说的翻译具有体验性，不管是人类的认知还是对概念意义的推理理解以及语言活动，都离不开对客观世界的感知和经验这个前提。如果翻译人员不提前对作者的创作背景、创作意图、创作心情以及蕴含的创作目的进行彻底体验，是不能实现准确、完全地传达作者的真实感受的，当然体验还包括翻译人员要充分考虑到读者的感受，考虑到读者能不能接受这种异化的表达方式。举例来说，我们在英语文章中经常会看到“International Department”（国际部）一词，应用到中国，出现了在高中阶段内部设立的专门培养出国深造的中国学生和接收国外交换的留学生机构，往往被学校及国内学生译成“International Department”，但是从国家对外组织设立来看，

“ International Department”也指中国对外联络部，同一个词在汉语使用中出现两种意思，并且有着明显的级别差异，会造成一定的误解，因此翻译不是单一地对源语解码和对目的语编码的过程，应该是一个相互认知的过程。所以在汉译英时，翻译人员首先要对原文的客观世界进行体验。例子中的“国际部”是学校里设置的一个用于交换国际学生、互相学习的分支部门，从国家层面来说，又是专门从事对外联络的国家机构，主要负责各国之间互相往来，从事政治、经济、贸易、文化等方面的联络，责任重大，影响重大。从认知语言学翻译观的角度看，汉译英的服务对象是外国人，判断翻译是否合理、标准，应该根据外国读者的评价，站在外国读者的角度，根据其语言表达习惯、思维方式等，对翻译效果进行考量，因此如果翻译国内两个不同性质的机构，应该根据原文实际情况，用目的语详细表述，再通过外国读者对译文的反应进行合理的补充、修改，最后再确定翻译的最终表达方式。体验观用于翻译教学中有着重要的指导作用，在培养学生翻译能力的过程中，教师要注重培养学生的思维过程、认知过程及体验过程，进而促进翻译水平的提高。

（二）“人本主义”互动观

认知语言学认为语言是人们在对现实世界感知体验的基础上，对这种感知体验进行加工而逐步形成的，语言本质上体现的是主客观互动的结果。语言是翻译表达的基础，因此翻译也具有互动性，这种互动性体现在原文作者与原文本文与源语读者之间、翻译人员与翻译文本与译语读者之间、翻译人员与源语文本之间、源语读者和译语读者之间的互动，所有涉及的互动关系都具有辩证统一性，是在人本主义思想下发生的互动。这种人本主义思想主要指的是，翻译过程的每个阶段、每个环节都是人类意识的作用，在此基础上形成了真实、科学的态度，在语言研究中更能发挥人类意识灵活性的优点。人本主义的这种思想与认知语言学的基本观点具有一致性，认知语言学翻译观指导下的翻译研究坚持以人的需要、人的意识为基础，与人的认知、心智思维相互配合进行创造性活动，所以翻译在人本主义思想下进行是有着理论支撑的。翻译过程中本就有文本作者的思想，文本外有读者的思想，不管是作者、译者还是读者，思想都会在文本中体现，人本主义下的互动观也是实现翻译和谐性的前提。

在“人本主义”互动观之前，翻译研究的重点体现为两种观点：一种观点强调翻译以作者、读者为主，不涉及文本因素；一种观点坚持以文本为中心，不涉及人的主体因素。这两种观点都存在着不足，不利于翻译活动的完成。认知语言学翻译观的互动观讲究两种观点的结合，正是出于多种互动因素的考虑，翻译人员对原文和原文作者进行了深入和彻底的理解和感受，妥善处理好原文与译文之间的关系，为实现翻译效果做好了铺垫。认知语言学翻译观的“人本主义”多重互动性体现在人与文本之间的互动、翻译人员与现实之间的互动、翻译人员与作者和读者之间的互动三个方面。

1. 人与文本之间的互动

根据认知科学的观点，任何一种文字表达都代表着作者对现状、对所处环境甚至对整个文化的感受和体验。对于翻译活动而言，重点就是翻译人员能对原文本的表层意思和深层意思进行理解，全面理解原文意思，其实就是理解原文作者的真实意图、情感表达，理解作者对客观世界的感受和体验，同时在进行语言转换时还要考虑译文读者（服务对象）的认知和体验，可见整个翻译过程始终都是围绕着人与文本之间的互动反应进行的。

2. 翻译人员与现实之间的互动

语言和文本都来源于对客观世界的体验和感知，紧紧依存在人类的生存环境中，所以对于翻译人员而言，在进行翻译时只有对客观世界进行感知和体验，才能理解作者对客观世界的真实感受，才能理解原文所处的背景，这样才能确保翻译人员对原文内容的理解与原文作者所要表达的意图一致，这种保持一致就是翻译人员与现实之间的互动反应，可使得译文既能通俗易懂又能合情合理。

3. 翻译人员与作者和读者之间的互动

翻译人员除了要体验作者的现实世界之外，还要与作者和读者进行互动，也就是翻译时要以作者的表达意图为方向，还要考虑读者的接受程度。其实翻译人员也是作者，是译文的作者，但与原文作者不同，在对译文进行创作时不能完全按照原文作者那样只考虑自己对客观世界的体验和感受。作为译文的作者，翻译人员在译文创作过程中需要不断权衡各种关系、对比各种因素，进而合理加工语言，以实现在原文作者接受的范围内让读者获得最好的阅读效果的目标。认知语言学翻译观把翻译界定为一个多重认知过程，这种多重认知过程体现在：一方面要对源语概念系统、源语语言结构系统的内在联系进行认知，另一方面还要对目的语概念系统、目的语语言结构系统的内在联系进行认知，并对两种认知进行对比分析，尤其对文、史、哲之类的语言材料而言，对这些学科领域内容的翻译，如果只是采用单纯的解码和编码这种直译法，就会造成表述不全面、与真实性存在偏差。

翻译过程中要考虑作者和读者对客观世界的感受和体验，在此影响下，翻译中需要处理好“归化”和“异化”两个问题。处理“归化”和“异化”两个问题，主要解决的是既要承认文化的个性和特殊性，尽可能通过译文重现他国文化，通过译文对他国文化进行传播，通过译文介绍他国风土人情；又要充分考虑到读者的需求和希望。作为读者，往往喜欢流畅、通顺、文化障碍少的译文，所以翻译策略的选择是综合因素比较下的最佳选择，不管是选择“归化”还是“异化”，还是对两种方法进行折中选择，其目的都是一样的，都应该是翻译人员与作者和读者之间互动关系的反映。

（三）和谐观

翻译过程是作为翻译的主体——人，在与现实世界进行互动并获得体验认知的基础上，对原文、作者思想、意图进行解读，再与读者进行互动，并将这些互动关系用语言表达出来，以此实现翻译的语言交际目的。客观现实世界与翻译之间互相作用，互相影响，一方面，客观现实世界为翻译解读提供了真实的、原始的体验土壤，另一方面，翻译又反映着、服务着客观现实世界，解释的过程也是对客观现实世界进一步了解、解读的过程，客观现实世界与解释之间的互动关系不断循环，不断发展，两者互相促进、和谐发展，实现语言和谐交际的目标，这就是翻译的和谐观。

认知语言学翻译观除强调现实客观世界与翻译之间是一种互动的和谐关系外，还强调在翻译过程中要兼顾作者、文本、读者三个要素，使三者能够充分协调，实现翻译的和谐性，翻译的和谐性以体验认知观指导下的“和谐翻译”为坚持原则。从认知语言学的角度来看，语言产生的根源是社会活动相互协作的需要。人类用语言进行交际，是人的社会性需求的体现，也是为了获得流畅的和谐的交流，而翻译同语言一样，都是为了实现语言交际的目标，在翻译过程中对涉及的各种要素之间的关系进行权衡，在遇到各种要素之间不能和谐反映时，就需要对不同语言文化之间的隔阂进行解释和说明。总的来说，翻译中可能涉及的文化障碍主要有生存环境差异，物质文化差异，社会文化差异，组织方式差异，风俗、行为、程序和概念差异，手势语和习惯差异等五种文化障碍。为跨越这些存在的文化障碍，实现翻译的和谐性，需要翻译人员真正理解和传达源语言本身的含义，并对源语言所蕴含的文化因素及其背后的深层次内涵进行解读。

（四）翻译的语篇性

前文指出，翻译的基本单位不是单词，也不是句子，而是语篇。认知语言学翻译观接受这一观点，强调进行翻译时，要充分体现出语篇层面的整体意义、主旨和风格，只有充分体现语篇整体意义，各个语句所含意义才能有机会体现。因此在翻译过程中，翻译人员需要先通读整个语篇，在理解整个语篇意义的基础上，对句与句、段与段再仔细斟酌，从语篇整体到语句部分，再从语句部分到语篇整体保持一致，实现一种和谐状态。翻译的和谐性也可以作为一项翻译技巧运用于翻译中，尤其在单独翻译某个句子时，可以先对上下文进行浏览，或者对整个语篇进行通读，在对这个语篇或者上下文含义理解的基础上，对该句进行解读。英语与汉语表达不同，英语习惯于在首段对全文主旨进行表述，一般是按照论点、举例、论证的语篇模式进行表达，因此在翻译英语时，通读语篇整体至关重要。

（五）翻译的“两个世界”

语篇形成的基础是客观现实世界和认知世界，受整体语篇的影响，构成语篇的词和句子的基础也是客观现实世界和认知世界，因此不管翻译人员要翻译的内容是整个语篇还是某个片段、语句、词，都是关于客观现实世界和认知世界“两个世界”的翻译，即客观世界与主观世界之间关系的翻译。在此思想影响下，在整个翻译过程中，翻译人员首先要理解原文中所反映的原文作者对客观现实世界的认识，在此基础上概括出所包含的抽象概念，再结合翻译人员对客观现实世界的认识，找到整个语篇的信息内容、表面含义以及深层次含义，包括文化背景，进一步对两个世界的认识进行结合，尽可能用语言呈现出原文内容和作者的感受。

（六）翻译的创造性

上文指出，翻译是“两个世界”互相作用的过程，所以说翻译过程不是翻译人员单纯对文本进行再解释或再重现的过程，而是对同一个客观世界里的另一种生活和文化的再体验和再认知呈现的过程。准确地说，翻译是基于对客观外界的感知和经验之上的一种认知活动。在认知过程中，有人的创造思维的存在和作用，尤其是关于文、史、哲类的文章，其中所蕴含的文化内涵丰富，在对其翻译时，翻译人员需要充分发挥个人主动性，对这种文化内涵丰富的文章，通过自己的创造性思维，用符号译文读者习惯和喜欢的风格进行呈现。

翻译的创造性只有在翻译过程中充分发挥才能起到作用，在对客观现实世界的体验和感知上，融入创造性思维，形成带有创造性的认知。翻译的创造性还体现在翻译人员用目的语转述源语的内容和含义中，经历思维加工处理这一环节时，不由自主地就会带有主观性，融入翻译人员的创造性思维。同时，不同的人对翻译的创造性表现是不一样的，因为每个人对原文的理解是有区别的，而且个体的差异性对客观现实世界的体验和感知也是不一样的，因此在进行思维加工时，主观性发挥作用的程度是不一样的，所以创造出的译文也是不一样的。在这种思想影响下，使用英语的人和使用汉语的人在认知方式上是不一样的，因此，使用两种语言的人在语言表达和句子结构处理方面截然不同。英语是曲折语，汉语是独立语，所以英语中涉及的抽象名词的使用，对于从事英译汉的翻译人员而言是有一定难度的。如果只按照汉语表达的方式进行翻译，就会使得翻译生硬、含义表达不清晰，同样，从事汉译英的翻译人员也会面临同样的问题。因此，不管是英译汉还是汉译英，对翻译人员来说都是有要求的，需要翻译人员充分发挥主观能动性，在理解原文意思的基础上，对译文进行创造性的表述，使得翻译成果方便读者阅读，理解所要表达的意图。

总之，认知语言学翻译观是建立在体验观的基础之上的，强调“人本主义”的影响，主张翻译主体和客体之间的多重互动关系，进而反映出翻译是“两个世界”的相互作用过程，翻译还体现着和谐性与创造性的思维认知过程，以上这些观点成为认知语言学翻译观的出发点和落脚点。认知语言学翻译观始终围绕这些观点对翻译理论进行深入探讨和研究，并不断地将其推广应用到具体的实践活动中。

五、认知语言学翻译观存在的不足

尽管认知语言学翻译观在翻译理论体系、翻译指导、翻译评价标准等方面与以往任何一种翻译观相比，都以质的飞跃和空前的进步形成了许多具有指导意义和实用价值的翻译理论，但认知语言学翻译观毕竟发展时间有限，是对翻译研究的一个新领域的拓展，还是存在着一定的问题和不足。

（一）缺乏相对完善的评价标准

认知语言学翻译观虽然提出了关于翻译的认知体系，这一体系包括翻译的体验性、多重互动性、创造性、翻译的“两个世界”、和谐性等方面，但是关于翻译的评级标准还是按照传统方式，并未提出详细的、具体的、系统的翻译评价标准。评价标准多以翻译形式、风格为主，不符合认知语言学翻译观的指导思想。

（二）认知语言学翻译观多重互动性缺乏实效性

认知语言学翻译观中的多重互动性要求翻译人员在翻译过程中充分考虑作者、文本、原文读者、译文读者、客观世界等要素之间的互动，通过这种互动更好地了解作者的创作意图，进而帮助翻译人员更好地进行创造，使译文读者也可以很好地与作者进行沟通。然而这种多重互动性往往只是一种字面上的强调，并没有进行更深入、具体的解释，本质上与传统翻译理论具有一定的相似性，主要还以翻译人员与作者和原文之间的互动，而翻译人员与其他因素的互动在实际翻译过程中很少真实发生，这种情况并不是翻译人员主动为之，而是在现有的翻译观理论中，多重互动性如何体现、如何运用、如何操作还没有明确地成文。

（三）创造性的翻译原则缺乏操作性

认知语言学翻译观倡导翻译中要充分发挥翻译人员的主观能动性，融入创造性思维，这一表述仅限于概念的呈现，但具体怎样创造，创造发挥的程度与标准并没有一个明确的、清晰的界定，造成了创造性的翻译原则是缺乏可操作性的。翻译还要求翻译人员尽可能接近原文，而接近原文与创造译文之间的度如何把控，认知语言学翻译观还未能给予充分的界定，还有创造性思维的影响因素，都需要认知语言学翻译观继续深入研究和探讨，对这些问题不进行深入揭示，受此影响，翻译实践活动有可能走入其他误区，不利于翻译事业的发展。

1. “两个世界”界定的模糊性

认知语言学翻译观认为翻译实现的是关于“两个世界”的互动作用过程。实际上在翻译前，翻译人员已经对原文本有了自己的见解，不管是客观现实世界还是主观世界都是存在着的，一个是主体无法改变的客观现实世界，一个是主体本身所拥有的主观世界。翻译中的“两个世界”与本就存在的客观世界和主体自身的主观世界是否一致、如何界定“最大程度”，认知语言学翻译观相关理论并未对其进行具体方案的提供，因此关于翻译的“两个世界”在实际翻译活动中是存在着一定模糊性的，这也是今后认知语言学翻译观需要完善和弥补的缺憾。

2. 和谐性具体表现形式表述不清晰

认知语言学翻译观对翻译的和谐性概念进行了不少阐述，强调和谐性在翻译中的重要性。和谐性是认识语言学翻译观提出的新概念、新要求，也是对翻译结果的期待。在认知语言学翻译观这一领域，和谐性原则对翻译事业的发展方向是有一定指引作用的。但是关于和谐性的具体表现形式，尤其是和谐性的具体操作原则，目前认知语言学翻译观理论中并没有涉及，关于和谐性原则的评价标准也未具体涉及，不利于翻译人员、学生高质量地完成翻译任务。

第六章　认知语言学与隐喻翻译关系研究

在物质世界长期发展的过程中，人的思维作为与其伴生的产物，是人脑机能的重要组成。随着时间的推移，人们通过外在的感官接触事物，并经过大脑的反应逐步形成对客观事物的感性认知，通过人脑思维的判断和推理，这些感性认识逐渐上升到理性认识。如何揭示客观事物的本质、内涵与规律？须通过思维全面而深刻地反映客观事物。隐喻的翻译过程也经历了这样的思维过程。在进行汉英隐喻翻译时，要想使原文与译文的喻体和比喻意义皆符合阅读，使原文与译文都用一个已知概念来阐释一个未知概念的修辞效果，就要求译者不仅掌握汉英语言和文化的基础，还要寻找原文和译文喻体所表达的两个事物或概念之间的联系。隐喻的本质就在于把握人与自然的两种基本存在关系，揭示人与自然的相似和统一，就在于在不同事物和经验里建立起等值、相似的关系。在进行隐喻汉英、英汉翻译时，要想做到忠实传达内涵，使原文和译文拥有相同的联想意义和思维结果，就必须保持隐喻中所存在的人与自然的基本关系，同时连接原文与译文喻体的寓意等质、相似关系才能达到翻译时想要的效果。

在过去的四十年中，围绕隐喻、转喻、构式、认知语法、原型理论、范畴化、概念及概念化等问题开展的认知语言学研究得到了深入的讨论。近十年，这些研究的基础地位并没有被削减。认知语言学 50%的研究都是根据隐喻、转喻、构式以及认知语法研究所展开的。以隐喻和转喻研究为例，由原来的词汇层面逐渐扩展到更深层次的语法、语用、语篇和非语言等丰富的类别是从 Lakoff 和 Johnson 将隐喻和转喻从修辞扩展到人类认知事物的思维方式开始的。在第十二届国际认知语言学大会上，隐喻的结构与空间隐喻、象似性与隐喻理解、隐喻的话语应用等多个方向的研究被提出。21 世纪以来，基于计算机强大的存储功能及快速搜索性能，语料库研究法加快了隐喻理论的发展。除此之外，多模态分析方法对手势、吃喝类动词隐喻义的分析，心理实验法与神经实验法对隐喻理解过程给出的阐述，也是其中研究的重要方向。

基于此，隐喻、转喻两者之间的关系也备受关注。

隐喻和翻译的关系在认知语言学视角下呈现如下：翻译应基于隐喻本身及其所携带的相关信息进行深入分析和准确判断，并在接收者的认知范围内实现二者的重新糅合。

第一节　翻译以认知语言学理论为指导

基于文化认同及思维协同，依据认知语言学理论，为表达者和接收者之间建立起一条有效信息的认知渠道，可以使表达者所传递的信息内容在接收者的认知水平之内。信息内容概念的准确转化离不开认知理论的内涵，作为信息转换的媒介，翻译人员肩负着确保信息内容转换的使命。基于认知理论的指导，翻译者可准确判断信息表达者的真正意图，并依据接收者的认知和思维习惯进行转换，使接收者系统地了解信息，同时也可使接收者依据所理解的意思产生自身的见解。翻译者运用认知理论的主要目的是在信息表达者和接收者之间建立起准确而有效的信息接收渠道，实现彼此之间信息的高效化互动，进而防止理解错误等问题的出现。

、隐喻研究纳入认知科学研究

莱可夫和约翰逊（1980）的著作《我们赖以生存的隐喻》是隐喻研究正式纳入认知科学领域的标志。莱可夫等人提出，隐喻是深层次的语言认知机制，而不单单只是语言的表面现象。隐喻以各种方式协助我们形成语言框架，建立判断基础，并帮助我们组织思想，从而生成新的语言表达方式。运用隐喻的机制，很多新出现的抽象概念会在我们思维的机器中具体化。语言在人们不断认识客观世界的过程中发挥着重要作用。我们对语言的象征功能产生的隐喻习以为常，但正是在语言中所产生的这些隐喻丰富了我们的语言表达方式，为我们描述外在的客观世界提供了重要的工具，使我们的认知从表面、简单的知识领域进入深奥、复杂的领域，语言的隐喻性是概念隐喻的反映。

作为我们头脑中最深层的认知机制，隐喻与认知关系密切，可以帮助我们揭示自己的感知、自己的民族与文化。凡是语言描述能力强的作家都是运用隐喻的高手。具有丰富社会阅历和想象力的语言使用者，其隐喻使用和认知能力非同凡人。隐喻和认知能力相辅相成，在一定程度上，人们通过隐喻不断提升认知能力，而认知能力又帮助人们理解隐喻，使隐喻的使用更为平常，因为对隐喻的把握与隐喻使用人或阅读人的记忆、年龄、生活环境、文化修养、宗教信仰等要素都有密切关系。比如，“筛选”就好比用筛子选金，在水中大浪淘沙，将不好的石块、沙土全部冲洗掉，只有金子能留在最后。可见，对“筛选”一词的隐喻理解需依靠使用者和接收者的相关知识和人生阅历来达到。

二、隐喻研究是认知理论内涵的体现

认知语言理论为语言的使用者和接收者传递合理而有效的信息提供了一个认知途径。这种路径的建立需要依靠思维协同与文化认同，并使使用者的信息内容在接受者的可认知范围以内。信息内容在传递过程中进行正确且合适的转化需要依靠认知理论。翻译者作为信息转换的中间媒介，其责任和使命就是保持信息内容在转换过程中的有效性。翻译者依据认知理论的指导，对表达者的信息内容进行充分而准确的判断，并在转换时依据接收者的思维习惯进行适当、有效的转换，使接收者能够全面、彻底地对信息进行思维认知，并且使接收者在一定范围内对表达者所阐述的信息产生自己的见解。通过对认知理论的运用，翻译的根本目的是建立一条准确的、易理解的信息链接通道，使信息表达者和接收者之间能够进行高效的信息互动，避免误解和曲解的发生。

隐喻通过翻译手段，使表达者的信息意义点映至接收者的思想中，并使其在接收者的思维中产生具体的意义呈现效果。在某种意义上，翻译在语言表达者和接受者之间的行为目的与隐喻的功能是一致的。翻译和隐喻拥有共同的目标性，但从根本上来说两者所着手的角度不同，隐喻是基于语言表达者自身的语言运用方式。

翻译是翻译者在介入过程中借用自身来实施的信息意义传输活动。接收者在接收信息前，翻译者就已经对语言表达者所表述的隐喻信息进行了解析，才能够在翻译过程中理解隐喻所代表的语言表达者的思维信息。在这个过程中，翻译者要同时面对语言表达者、语言接收者和隐喻表达这三个维度。而隐喻是源于表达者并直接面对接受者的。因此，在翻译和隐喻之间拥有一种特殊的关系：翻译需要运用认知语言学对隐喻及其所涵盖的信息内容进行第一层次的解析和辨别，再依据信息接收者的思维认知将其合二为一。

语言表达者在进行创作时产生信息内容意义，通过隐喻进行一次语言内容转换及加工，并依据隐喻的特殊性进行传输。翻译者在认知指导下将表达者所产生的隐喻及所携带的信息进行分析融合，最终由翻译者通过翻译将语言内容传输给接收者，并使其依据自身思维认知产生实际的意义效果。正确理解隐喻对翻译者来说极其重要，正确理解能够使翻译者高效地进行信息内容翻译，而错误的理解则会使翻译者对信息内容产生误判。因此，隐喻和翻译之间可以是积极的作用，也可以是消极的作用，所以，翻译过程需要依据认知语言学对表达者的隐喻及其携带的信息内容进行准确而有效的见知，才能更好地对信息内容意义进行传递。

第二节　隐喻是认知语言学的具体应用

隐喻在某种意义上既是一种语言表达方式，也是一种认知方式。对语言表达者而言，隐喻的有效应用可以使表达的准确性提高，而对于语言接收者来说，隐喻的运用可以使其更好地理解事物的含义，运用逻辑思维可以使语言接收者对事物产生更加深刻的认知，更高效、准确地接收信息。在传递语言意义的过程中，隐喻是一种重要的传递工具，而翻译的最终目的也是对语言意义进行传达，从某种程度来说，翻译和隐喻的根本目的是相同的。如果想让隐喻在传递过程中达到最合适的效果，必须借助一些特定条件，也就是使语言表达者和接收者在某种程度上达成相同认知。由于隐喻的特殊性，在进行表达时会受到很多客观因素的影响，翻译的主要作用就是在这个过程中弱化并解决这些不良影响，实现对语言信息的准确传达。

人们是通过概念化的方式认识世界的，在这个过程中，人的概念系统不断地延伸和扩大，隐喻在其中起着极其重要的作用。隐喻不断指导着人们认识世界，认识新生的客观事物。举个例子，电脑在我们日常生活中是不可缺少的工具，我们工作中会生产一些无用的文件，我们不需要时就需要有个集中的区域来储存这些文件。通过运用隐喻将这个区域形容为“回收站”，我们就能简单明了地认识这个区域的功能，“回收”就意味着其是短期或长期无用的东西，但特定情况下又可以被再次使用，“站”就是集中存放的区域。隐喻借用概念的形式将我们自身的经历和思想演化出来。

一、隐喻化是语言的表达方式

隐喻化是一种认知方式对另一种认知方式的映射，从喻源范畴到目标范畴的映射，一种方式解释另一种范畴的内容是我们思维能力发展的重要手段。比如：为了解释某个机器运转不顺畅，无法正常工作，我们可以用“这台机器瘫痪了”来做比喻；为了表达某个国家经济不景气，我们也可以“这个国家的经济瘫痪了”来做形容。“瘫痪”在中文中的原生意义是“由神经功能障碍导致的身体丧失运动能力”，这都属于有生命和精神的东西。然而，“瘫痪”用于没有生命力和精神影响的抽象的机构和国家经济时就属于隐喻的范畴了。通过隐喻，词语的语言功能被无限扩展，这在汉语中常见，在英语中也有很多。“瘫痪”在英语中的对应词是“paralysis”，这个词语在英语中也可以被正常用作隐喻。

二、隐喻本身是一种认知方式

隐喻既是人的认知方式，也是语言的表达方式。从语言表达者的角度来看，隐喻是两种事物之间的一种微妙处理，可使原本难以理解的一种事物变得容易理解，更容易被语言接收者接收消化。隐喻对语言表达者的作用可以提高所表达内容的准确性，并提高其传播效率。对于语言接收者来说，通过隐喻的方式可以使原本复杂的事物变得易于理解，并可以在自己的认知深处形成全面、系统的思维认知，对于语言接收者来说，效率和准确性提高了。

三、隐喻是语言意义传递的工具

从某种意义来说，隐喻和翻译的目的都是传递语言意义。虽然两者都拥有同样的功能和目的，但隐喻的实现必须借用特殊的情况，需要表达者和接收者双方对隐喻所涵盖的意义拥有同样的思维认知。受制于不同的思维习惯及地域文化的原因，隐喻的转换及代指总会被受制。在这个过程中，就需要运用翻译的方式来弱化这些客观因素的影响，最终使接收者有效、完整接收到语言的意义。

在我们认识世界的过程中，是通过隐喻将感知转化成我们所能够理解的概念的。我们在认识抽象的事物时，需要借助隐喻的手段将其转化为具体的事物，如果在这个过程中没有隐喻来帮助我们进行转换，那我们往往只能在精神层面上获得感知，无法在语言表达上形成有效的传播。隐喻源于隐喻性思维过程，也折射出人类认知世界万物的思想发展过程。以两个物体和事物之间的相似性为基准点，诞生了隐喻这个比较的特征。但是，人们在人际交往过程中不仅仅是传递思想，往往还牵扯着一些情感内容，比如愿望、愤怒、怀疑、喜悦、恐惧、倔强等。情感的交流需要通过隐喻手段，也需要找出两个物象之间的相似性才能完成。

【例 1】他的狗脾气又来了。（比喻“他”的情绪喜怒无常。）

【例 2】她又在咆哮了。（传递出“她”愤怒的情感。）

这些表达中所蕴含的情感是在隐喻的过程中进行传递的，这些情感特征是数千年来文化积淀过程中存在于汉语表达的认知思维当中的。

四、隐喻随语言表达变化保持一致

随着时代的进步，隐喻和语言都在不断地发生变化，隐喻的寓意在发生变化的同时也影响着语言的表达。现在我们语言中的很多常规表达在数十年前都是以隐喻的方式存在的，不再需要经过思考或找到类比物就可以传递给接收者，比如，汉语中“崩溃”“变质”这类词语最初都是出现在隐喻中的。在最初的隐喻中，这些词语往往需要汉语使用者思考才能够理解所表达的意义，但在当今社会中，这些隐喻已经融入进我们的日常生活表达中，我们不需要思考便能够理解其所携带的含义。随着我们对隐喻的不断思索和认知，隐喻逐渐成为我们生活中不可或缺的常规表达。但对翻译来说，这些常规表达却依然需要高难度的转换才能更好地表达意义。

通过将隐喻和认知问题、心理学等进行交叉研究，人们对隐喻有了较之前更清晰的认识，为人们认知隐喻、研究隐喻提供了新的方向和视角。将隐喻和其他学科交叉研究，其研究所得到的新观点可以使英汉互译中的隐喻传达变得更为合理，能够给译者提供更多的翻译灵感和思路。因此，科学地进行英汉翻译需要借助隐喻的认知规律，把握其核心要点。

第三节　隐喻特性与翻译衡量标准

李胜梅教授在 1997 年第四期《修辞学习》上发表的一篇题为“喻体的假设性”的文章中首次阐明了关于喻体假设的八个要素，提出喻体作为假设的事件必须具有假设性。李胜梅教授按喻体使用的功能不同进行分类，而不是按照喻体表达时所用的语言、符号形式或事物的不同进行分类。这标志着我国关于隐喻的研究迈上了一个全新的台阶。李胜梅教授关于喻体假设的观点对我们研究喻体、理解喻体有着重要的启发价值，这种启发体现在：第一，我们可以对对喻体进行情景设定；第二，我们可以对喻体进行假设基础上的特定延伸；第三，我们可以对喻体一方面修饰限定，另一方面假设延伸；第四，我们可以把喻体作为假设的事物，但又要清楚喻体是对本体进行的、客观上并不存在的动态想象；第五，我们可以把本体的典型特征加给不具备这种特征的喻体；第六，我们可以先假设一个喻体作为前提，再推出一个在这假设基础上的喻体，两个喻体在假设中相辅相成。

在本体和喻体之间建立合理的比喻关系，需要把两者之间的相似点作为基础来进行比喻。在人们不断地认识世界时，原有的隐喻关系中，旧存的相似性会逐渐下降，使隐喻所涵盖的意义和价值也随之下降，但同时在人们创造出的新的隐喻中，事物相似性又会不断地增加，使隐喻更加具有时代性。例如，我们形容一个人说话声音大，不知道场合时，会形容“她简直就是河东狮吼”，随着社会的进步，现代人对“河东狮吼”变得相对陌生，所以类似这样的隐喻就变得很少使用，因为这种隐喻方式已经不能给人们提供相应的隐喻价值了。

一、隐喻基本要素

要想灵活、合理地运用隐喻，使其融入自己的语言表达中，就需要我们掌握本体和喻体之间的相似性，观察到客观世界中众多物体之间存在的相似性。在隐喻中，喻体必须是类别不同、性质不同的物象，但要与本体有相似点。中国相关学者对此进行了多方面的研究和论述，陈望道在其代表作《修辞学发凡》一书中明确指出譬喻和被譬喻的关系，首先，譬喻和被譬喻这两个事物肯定有一个点是几乎接近的；其次，譬喻和被譬喻这两个事物从整体上看一定是不一样的，有很多不同点。冯广艺教授在其专著《汉语比喻研究史》中对隐喻相关概念也进行了论述，认为喻体和主体的两个方面是不同的类别，并且是跨区域的，不可能是在一个区域的。冯广艺指出，比喻的三个分类中涵盖最多的五个要素分别是本体、喻体、相似点、比喻词、喻展。在我国的汉语学中，只是将隐喻作为比喻的一种来展开研究，与其他文学不同的是，我们并不需要“比喻词”这样的要素，但却十分重视“相似性”这个原则。所以，隐喻的基本要素是“本体”“喻体”“相似点”的观点已取得共识。

除此之外，“喻体共知性”也是隐喻要素中不可缺少的一部分，其所着眼的基本点在于隐喻中喻体的大众共知性，因为只有这样才能使读者更好地理解隐喻所携带的含义。假如在设立隐喻时选择了一个不为人所熟知的物象来作为喻体，那隐喻不仅不能帮助读者理解表达者的本意，反而会加大读者理解的难度。因此，能不能把握“喻体共知性”就成了隐喻是否能顺利发挥作用的关键，从而协助人们将客观世界中的抽象事物变得易于理解。在英语表达中，“喻体共知性”也是不可缺少的要素。“喻体共知性”在翻译中起到了至关重要的作用，依据共知性，翻译者可以选择适合地区文化的喻体来进行翻译。我们可以做一个设想：如果翻译者在翻译过程中想要完成一次成功的翻译，就需要掌握原文与翻译文之间“共知性”的平衡，使原文读者和译文读者都能够理解正确含义。这就需要翻译者在翻译过程中掌握合适的喻体形象及内涵，并在翻译过程中选择汉语中合适的喻体来进行翻译。如果选择的汉语喻体能和原文喻体保持共知性，并使大多数原文读者能够理解，那这次翻译就是成功的。所以，衡量翻译质量的标准多选择“喻体共知性”这一特质。

二、隐喻特性

在英语中（汉语见“暗喻”），隐喻（Metaphor）和明喻是不同的，不用 like 或 as 表示出来，而是进行隐藏的、比较的一种修辞手段。隐喻又称暗喻。表达方法：A 是 B。

隐喻是一种比喻手法，借用一种事物来形容另一种事物。隐喻通过感知、体验、理解相同的彼类事物，来实现人类社交活动中的心理行为、语言行为和文化行为。

在文学作品中，诗歌的表达方式通常被认为是一种隐喻方式。近现代以来的诗歌突破了以往旧诗歌的局限，重新进行了词语的搭配，并且选择了不同于以往的词句联系方式，将客观世界中没有关系的抽象事物组织在一起，更加赋予了其隐喻的特质。

隐喻具有以下特性：

（一）跨学科性

在当今世界，隐喻已经成为大家所关心的文学命题之一，如哲学界、认知语言界、人工智能等都很关心隐喻问题。

在上古哲学界，以柏拉图为代表的哲学家曾经将隐喻当作哲学研究的头号敌人，因为他们认为概念都不是隐喻所能表达的。但同时也有很多哲学家认为隐喻需要得到高度重视，哲学家康德在 1970 年提出概念隐喻的观点，并认为类推这一隐喻方式所获得的间接性概念表达方式在我们的语言表达中极为常见，这一论述归属于认知科学角度。

德国哲学家 Blumenberg 于 1960 年也指出：隐喻也是哲学语言的基本成分（Metaphor can also be basic components of philosophical language.）。

在我们认识世界的过程中，隐喻也为自然科学的发展进步提供了帮助，比如：物理学中抽象的“光”就常常用我们日常所能接触到的“线”来形容，所以才有了我们能接触到的“光线”等词语。

（二）普遍性

隐喻普遍存在于人们的日常表达中，将人们所接触到的大部分抽象事物变成够理解和传递的语言。

【例】Love is a fire.

在这个隐喻中，爱情并不是什么火焰，并不能燃烧，也不需要助燃剂等物品，但通过隐喻这一方式将其形容为火焰，意为火焰燃烧能够给人们温暖，但需要人们细心呵护，也不能使其缺少氧气，所以引申出爱情双方需要给彼此空间，互相包容，共同呵护，才能够体验到爱情的温暖。

理查德指出：我们的日常生活中充满了隐喻，我们的口头交际中平均每三句话就会出现一个隐喻。而 L&J 于 1980 年所作的调查得出的比例更高：语言中大约 70%的表达方式是源于隐喻概念。

（三）体验性与无意识性

在人类最初的发展时段，语言刚刚出现时，总是借用一个名称来形容某种事物或者事件的发生，随着时间的推移，语言从个别到属性，发展出了概念等元素，这充分证明了人类语言是在体验中不断进步的，具有体验性，语言的产生与发展与客观世界中的万物存在着各式各样的联系。

L&J 基于这一假设提出了“新经验主义”理论，于 1999 年正式提出“体验哲学”，强调心智的体验性、认知的无意识性。

【例】In actually we feel that no metaphor can ever be comprehended or even adequately represented independently of its experiential basis.

【译】事实上我们认为：如果隐喻不依托于人们的经验作为基础，那么隐喻的存在将毫无根基并不能被人们所理解。

（1）矛盾：古希腊哲学家琉善在《苍蝇赞》中指出，荷马屡次用“苍蝇的勇敢”来形容最杰出的英雄，因苍蝇被挥去后又旋而复来，盯住目标绝不断念，代表了无畏和坚定。隐喻的基本作用是，通过两个事物的某种联系，将原始喻体中的某些特征适用至本体目标上，这一适用性原则大多是人类依靠自身身体经验来形成的。由于隐喻来源于我们的身体体验，所以日常生活中所获得的体验会无意识地影响我们获得隐喻，这些隐喻的产生来源于心灵、身体和大脑，所以这些隐喻只能通过身体体验来获得。

（2）无意识性：Lakoff 提到，墨西哥西部印第安部落的米斯泰克人（Mixtec）隐喻性地用身体部位来表示空间概念。在我们获得隐喻的过程中，很多隐喻并不是刻意获得的，而是在无意识中获得的，所以隐喻具有无意识性。

（四）矛盾性与统一性

隐喻含义的诞生源于本体和喻体在概念上不同，但它们也拥有一定的相似性。人作为认知主体，在语言应用中将两者重叠后，两者就拥有了矛盾性，通过解决其所产生的矛盾性，在中间逐渐寻找到统一性。

其中所指的矛盾性是指本体和喻体在物质本质上的不同，比如将银杏树比做“植物活化石”，“活化石”通常是指灭绝生物的再生，将其与“植物”放在一起作为比喻，这其中是有矛盾性的。我们在读这样的隐喻时，就需要结合比喻所使用的语境及我们所拥有的知识体系来进行判断，找出其中的相似性和统一性，这样我们才能完整地获得这则隐喻的内涵意义。

因为人们在生活中产生想象力是不受束缚的，所拥有的体验也是不尽相同的，所以隐喻的产生就会千变万化。因为人们观察的角度不同，所拥有的体验也不一样，所以出现矛盾性也是极为正常的现象。

在我们的语言体系中，用隐喻表达的句子都是以肯定句的形式存在的，将既矛盾又统一的本体和喻体重叠，从而使其产生一些变化和效果。即使在变化中拥有了否定句的含义，隐喻所表达的意义也不会衰减，并且和肯定句所拥有的含义是一样的。

喻体在将其特征通过比喻向本体传递时，可以将自身的一个或多个特点和特征传递到比喻本体上，在大多数情况下，这些特征是系统性向本体传递的。

【例】Argument is war.

此句将“战争”的所有特点都映射到了“争论”这一辩论之中：Your claims are indefensible.

很多特征的映射是为了映射以往，但往往受制于比喻本体的限制，在映射时往往具有很多的局限性。

（五）新奇性与生成性

依据隐喻产生时所带有的新鲜性和猎奇性，可以大致将隐喻分为旧隐喻和新生隐喻。

用一个好的新生隐喻，可以使语言表达更为灵活、更打动人。比如：我骑着思想的野马奔驰到很远的地方。

根隐喻（root metaphor）通常是以一个事物或概念为中心产生的隐喻，在隐喻的构成中拥有十足的相似性，常常被人们以一种事物来看待，同时可以在这个隐喻的基础上衍生、变化出很多相关的其他隐喻，即派生隐喻（derivative metaphor）。

【例】The body is a precise instrument.

以此作为一条词根隐喻，我们可以从这条隐喻衍生出：We are trying to finish the work.

（六）创造性与开放性

由于人脑的特殊性和人类心灵的丰富性，随之而来的是人类百变的创造力和想象力，所以人类能不断丰富和创造出各式各样的隐喻。

客观事物之间千丝万缕的联系被人类在体验和生活中发觉和发现，同时人类独有的想象力和创造力也会不断创造出各种事物之间的联系，例如：开心——阳光、蓝天、微风、星星。

与隐喻共生的，还有我们在创造和使用的过程中不断发现与先前不同的事物联系，并不断丰富我们的创造力和想象力，增强联系不同事物的能力。隐喻是人类在改变客观世界和生活体验中创造和发现的，人类的想象力和创造力也是在不断进步和丰富的，所以隐喻的开放性属性是必然的。

（七）程度性与模糊性

在这两者中，存在着一定的连续性，两者存在的共同性是两者共同拥有的，两者之间拥有一个渐变的过程，并从前者向后者过渡。

Gardener&Winner 的研究表明，语言中的隐喻能力是伴随着年龄的不断增长而不断增强的，所以儿童往往不能理解语言中隐喻所表达的意义。从另一个层面来看，作为本体的事物通常只表达其字面意义，而喻体通常表达作为隐喻的比喻意义，因为两者之间不仅仅只有相似性，还拥有一定的矛盾性。从哲学的层面来说，矛盾性和相似性是不可协调的，是拥有相对性的，这就决定了隐喻在某种层面上具有程度的区别，由此而产生的隐喻意义就是相对模糊的。同样，不同的范畴也会让隐喻变得很模糊。

（八）单向性与互动性

被隐喻直接使用的语言表达，在语言中被字面使用的其他表达式，都可以被统称为隐喻意义。

【例 1】Mike's car is a Mustang.

【例 2】Mike's music is a Mustang.

（九）共时性与历时性

（1）共时角度：指将两个不同概念领域的事物意义进行冲突制造，通过寻找两个领域事物中的共同性，将其中的差异性进行剔除，根据语句使用时的语言环境和知识体系来获得隐喻含义。

（2）历时角度：在时间过程中，利用隐喻的功能不断为一个词语或句子赋予新的意义，这是隐喻不断增长的一种主要方式。比如：water 本义为“水、雨水”，又有“海域”的含义，并逐渐演变为“薪水”“苦水”等，在演变过程中逐渐和人们的生活息息相关。我们能够感知到的是，随着经济和文化的发展，人类思维能力的进步，water 还会随着时代的发展伴随着隐喻获得更多的含义。

（十）转换性与辩证性

旧隐喻和新生隐喻之间是有共通性的，在某种层面上可以相互替代和转换。以诗歌语言表述为例，诗歌语言大多是以隐喻语句存在的，加入诗歌语句后开始使用日常语句来进行创作，那么隐喻用于诗歌创作将不复存在，其隐喻也将失去生命力，变为旧隐喻。Moore 认为：今日的隐喻就是明天的字面意义。

当然，这其中也不乏特殊性。某些语句失去隐喻意义，变为正常的普通用语，只显示字面意义时反而会赋予它新的生命力，成为一种更为有趣的隐喻用法，在某种意义上这是隐喻的一次“重生”，这个语句在这个过程中经过了“本体—喻体—本体”两次映射过程。

【例 1】他是个死脑筋。

隐喻的辩证性：

①本体和喻体之间既有矛盾性也有统一性的链接关系。

②隐喻与相似性之间的辩证关系（语言表达中有基于相似性成立的隐喻，同时运用隐喻时也可以创造相似性）。

【例】天上龙肉，地下驴肉。

即使是从来没有品尝过驴肉的人，在第一次听到这样的隐喻描述后也会将“龙肉”和“驴肉”进行对比，从对比中获得“驴肉十分美味”的信息，据此我们可以得到隐喻创造相似性的结论。对于十分熟悉这则隐喻的人而言，这则隐喻的本体和喻体之间从一开始就带有相似性属性，再听到这则隐喻时就不会产生隐喻创造相似性的概念，而会产生这则隐喻是根据两则相似性才衍生出来的想法，所以说隐喻基于相似性。

（十一）可译性与不可译性

隐喻的运用是世界各族人民基于不同的文化基础和背景来表达自身情感的方式，由于文化基础和文化背景不同，同一隐喻的表达方式可能会多种多样，这就给翻译工作增加了无形的难度。在进行隐喻翻译时，其中蕴含的可译性，目的是为翻译工作者和接收的读者创造一个共同的语境，双方能够在这一基础上进行共同认知。谭业升和葛锦荣（2005）分析了概念层面上的隐喻翻译的认知限定条件与可译或不可译的关系，提出以一种文化概念隐喻系统为基础所形成的认知空间是隐喻可译与不可译及的基础，也是种种翻译策略得以产生的认知空间。张蓊荟（2006）探讨了翻译的隐喻化活动性质，翻译与隐喻具有高度的相似性。在进行隐喻化时，翻译需要考虑不同文化环境的约束，同时还需要考虑翻译后读者的内心渴求。正确地理解隐喻并在读者的文化领域找到和译者共同的语言认识，是可译的第一要素。

（十二）再创造性

在进行隐喻翻译时，不可避免地会进行再创造，主要体现在译者在进行隐喻翻译时会依据接收读者的文化基础重新选择喻体和寓意。将原作者创作时的隐喻文化和译时所选的喻体在译文读者的认知中进行意义感知是再创造的基础。在这两个基础上，同时在翻译时遵循“保持隐喻特征”的翻译原则，在进行具有浓重汉语文化的隐喻翻译时能够发挥更大的想象力和创造力。比如现在经常会出现“脚步决定眼界”这句隐喻。其中的喻体“脚步”和“眼界”分别喻指“曾经经历的事和走过的路”和“眼睛所能看到的高度和想法”。“脚步决定眼界”比喻“一个人拥有什么样的想法，能够看到什么问题，是和他经历的事、走过的路相关的”。我们对汉语中的喻体和含义进行思考和特征把握，可以进行创造性的翻译“Go through different roads and see different scenery.”。

三、翻译衡量标准

翻译是世界范围内的一种文化活动，在活动开展中涉及不同语言、不同文化、不同认知、不同审美、不同种族等多种因素，是世界范围内不同文化之间进行沟通交流的一道桥梁。所以翻译并不只是这种语言与另一种语言之间的互译，更是不同文化之间的一种沟通和交流、一种文化间的转换，而文化转换的过程需要翻译者有适当的心理体验、感情位移和认知转换。适当的心理体验和感情位移可以是读者和译者包括作者之间在不同文化交流的过程中产生一些共情，并且在某种程度上给予对方一些情感回应，从而使文化交流更为高质量。

“忠实”这条标准是翻译中首先要遵守的，在进行翻译工作时要忠实并能够完整地表达原文的内容，同时要保持翻译前的文本风格，从而实现翻译后和翻译前尽可能完整地保持原有风格的要求；“通顺”是指保证翻译时所选取的语言和喻体简单易懂，便于读者理解。“忠实”和“通顺”在翻译时必须是同时存在的，二者相辅相成。既忠实又通顺是衡量一则译文质量的标准，同时满足两个要求的译文才能够称为高质量译文，因为二者之间实现了最佳的动态平衡。所以，在翻译时进行感情位移，处理各则要素之间的关系，达到动态平衡是至关重要的。

依据认知理论科学，隐喻翻译三条原则分别为：保持隐喻特征、接通汉英隐喻的关联文化内涵、根据语境弥补文化喻体缺失。

三条原则的内涵，具体如下所述：

（一）保持隐喻特征

这一条翻译原则的内涵是：汉语原文的隐喻特征及其所表达的含义在翻译前后能够不受损失，即原文中的喻体及其所表达的含义能够在译文中找到对应的喻体及其含义，只有这样，读者在阅读翻译后的文字时才能够理解原作者的真实意图，获得和原文读者一样的认知和心理感受。

如果在进行翻译时，译者将隐喻表达中的喻体及其特征和含义部分丢失，或者没有遵循原作者的意图将隐喻喻体的含义及内涵进行曲解，这些做法都没有遵循“保持隐喻特征”原则。在传达隐喻内涵和表达意象内容时，其核心是隐喻喻体。能够保存喻体原本所拥有的特征，就能在翻译时良好地传递隐喻内涵和原文作者想要表达的意象，如果在翻译时没有良好地保持喻体原有的特征，那原文的内涵及隐喻意象也会受到一定程度的损伤。所以，爆出原文的喻体特征是衡量汉英翻译质量的关键，也是翻译时要遵守的首要原则。

（二）接通汉英隐喻的关联文化内涵

翻译工作者在进行翻译工作时，需要依据汉语和英语两者的文化内涵和文化基础，寻找同时适合两种语言的喻体，为翻译提供恰当的喻体，沟通起两种文化的内涵，并且能够将原文和译文置于同一个平台上，并在此平台上建立起相互链接的寓意关系，使翻译前后的喻体形式和喻体所代表的含义都保持相互对应，达到翻译前后语言表达的都是同一个隐喻内涵的目的。这就要求翻译工作者在自身的认知思维中理解原有隐喻的喻体，并在翻译时参照目标语言的文化基础和文化内涵选择合适的喻体，将原文喻体表达的含义转换至目标语言的文化范围内，使译文读者在进行阅读时能够获得和原文读者相同的思维认知和隐喻理解。

衡量汉英翻译中的隐喻翻译是否成功的标准是翻译时能否实现对应喻体意象的高质量转换。在世界语言中，汉语和英语都是注重表达能力的语言，隐喻贯穿于日常表达的语言之内，是日常语言表达的一种方式。正是有这一特点存在，所以在进行翻译工作时必须忠实于隐喻翻译，在译文的目标语言中选取合适的隐喻特征及其内涵进行转换和转变。将隐喻的特征及其内涵丢弃是翻译工作的大忌，而在翻译工作中不遵循原文的文化内涵，误解隐喻内涵及意象是另一大忌，这两者都不能在翻译工作中出现。如果在进行翻译时不能寻找到合适的喻体和文化意象，那么势必会造成原文和译文内涵不同，出现文化内涵和含义缺失的情况。

翻译中涉及汉语和英语隐喻转换时要极为慎重，因为这关乎汉英读者认知领域内的隐喻转换和喻体意象理解。所以，找到合适的喻体和隐喻特征进行转换是隐喻翻译的核心，因为世界各地的文化意象都是该文化在历史发展过程中积淀而来的，其中蕴含着该民族的固有文化和思维，是不可替代的特殊内涵和特殊精华。所以翻译工作者依靠自身的思维认知、文化理解进行翻译时，无形中就促进了汉语和英语两种文化和语言之间的沟通和交流。要想在文化沟通和交流中不曲解、不扭曲原文中的文化内涵和文化诉求，在翻译时就必须将原文和译文中的文化内涵和意象打通。所以，“接通汉英隐喻的关联文化内涵”是互译工作中不可缺少的原则。

（三）根据语境弥补文化喻体缺失

这一原则要求翻译工作者在进行汉英翻译时，能够在英语语境中寻找到和汉语语境相对应的语境，将隐喻所蕴含的喻体特征和文化内涵在英语语境中完整表达出来。译者需要根据自身的认知思维及文化内涵在翻译中不断弥补缺失的语境和内涵，使翻译前后的文化内涵和喻体含义相互对应，不能出现曲解和误解的情况。由于文化内涵的不同，汉英互译中，文化内涵及隐喻意义会出现不同程度的缺失。所以，依据本条原则的要求，汉英翻译的过程中，译者应依据自身能力降低翻译过程中文化特征和文化意象的损失，不影响文化交流和传播。

对中国隐喻翻译的研究表明，中国数千年来进行的隐喻研究都只着眼于文字搭配的基本层面，对修辞学的发展贡献的力量甚少，对翻译理论的进步和发展提供的帮助也微乎其微。因此，多年来，学者们都只是立足于文字搭配的领域对隐喻进行理解和使用，只是将表面的简单词语进行汉英对应式转换，并没有立足于本质问题，撕开隐喻所代表的文化内涵和文化特征，就出现了汉英互译中各种不好的现象，导致翻译的著作达不到世人的要求。通过将隐喻背后所蕴含的文化内涵和意义，以及隐喻中所包含的思维观和文化关联理论应用到汉英翻译时隐喻的转换和翻译之中，能够推动现阶段的汉英互译理论上升到更高的台阶，并且能够为汉英互译中的理论发展提供学术性支撑。

第四节　隐喻解读与翻译需要隐喻思维

隐喻从诞生以来就是我们思维的一部分、机能的一部分，从某种程度上揭示了我们的深处思维。不同民族之间的文化不同，看待客观世界的角度和方式也不同，对隐喻的理解和作用也有着明显的区别。如果隐喻的表达方式超出了语言运用者的思维认知能力，那这样的隐喻很难良好地发挥其想要表达的内涵和自身作用，在某种程度上也会增加翻译者的翻译难度。

一、隐喻解读需要隐喻思维

依据民族语言创造出来的隐喻，在被运用和理解时对隐喻接收者和使用者有文化水平的要求，但翻译者在进行隐喻翻译时，对民族隐喻的理解和运用是整个翻译工作的第一步。对民族隐喻的理解是否正确，关系到今后的翻译工作能否顺利开展，而在英语中寻找到适合汉语的喻体特征及内涵就显得至关重要。比如，汉语中经常提到“豆腐渣工程”“心脏工程”等，这些和土建有关的隐喻词语需要读者拥有土木工程行业的相关知识，使用者需要根据语境灵活运用。所以，读者或者使用者对这些类似的隐喻应该拥有相关的概念思维：“豆腐渣工程”指的是因质量不达标而不符合要求的工程；“心脏工程”是一个项目或工程的核心工程或环节，类似于心脏对人体的重要性。

翻译者如果想要对以上几个隐喻名称进行汉英翻译，那翻译者的认知思维中应该拥有和这些隐喻相对应的文化概念和内涵，之后才能以此为基础对英语中恰当的喻体进行选择。根据汉英翻译的诸多原则，我们在英语中找到了如下喻体，能够基本反映汉语中的隐喻语言：“豆腐渣工程”——very fragile construction；“心脏工程”——extremely important link。

根植于我们语言中的隐喻表达不仅在无形中影响着我们的思考方式，而且还不断改变着我们的语言表达和思维认知能力。通过对隐喻思维的灵活运用，人们的语言表达词汇不断丰富，能使交谈双方对彼此所使用的隐喻表达都产生想象力，在思维的空间里对隐喻思维进行再创造。我们的概念思维能力在某种程度上依托于隐喻的发展，并在发展过程中不断完善。一些对我们而言很普通的词语，通过隐喻的引用和扩展在我们的思维中获得了全新的含义和内涵：水—水嫩—水灵—泼冷水—水深火热—滴水不漏—反水—上善若水，等等。我们在对水进行引用和隐喻理解及表达时，参照的都是“水”的根本特征。

二、翻译需要隐喻思维

隐喻和思维的作用是相互的，隐喻不断丰富和完善着我们的思维能力，我们的思维能力也在不断丰富和拓展着隐喻。与我们的汉语表达相同，英语中的很多词语通过民族文化和思维的丰富与完善同样衍生出了很多不同于最初的隐喻含义。如果不进行隐喻化的丰富和完善，英语文化中的很多深层思维都无法很好地得到表达和沟通，例如，eye（眼睛）这个词在隐喻的发展历程中，让英语表达能够更深入复杂的客观事物：Eyesight（视力）—goo goo eyes（暗送秋波）—an eye for an eye（以牙还牙）—a bird’s-eye view（俯视）—in the public eye（受公众瞩目的）。通过对 eye 一个词的不断引用和隐喻的发展，英语民族的思维能力不断得到提升，假如没有 eye 的隐喻化发展，上述列举的词语也无法出现在英语表达中，更不会在英语民族的认知思维中产生和衍生。这些变化和发展是隐喻带给人们的，不断推动着人们的认知思维向前发展和完善，这是隐喻发展所产生的庞大能量。

词语隐喻的产生和词语本身是一脉相承的，其隐喻义和词语本义从根本上来说都是同一出处。一个词从此与本义演化成隐喻义后，人们在日常使用时需要去思考这个词语最初出现在人类语言表达中的含义，才能够决定隐喻如何使用更为恰当，但随着历史的发展与演变，一些隐喻在使用的过程中已经失去了其最初出现在人类语言表达中的本意，只以隐喻义存在于人类的认知思维当中。大多数情况下，当一些词语的本义从人们思维中消失时，要想获取本义只能通过字典、辞典等工具才能够找到其最初出现在人类语言表达中的含义。这个趋势是隐喻语言发展不可避免的趋势，是人类思维不断发展进步的表现。汉语表达中的很多词句本义已经从我们的思维中丧失了，其本身只拥有隐喻义或者在某种程度上已经失去了隐喻含义，变成了我们所谓的“死隐喻”，成为了我们语言表达中的常规语句，比如：死脑筋、崩溃、鸭梨、山头、油水、苦水、手足、过街老鼠、唱高调、落水狗等。

类似这些词语曾经作为隐喻存在过，在如今我们的语言表达中也有类似的隐喻，但是在我们对这些词语使用时，并不会让其拥有本义或隐喻义，而是直接依据语言表达来获取含义，得到他们的一般含义。假如在进行英语翻译时将上述列举成语翻译成英语，在英语表达中也只是作为普通表达词语存在，并不能赋予其可以想象的生命力，这和原文的生动描述是完全不相符的。

我们在汉语表达中经常会使用一些四字或五字的成语，这些成语的诞生大多有迹可循，它们皆出自中国古典的文学著作，如唐诗、宋词、《史记》等古代文学。随着时间的推移和人类思维能力的进步，现在人们在使用成语时已经淡忘了它们出现在古典文学中的一些词根含义，而只是采用它们的隐喻含义来进行隐喻表达和描述。汉语中有数以万记的成语，我们仅仅通过《三国演义》这一古典文学著作就能够体会到四字成语的语言表达魅力。虽然现在很多汉字成语的隐喻化已经失去了其原本的风采，但我们仅仅依靠这些成语提供给我们的隐喻含义就能使我们的语言表达获得不可匹敌的魅力。仅《三国演义》中流传下来被人们熟知并常用的成语就有数百条，这些成语老少皆知，是语言表达中不可缺少的部分，其中所蕴含的含义从古到今都影响着人们的思维方式和认知方式。在《三国演义》的英译本【邓罗（C.H.Brewitt Taylor）译本】中，许多成语的英文翻译已经失去了隐喻含义。

【例】人才济济——a galaxy of talents

罪魁祸首——arch-criminal

破口大骂——shout abuse

虽然这些汉字成语首次出现在古典文学中的根本含义已经不再出现在今天人们的思维和语言表达中，但它们的隐喻含义依然十分重要。使用汉语的人们都知道这些成语的含义是带有比喻性的，运用隐喻来进行表达比直接进行描述能让人获得更深的体会和感触。然而，这些成语被翻译成英文后已经失去了汉语文化和历史积淀赋予其的魅力，更没有丝毫比喻性质可言。我们同时阅读英文译文和汉语原文，便能够感受到就像端着的一碗香气四溢的茶汤突然变成了一杯平白无奇的白水一样。这样的翻译方式是失败的，是不完整的，是有缺陷的，这是将隐喻进行了非隐喻化，不仅不能帮助人们获取想象力和语言表达能力，反而会使译文缺失美感，脱离了汉语成语的生动性和联想性。翻译者忽略了我们在数千年的文化发展历程中对隐喻附加的含义和我们进行认知思维的过程，而是以简单粗暴的方式对其进行翻译，完全忽略了汉语成语的生命力。这是汉译英隐喻翻译环节长期存在的问题和遗憾。我们进行的认知语言学研究和隐喻翻译研究应该致力于解决诸如此类的问题，为汉语文学在世界范围内传播作出贡献。

第七章　认知语言学视角下英语隐喻翻译策略

从认知语言学的角度来看，受社会环境、宗教信仰、文化历史差异性的影响，人类之间互相作用会获得不同的经验，形成不同的社会文化，语言属于社会文化的一种，所以语言也具有差异性。隐喻是语言表达的一种重要方式。随着国际经济社会一体化进程的加快，英语隐喻翻译工作日益增加，因此探讨认知语言学视角下的英语隐喻翻译策略具有重要意义。

第一节　隐喻翻译的跨文化视角

从翻译倾向、翻译方法、翻译学派角度看，翻译被分成很多类别，翻译也被公认为一门实践性很强的语言艺术。翻译不仅是两种语言的转换，更是两种语言背后代表的文化交融和文化碰撞，文化因素对翻译影响深远且意义重大。中西方学者对其研究得比较晚，在 20 世纪 90 年代，国内外的翻译研究者才把文化和思维的交流作为翻译研究的重点，直至“跨文化交际”研究走入翻译界研究范畴，翻译才开始被看成是一种跨文化的活动。

一、跨文化翻译的定义

当两种不同的文化相互接触、相互碰撞之时，语言翻译顺理成章承担起跨文化交流与传播的职能，所以翻译不仅是两种语言符号的相互转换，还是两种文化的相互沟通和影响。从这个角度看，跨文化翻译可以界定为任何翻译。从狭义上看，跨文化翻译指的是在翻译的基础上对两种或多种不同的文化进行比较并且以文化交流和传播为目的进行翻译。这一层面对跨文化翻译的定义解释得更为具体、更为深刻。跨文化翻译的困境具体表现在以下方面：

（一）跨文化理解的多样性

跨文化翻译的关键是了解对方文化，翻译出符合对方文化需求的作品。跨文化翻译的内容是异国文化，异国文化里包含了其特有的词汇、谚语、俗语等属于本国的语言表达，对异国文化进行正确的、深入的理解，才能保证跨文化翻译的质量。但是不同的翻译人员站在不同的角度，基于不同的翻译需求，所看到的、认识的异国文化是有区别的，对同一文化内容的理解和态度也是不一样的，不管是以源语文化为目标，还是以译语文化为目标，所造成的跨文化翻译都使其具有多样性，多样性的翻译不利于掌握翻译策略，使得跨文化翻译研究不能形成固定的标准和模式。

（二）两种语言词汇的差异性

本节所指的两种语言，主要指的是以汉语与英语为主要表达形式的两种语言，对应的是英译汉和汉译英两种翻译。英汉两种词汇在文化层面上存在着词汇空缺、词义冲突、联想意义、语用含义四个方面的差异，具体来说，“词汇空缺”是指源语词汇所包含的文化信息在英语中没有对等的语言表示，“词义冲突”是指源语词语所承载的文化含义和目的语所承载的文化含义相互矛盾，“联想意义”是指不同的文化往往会对不同的事物产生不同的联想意义，“语用含义”是指词语所含的民族文化涵义。四个层面差异的必然存在，使得跨文化翻译的难度加大。

总之，英语和汉语的固有差异，以及翻译人员的不同翻译需求，使得两种语言在翻译策略的选择上有较大难度，在翻译过程和翻译效果的呈现上会有各种不同程度的反映，这是跨文化翻译一直存在的困境，也是跨文化翻译中不能忽视的主客体问题，更是跨文化交流中必须解决的问题。

二、英汉隐喻异同

上文中提到相同的文化传统、生活习惯和生活经历会形成相同的或者相似的概念隐喻，而不同的文化传统、生活习惯和生活经历会形成不同的隐喻概念，这种不同的社会环境、地理环境和历史文化背景也会影响不同民族的人们在隐喻选择上的不同。

（一）中西文化中隐喻的共性

从整个人类社会发展历程来看，人类生活在同一个客观世界，所经历的社会文化背景有相同之处，在这种情况下，人类对客观世界的认识和对自身的认识也是有相同之处的，所以形成了不同民族间相互交往、交流的基础。同样，英语与汉语在隐喻的使用过程中，还是存在着隐喻意义和隐喻用法上的相似性，对应的语义和文化形象也有一定的共同点，比如反映情绪的词义，两种语言选择的隐喻表达方式和隐喻意义有很多一样的地方，还有很多成语和俗语的隐喻使用也是一样的。可见不同文化背景的人们受相似的客观规律的影响，语言系统中的基本语义概念也会有共性内容的存在。通过对英汉两种语言隐喻使用的研究，两者之间的共性具体体现在：

1. 方位隐喻的共性

方位隐喻是指参照空间方位概念而形成的系列隐喻。空间方位是人类社会赖以生存的基本概念，源于人与自然间的关系，常见的方位关系有“上下”“左右”“前后”等。空间方位关系对应到身体状况、情感表达和社会地位等领域时，又能形成具有抽象概念的隐喻使用。由于地球重心引力的影响，人们更喜欢用“上”来表示自己的身心康健、情绪饱满、道德高尚、社会权利或地位重要等隐喻性含义，而“下”则表示地位卑下、个性堕落、道德沉沦、情感失意等隐喻性含义，这一点在英语和汉语词汇中都是相同的，而“左右”也有隐喻的含义，“左”意味着迟疑、模糊，“右”通常表示确切、肯定，在英语和汉语表达上都是一样的寓意。

2. 地域隐喻的共性

纵观整个人类社会，在生活需要和生活模式上都是有着基本的相同之处的，不管在哪个地域，吃喝住行、生老病死等都是人类的共同需求和生活模式，因此一个地域能够发生截然不同的文化并存。在长期的社会实践中，地域隐喻中的共性越来越明显，成为国际交往、各国人民往来的基础和依据。地域隐喻的共性会体现在语言中，形成共同的文化内核，进而出现很多隐喻重合的现象，比如“破釜沉舟”（burn one's boats）、“空间楼阁”（castles in the air）等具有明显地域隐喻性的词语，看似表面逐字逐译，可实质却分属两种不同的语言。

3. 文化隐喻的共性

随着全球化进程的加快，“人类命运共同体”、“一带一路”倡议的提出，使得各国人民有了更多渠道了解他国文化，大大推进了异质文化间的交融。以往受客观条件的限制，各国之间是相对封闭的，人们对异国文化是反对和抵制的，如今人们以更加开放和包容的心态对待异国文化，各国间文化交流增强，其他国家的语言、流行语、谚语和俗语传入本国，并得到本国人民的大量使用和传播，成为本国常用语言，丰富了本国文化和语言表达形式，而本国文化的对外传播，也会丰富他国的文化和语言表达，逐渐形成了文化隐喻的共性。

（二）中西方文化中隐喻的差异

虽然中西方文化中的隐喻有不少共性之处，但两种语言终究代表和反映的是不同民族的文化特色和文化信息。隐喻的理解不能摆脱社会文化背景，中西方文化之间存在的差异性是人们必须要面对的，也是消失不了的，因此隐喻在英汉语言的应用中也存在着显著差异，主要体现为：

1. 喻义相同，喻体相异

英汉两种语言存在着喻体不同，但所喻指的含义基本一致，如英语中常说的“You are a dinosaur.”，结合上下行文，“dinosaur”常常会作为隐喻用来形容处世方式古板、不懂变通的人；汉语中也有同样意义的隐喻词语，“老古董”也是表明一个思想保守、做事古板、不愿意接受新事物的人。两个词的隐喻意义都一样，但是所指的喻体却是不一样的，这种差异主要是两种不同的文化背景造成的。

2. 喻体相同，喻义相异

在英语和汉语中还存在一种情况，就是喻体一样，但是在各自的语言环境中所隐喻的含义是不一样的，比如英语中常说的“dog eat dog”（狗咬狗）指的是存在竞争关系的两个人互相伤害、争权夺利，陈述的是一种事实，不带有感情色彩；汉语中也有“狗咬狗”的隐喻，隐含讽刺的意味，往往指两个坏人之间发生争执。由此可见，在英汉两种语言中，虽然有着一样的表述，但是所指的含义截然不同，这种不同既与社会文化差异有关，也与用语习惯相关。

3. 喻体和喻义均相异

在汉语和英语隐喻的使用中，喻体和喻义大多都不相同。在一种语言里出现的喻体，所指的喻义无法在另一种语言里找到对应的喻体和喻义，造成这种情况的直接原因是汉语与英语之间两种文化的错位和缺失，如英语中“beaver”的表面意义是动物海獭，但往往还用于隐喻一个人假装卖力气以讨好某个人，含有贬义，而在汉语中海獭只表示这种动物，不带有其他含义。同样，汉语中含有隐喻的词语，在英语中也找不到对应的隐喻意义。喻体与喻义不同是多方因素造成的，既有两种语言所在社会的人们生活、思维方式不同造成的，也有两种语言所代表的信仰不同造成的。

第二节　隐喻翻译案例分析

认知隐喻的基础是心理层面存在的联想，联想产生的基础是不同类别事物之间的比较，因此隐喻是对感知过程中产生的某种联想进行描述时采用的语言艺术修辞手段。隐喻翻译的四个要素缺一不可，分别是：本体，也称被喻者，是要表述的对象；喻体，是表述本体的比喻者；相似点，也叫联想的基点；相异点，就是本体与喻体之间的差异。四个要素中，隐喻的本体和喻体之间的相异点非常重要，本体和喻体一般是两个不同范畴的物象，这样隐喻所蕴含的艺术价值才会更加凸显，本体与喻体相似性越大，隐喻效果越小；反之，隐喻效果越大，表现力越强，越能吸引读者，越能实现隐喻价值。当然，隐喻的认知与翻译与文化因素息息相关，所以在对隐喻进行翻译时，不仅要翻译出源语中所含的喻体和喻义，还要体现出源语中所代表的民族特色和文化特色。下面以中国文学研究家钱锺书的《围城》翻译为例，对该书中的隐喻翻译进行分析。

一、《围城》及作者简介

钱锺书（1910—1998），原名仰先，字哲良，后改名钟书，字默存，号槐聚，曾用笔名中书君，中国现代作家、文学研究家、清华大学教授，著有《围城》《管锥编增订》《谈艺录》等。其中，《围城》是钱锺书所著的长篇小说，是中国现代文学史上一部风格独特的讽刺小说，被称为“新儒林外史”。故事情节是作者虚构的，故事发生在1920—1940年间，主角方鸿渐是个从中国南方乡绅家庭走出的青年人，迫于家庭压力与同乡周家女子订亲，但在其上大学期间，周氏患病早亡，准岳父周先生被方鸿渐所写的唁电感动，资助他出国求学，出国求学回来后方按照正常人的生活轨迹工作、恋爱，进而描写了中国抗战时期知识分子的群相。

主人公方鸿渐是个被动的、无能的、意志不坚定的、经不住诱惑的人，同时在抗战这一特殊历史时期下，社会残酷黑暗，作为知识分子的主人公并没有做出应有的理性、信仰的斗争。《围城》一书出版后，受到社会大众广泛青睐。该书中虽然没有明确的故事线索，一些看似琐碎的见识和生活片段凑成了故事情节，但该书中的精言妙语是本书的亮点。《围城》一书体现了汉语对比喻的妙用，该书大概使用了三种比喻，一种是真实地写景写物的形象比喻，一种是对抽象的思维和感觉运用具体的物象比喻，还有一种是利用喻体和本体在价值等级上的强烈反差逻辑性来实现对表达对象的讽刺。《围城》一书不仅受到国内读者的喜爱，也受到外国学者的青睐，20世纪70年代美国威斯康星州大学中文系硕士珍妮·凯利（Jeanne Kelly）与华人学者矛国权（Nathan K.Mao）将《围城》译为英文，这本英译本曾被美国图书协会选为1980—1081年度卓越学术著作。

二、《围城》隐喻研究

学者们对《围城》的研究是多方面的，尤其是对其隐喻方面的研究，主要集中在利用关联理论、认知学相关理论方面。《围城》中对比喻的妙用是该书最值得赏析的地方。学者喻婷婷在对《围城》隐喻的研究中指出，在隐喻翻译中，直接翻译应作为翻译人员首先考虑的方法。李军艳提出，文学翻译的目的决定了隐喻翻译应该以直接翻译为主、间接翻译为辅。曾昱茜认真分析了《围城》中所蕴含的愤怒、快乐、悲伤和爱四种情感隐喻，认为概念隐喻在口头和书面表达中发挥着重要作用，对书中主要人物性格的表达、情感的抒发亦起到重要作用。

三、具体隐喻应用分析

下面对《围城》中隐喻的解析主要是从翻译人员在语言维度、文化维度和交际维度三个方面的适应性上进行的。

（一）词汇的隐喻翻译选择

【例】太太不忠实、偷人，丈夫做了乌龟，买彩票准中头奖，赌钱准赢，所以，他说，男人赌钱输了，该引以自慰。（钱锺书，2008：4）

【译】If the wife is unfaithful and has an affair,the husband is sure to take first prize if he buys a lottery ticket,and he is sure to win if he gambles.And he added that if a man loses at gabbling,he should take it as a consolation.（Kelly&Mao，2006：7）

英译本中把原文中的“乌龟”与“不忠实”两个词进行了合并，一起翻译成“unfaithful and has an affair”，翻译人员做此翻译的原因在于考虑到原文本所处的生态环境的特殊性，考虑到翻译人员与读者所处的生态环境与原文本生态环境的差异性，在翻译过程中翻译人员对原文本词语选择了适应性存在。在原文本的语言环境里，面对妻子不忠行为的丈夫被隐喻为“缩头乌龟”，如果将“乌龟”直译为英语中的“tortoise”，就不能将原文作者的意图和原文词语中的隐喻含义转达出来，使得原文中对人物的讽刺意味在翻译时丢掉了。因此在充分了解两种语言生态环境的差异性后，翻译人员适应了原文本的生态语言环境，对原文本隐喻含义有了正确理解，从文化维度的角度使用了意译的翻译策略，使得读者也能感受到原文作者的情感表达，保证了翻译效果和翻译质量。

【例】她手上生的五根香肠，灵敏的很，在头发里抓一下就捉到个虱，掐死了，叫孩子摊开手掌受着，陈尸累累。（钱锺书，2008：150）

【译】The five sausage-like fingers were quite nimble.With one pluck she seized a louse,squeezed it and telling the girl to spread out her palm,laid out the louse corpses one after another.（Kelly&Mao，2006：171）

原文中用“香肠”来比喻书中人物肿胀的手指。联系上下文可知，主人公方鸿渐所居住的旅馆环境比较脏乱，旅馆老板娘的服务态度十分不好，从原文对旅馆老板娘的动作描写可以感受到，方鸿渐对底层人民的艰苦生活既感到心酸又感到无奈，因此，作者在看到老板娘受冻的五根手指头时用了隐喻的手法。翻译人员在对此句进行翻译时，想到受冻的手指头与香肠的样子确有相似的地方，且采用直译的方法更便于读者理解，因此选择了直译的隐喻翻译策略。

（二）句子的隐喻翻译策略

【例】不过，不说是鸟笼，说是被围困的城堡 fortresse assiegee,城外的人想冲进去，城里的人想逃出来。（钱锺书，2008：89）

【译】Instead of a bird cage,it’s a fortress under siege (fortress assiegee).The people outside the city want to break in and the people inside the city want to escape.（Kelly&Mao，2006：100）

翻译人员在对该句翻译时，把原文本中出现的外来词汇保留了下来。联系上下文语境，原文中该句承接了上文人物褚慎明对婚姻的描述，苏小姐说出了自己对婚姻的见解，同时希望得到方鸿渐的回答，此时苏小姐引用法语的习语，符合其未婚者的身份。联合上下文语境和本段主旨思想，翻译人员在翻译时从语言维度的角度采用了直译的翻译方法，保留了原文的句子结构，既保留了原文的表达效果，又利于读者的理解。

（三）习语、习俗及文化的隐喻翻译

【例】他说这冒昧话，准备碰个软钉子。（钱锺书，2008：21）

【译】Having made this rash remark,he braced himself for a polite rebuff.（Kelly&Mao，2006：27）

在原文本语言环境里，“软钉子”表示提出某种请求被委婉回绝。翻译人员在这里使用了“a polite rebuff”对应原文的“软钉子”，能加强回绝的力度，也更能凸显方鸿渐（即句中的“他”）对先前自己说话有冒昧地方的不安，隐喻了方鸿渐平时对苏小姐（说话对象）的恭敬。此时，翻译人员准确把握了交流双方身份上的区别，从交际维度考虑进行适应性选择，对原文隐喻采用了意译的翻译策略，这样翻译出的译文能够很好地让读者感受到译文中人物当时当下的心理活动，赋予人物丰富的性格表达，以便读者更好地理解内容。

【例】请的客一个都不来，就无异主人在社交生活上被判死刑。（钱锺书，2008：64）

【译】If none of invited guests shows up,it means the death sentence for the host as far as his social life is concerned.（Kelly&Mao，20-06：75）

在原文本语言环境中，主人请客，如果是客人众多，络绎不绝，代表主人人际关系好，人脉广阔；如

果请的客人没有来，则代表着此人人际关系差。翻译人员对此句进行翻译时，在保持与原文本语义一致的情况下，让译文句式结构与原文本句式结构保持一致，结合语言维度和交际维度因素，采用了直译的隐喻翻译方法，表达了来宾人数对主人的社会地位和人际交往有重要影响。

【例】唐小姐，现在的留学跟前清的科举功名一样，我父亲常说，从前人不中进士，随你官做得多么大，总抱着终身遗憾。（钱锺书，2008：75）

【译】Miss T'ang,studying abroad is like passing examinations under the old Manchu system.My father used to say that if a man failed the third-degree examination,no matter how high an official he became,he'd carry that regret around for the rest of his life.（Kelly&Mao，2006：85）

科举考试是中国古代选拔官吏的重要手段，分为乡试、会试和殿试三个等级，三个等级呈递进关系，自下而上，越往上代表官位越大。原文本里，主人公方鸿渐想要表达留学时获得博士学位同古代科举考试中进士是一样的意义，而在老一辈的认知里，只有通过科举考中进士人生才有意义，不会觉得有遗憾。从译文可以看出，翻译人员在对原文本进行翻译时，深刻理解了原文本中的社会文化环境和人际交往因素，从文化维度和交际维度方面采用直译的翻译策略对隐喻进行翻译，这样更便于读者理解原文思想，加深对原文本所在的社会历史文化的了解。

以上对《围城》译本翻译策略的分析和讨论，为更好地制定和参考隐喻翻译策略提供了具体依据和支撑。隐喻翻译策略的选择是多方面，多种因素比较的结果，其目的是更好地实现翻译效果、提高翻译质量。

第三节　认知对等下的隐喻翻译策略——直译法

上文中提到汉语和英语虽然属于两种不同的语言体系，但是两种语言体系之间存在着不少相同的认知和思维方式，因此两种语言体系存在着对等认知情况，比如汉语中常说的“苦笑”“空中楼阁”都可以直接对等到英语中的词汇“bitter smile”“castle in the air”。在认知对等情况下，隐喻翻译往往采用直译法。当源语和目的语在引申义和语用上相一致时，也可将词、词组及其搭配等直接翻译过来，但是原语包含的文化信息越多，越不宜使用直译。

在认知语言学翻译观的影响下，翻译人员在条件允许的情况下，可以对原文本的语言信息内容进行直接翻译，这种方法就是直译法。这里讲到的“条件允许的情况”指的是，排除两种语言种类本身的区别，在作者和读者之间获取同样意义的情况下，可以对语言信息内容进行直接翻译。直译法的重点在于翻译人员处理好两种语言涉及的跨语言问题。在用直译法进行隐喻翻译时，翻译人员需要准确、全面地理解原文本中涉及的语境，语篇结构系统、结构功能，隐喻所含意义，在此基础上直接用另一种语言将原文语言的信息内容、隐喻意义传达给读者（目的语接收者），这样看来，直译法只是针对语言结构自身和隐喻所含意义。在直译的语言环境里，原文作者的文化背景与读者的文化背景是相通的，作者的思维逻辑形式与目的语读者的思维逻辑形式是一致的，只有在这种条件下，采用直译法的翻译策略才是最合适的、最恰当的，当然，这些也是使用直译法进行隐喻翻译的关键要素。

从认知语言学关于语言学和翻译学的研究理论来看，语言其实就是人借助自身对社会的认知和客观世界相互作用的结果。认知是语言的前提，站在这一角度看，人类在生理构造和心理基础上是一致的，因此各民族、各地区、各种文化背景下的人们的认知能力是接近的。举例来说，英语中“time is money”这一结构隐喻的形成得益于人们从具体的概念领域的认知上升到抽象概念领域的认知，这种上升后获得的认知映射到人脑中，便形成了这一隐喻结构。同样在汉语表达中，人们看重时间的重要性，也看重金钱的重要性，经过长期的实践总结，把时间和金钱放在一起更加凸显两者的重要性，这种表述下，对英语隐喻的翻译就可以采用直译的翻译方法，把源语的隐喻概念转移到目的语上。直译法的优点在于简单、明了、直接，能够保留源语的内容、句式结构和意义，直译后的语言往往成为目的语表达的常用语，构成了目的语词汇。当然，认知对等情况的发生在实际隐喻翻译中是有限的，使用直译法的翻译策略也是有限的，绝大多数情况下，并不能满足直译法的条件。

第四节　认知不对等下的隐喻翻译策略

在英语隐喻实际翻译中，隐喻涉及的关系众多，包括本体和喻体的特征关系、文化关系、联想关系和意义关系等多种关系，而隐喻翻译中经常出现的状况是译文的内容和形式与原文的内容和形式不太一致。认知不对等的情况是英语隐喻翻译中存在的普遍情况，怎样在认知不对等的情况下有效地选择英语隐喻翻译策略是考验翻译人员翻译能力和翻译水平的重点，研究认知不对等情况下的隐喻翻译策略是英语翻译研究的核心。讨论和研究认知不对等情况下的隐喻翻译策略关键在于对隐喻涉及的四种关系的考察。主要是在隐喻原文被翻译成隐喻译文的过程中，必须保证文化关系的连接，并尽可能保持原文中呈现出的文化关系，这是隐喻翻译的主要目标。在比较原文的隐喻内涵时，注意原文喻体所蕴含的语言文化特征，对于隐喻翻译人员来说，不仅要真实、客观地对原文中出现的隐喻结构进行表述，还要将原文中喻体所指的形象以及所蕴含的文化内涵用合适的译文语言合理、恰当地创造出来。由于还原喻体中所蕴含的文化内涵对于身处不同语言文化环境的翻译人员来说难度最大，考虑到原文喻体呈现本身就受多种因素影响，因此对于翻译人员而言，认知不对等情况下的隐喻翻译需要对两种语言的文化背景做到充分的了解和把握。隐喻翻译的过程其实就是对原文隐喻表述的再创造过程，在此过程中，翻译人员需要在认知语言学翻译观的理论指导下，根据具体翻译实例具体分析，对隐喻翻译进行准确的界定，并灵活运用到英语隐喻翻译任务中。

一、因文化差异造成的冲突

准确分析隐喻翻译中因文化差异造成的冲突，有利于翻译人员充分理解隐喻翻译背后所蕴含的文化、社会背景。英语隐喻翻译中常见的文化差异主要体现在以下几个方面：

（一）英汉文化差异造成的词汇空缺

汉语中的一些文化概念在英语中经常找不到对应词，同样，英语中的一些文化概念在汉语中也找不到对应词，这就是最基本的英汉文化差异造成的词汇空缺。比如中国文化中经常使用的具有隐喻意义的词语“黄牛”“老油条”“媒婆”等，在英语中并不能找到对应词语进行表述。在对这些具有隐喻意义的概念进行英语翻译时，翻译人员只能采取重新“创造”“拼凑”或“意译”的方式进行翻译。

汉语和英语中因为文化差异造成的词汇空缺还有一种情况，就是汉语和英语中有对应词，但各自在其语言背景中隐喻的寓意不一样。如汉语中“那人是个醋坛子”，按照对应词翻译，将译成“That man is a jar of vinegar”，这样虽然形式上实现对应了，但是英语词汇“vinegar”是没有汉语“醋”的隐喻寓意的，因此该句翻译后不能充分表达原文的隐喻效果。

（二）英汉文化差异造成的概念空缺

汉语与英语两种语言所代表的文化差异还会造成概念的空缺，具体体现在：汉语中对概念有明确的分类，英语中的概念并不涉及分类，各个概念之间都是互相独立的个体，比如汉语中对“亲人”这个大类有具体的分类，如叔叔、婶婶、舅妈、舅舅、姑姑、姑父等等，这种分类以直系亲属与非直系亲属为界限，而在英语中不存在这种概念的分类。因此就造成了汉语中的隐喻表达。在英语中并没有对应涵义，这种情况下隐喻翻译策略的选择尤其重要，如果翻译方法不恰当，原文中隐喻意义译文就得不到充分表达。拿中国人曾一直喜欢用的“算盘”为例，在英语文化社会里，人们不会使用“算盘”，也很少见到，当然更难理解汉语中的“他有自己的算盘”这一隐喻寓意。英语词汇中并没有“算盘”这一概念，所以翻译时很难找到对应的词语，翻译人员只能在充分理解汉语文化的情况下对其隐喻寓意进行掌握，进而在英语中选择其他合适的词语进行翻译。这种情况下，原文的隐喻表达效果可能在译文中就丢掉了。

（三）中西文化差异造成的表达方式各异

英语与汉语两种语言背后的文化习俗差异，两个民族所固有的心理倾向、思维方式差异，使得两种语言文化背景下的人们在语言表达方式上也是不一样的。如英文“He gives little to his servants that licks his knife.”，结合英语文化背景，该句使用了隐喻的表达方式，“knife”隐喻“吝啬、小气”，这样用汉语翻译为“对自己都吝啬的人不可能对别人慷慨”。

可见，语言是文化的重要反映，语言承载着文化，不同语言代表了不同的文化背景，这是一个公认的事实。英语隐喻中包含了丰富的文化色彩，体现了语言文化精彩的修辞方式。文化差异性的存在，使得世界语言丰富多样，成为世界文明的重要组成部分，而隐喻的存在使得语言内容、语言结构与语义表达更加充实、丰满。

二、隐喻翻译策略

当英语隐喻翻译中的两种语言所指代的寓意基本一致时，可以按照直译的翻译方法对两种隐喻意义直接进行对应，但是这种情况在英语隐喻翻译中还是比较少见的。其他情况下，如果简单粗暴地采用直译法进行隐喻翻译，不可能达到预期翻译目标，硬翻译出来的隐喻与原文寓意相差甚远，甚至是大相径庭，此时就需要选取除直译外的其他翻译策略。下面将就意译法、转换法、注释法、扩展隐喻，补充寓意、根据语境弥补文化喻体缺失等翻译方法进行论述。

（一）意译法

通常英语隐喻中使用的词汇很多只有在英语中才会有，汉语中并没有相同寓意的对应词语，这种情况下是无法采用直译法的。为了准确表达原文中的隐喻寓意，可以采用意译法进行翻译。使用意译法的关键是不直接将原文中赋予隐喻意义的概念转移到目的语中，而是对原文隐喻寓意以目的语的表达方式进行解释和说明，这样可使得目的语读者比较容易、便利地接受和理解原文所传递的隐喻寓意。

使用意译法，能够弱化源语文本中所指示的隐喻概念表达。翻译人员在对隐喻寓意充分理解的基础上，再用理解的方式对原文寓意进行解释，这样就实现了对原文隐喻寓意的准确翻译。比如汉语中常用的具有隐喻寓意的菜品名词“夫妻肺片”“钵钵鸡”“冷锅鱼”等，英语中并没有相对应的词汇进行表述。再如，“Her heart rules her head.”，该句中“heart”意为“心、心脏”，寓意人的情感，“head”意为“大脑”，寓意人的理智，从这个层面看，选择意译法更为合适，即“她的情感支配着她的理智”。使用意译法对英语隐喻翻译具有明显的效果，既保留了原文本的隐喻寓意，又能保证读者能够充分理解原文的隐喻寓意。

（二）转换法

从认知语言学的角度看，隐喻与其所包含的特定语言文化背景有着深刻的关系，因此不同的语言背后所包含的部分隐喻寓意是有相似之处的。当然，文化差异性的影响使得喻体在选择过程中存在着一定的差距，所以在翻译过程中可以采用转换法，即将英语中的喻体转变为汉语中所对应的寓意，这样不仅能够保留英语本身的比喻寓意，还能使得汉语读者更加容易理解。

认知语言学翻译观认为，翻译活动的过程是不同主体的思维方式进行相互作用并协同的过程。在这个过程中，翻译人员的任务就是把作者的思维动态与读者的思维动态有效地建立同步关系，以满足双方对概念事物的情感、认知体验的协同。作者对隐喻的使用，体现了作者思维的活跃性，作者把看到的信息内容意义本身所具有的逻辑表达用语言的形式转换成喻体的逻辑，前提是保留原有信息内容所含的意义，或者是加强原有意义的表达效果。因此，隐喻翻译策略中的转换法主要转换的是喻体，是翻译人员在充分、准确理解隐喻本身和信息内容意义的基础上，结合读者的社会文化背景和语言思维习惯，通过隐喻的形式把原文的信息内容意义传递给读者的。在原文信息内容意义传递的过程中，信息内容意义本身并没有发生实质改变，只是转换了喻体，改进了原有信息内容意义的传递效果。因此，选择转换法的翻译策略，对翻译实践活动而言，实现了作者（语言表达者）与读者（语言接受者）之间建立更加准确的信息内容意义传递，但转换法的实施和完成对翻译人员而言是有着相当高的水平要求的，尤其是对翻译人员跨文化知识储备、跨文化知识处理方式等方面有着能力上的要求，还要求对语言意义能实现精准、全面、完整的理解与掌握，能够灵活应对语言信息内容意义中出现的其他因素的影响。在采取转换法的翻译策略时，对两种语言的正确把握、对喻体的选择，对喻体意义的深刻解释，都至关重要。

（三）舍弃喻体，直接对喻义进行翻译

受历史文化差异性的影响，各国、各地区都有着不同层面的差异，同理，同一个国家的不同地域，其历史文化也存在着明显的差异。所以对于英语隐喻翻译而言，很多时候翻译内容的含义要大于语言和语境本身。隐喻翻译是翻译人员对原文作者所要阐释的文化内涵的深层次理解，在这个前提下，翻译人员将自己已经理解的文化内涵再转换成读者能够接受的表达形式。在实际翻译过程中，遇到历史文化冲突或者文化矛盾的情况是比较常见的，翻译人员须提高自身文化素养，持续加大对跨文化知识的学习，灵活掌握跨文化问题的处理技巧，如在遇到原文喻体寓意不大、可有可无的情况时，翻译人员就可以直接丢掉喻体，重点对喻义进行解释，这样能够有效减少喻体存在造成的读者理解上的困扰，避免过分翻译现象的发生。

（四）注释法

当采用直译或者意译的翻译方法都不能完整地对原文隐喻寓意进行表述，过多陈述又会影响整个译文形式上的表达效果时，就可以采用注释法。英语隐喻翻译中的注释法，目的就是完整表达原文的文化形象、语义意义、民族特色以及历史典故等。注释法实际上是直译法和意译法的一种辅助手段，使用注释法，能让译文尽可能地与原文寓意、表达形象和信息内容等保持一致。有学者曾对翻译中使用注释法进行分析，指出必要的注释是属于翻译任务范围之内的，很多学生在写作或者从事翻译工作时，都比较喜欢采用加注的方式使内容、意义表述上更加完善，注释法是必需的选择。

注释实际上就是翻译人员对译文的一种自我解释，因为解释的部分可能是读者产生疑惑或者不理解的部分，所以注释一般会用特殊的标点符号，比如括号或者脚注的形式来显示。我国汉语文化中有很多历史典故、历史故事，在语言表达中这些历史典故或者历史故事由于是人人周知的，所以在表达过程中往往会出现省略或者名词指称的形式。对历史典故和历史故事的表达往往采用的就是隐喻的形式，在第一次对其进行英语翻译时，由于英语读者对这些历史典故、历史故事是不清楚的、未知的，就需要通过注释法对其进行说明和解释，以便读者更好地理解和解读。当读者对注释的内容已经熟悉和了解时，注释就可以省略，可见注释法并不是每次翻译都要使用的，而是根据原文内容意义和读者需求采取的翻译手段，目的是更好地满足读者需求，方便读者解读译文内容意义。

在英语隐喻翻译过程中，注释法一定要谨慎使用，使用注释法前一定要首先判断这个注释是不是可有可无、其存在是否影响甚至决定读者理解译文的效果。有的注释确实能够帮助读者减少疑惑，但注释存在

着一定的弊端，即译文因为有了注释，就会使得译文比原文在形式和结构上显得冗长，不能像原文一样读起来比较顺畅，并且注释是否可以不用再附在译文后面，并没有一个明确的规定，读者对译文的内容意义是否全都理解亦无法确定。

从注释与原文的关系来看，译文中的注释在原文的表达中是没有的，但是注释的内容是原文本身所蕴含的内容，因此注释的存在有利于读者对原文内容意义的理解。随着中国社会的快速前进、各项方针政策的不断完善与补充，中国社会经济的发展为汉语创造了不少新的词汇。从改革开放到中国特色社会主义建设，到脱贫攻坚，到乡村振兴，再到各种理论体系的形成，这些词语是只属于中国特色化的词语，在英语中是没有的，因此在对这些词语进行翻译时，就需要通过注释加以说明，以便外国读者了解中国情况、中国文化。虽然注释的添加使得译文比原文显得长一些，不利于读者阅读体验，但是不可否认的是，注释的存在确实对理解原文的内涵具有很大的帮助，因为注释的存在充实了译文内容，能够使得原文中抽象的概念具体化、形象化和生动化，这也是注释法不同于其他翻译法的主要优势。

隐喻本身就是一种语言的特殊表现形式，隐喻重在比喻，以某种形象的形式存在来寓意其深层次的含义，但是翻译人员要认识到，注释法并不能解决英语隐喻翻译中的所有问题，也不能解决读者对全部原文、译文的理解问题。注释不是胡乱注释，如果译文中注释出现太多，就会使得读者在阅读译文的过程中分散注意力，阅读不够专一，并且还会引起阅读中断的情况，不利于对整个语篇的阅读和理解。因此，在遇到需要对历史背景、典籍出处以及典故故事进行说明后才能完整解释原文隐喻寓意的情况时，注释法就值得一用。隐喻翻译需要用注释法才能完成，因为注释的存在，为隐喻翻译提供了帮助，为读者、翻译人员带来了灵感。

（五）扩展隐喻，补充寓意

我们知道，隐喻一方面作为语言文化的装饰，一方面体现着认知表达的深刻内涵。在隐喻表达中，人们可以以一种整体的方式进行交流、互换信息。喻体形象的展示，体现着人类感知符号之间的互动关系，并且对这些互动关系给予特定的意义，符号本身并没有实质的意义，只是一种语言的体现。对于语言关系而言，隐喻是一种聚合关系。在聚合关系中，语言各结构之间的关系是动态的，不是静止的，因此，关于隐喻的认知，不是关注语言符号本身，而是对语言符号之间的内在关系进行理解，对内在关系的意义进行解读，隐喻意义的表达和体现只能通过人的隐喻思维过程的加工完成。在汉语文化中，隐喻思维与其所在的语言环境和所处的文化背景有着密切的关系，因此，汉语中提出的文化关联的思维只存在于汉语使用者中，英语使用者不存在这种文化关联。在汉语语境中存在着与文化关联有紧密关系的隐喻，这时候进行的英语隐喻翻译，就需要翻译人员在了解这一特殊表达方式的基础上，把原有的隐喻在思维中进行扩大，进而补充出忽视的寓意，在扩大的基础上再转换成其他语言，这里主要指的是将汉语翻译成英语，即对汉语隐喻寓意进行扩展、补充，再用英语进行转换。通俗来说，“扩展隐喻，补充寓意”就是把一些译文读者难以理解、消化的材料先加工润色一下，然后再呈现给译文读者，读者依旧能够看得明白、理解得透彻，还是跟原文读者理解的一样。汉语中有很多具有鲜明文化特色的词语、成语、比喻和俗语，这些词语都具有明显的隐喻形象，并且与汉语文化和语境都有着密切的联系，即使有的形象展示一般，但是其寓意依然存在。作为汉语读者，也需要认真研究、思考后才会对其中的寓意实现充分理解和掌握，这个时候对于英语翻译者而言，通过“扩展隐喻，补充寓意”的翻译方法对原文中特殊的隐喻寓意进行扩展，把寓意进行适当补充，可以使读者更容易理解。“扩展隐喻，补出寓意”最适合用于汉英文化的互相转换，能够有效对原文的隐喻寓意进行提示，使得原本抽象的喻体具体化、形象化，为原文隐喻寓意充分表达提供思路。汉语中有很多四字成语，字数虽少，但寓意丰富、深远，在进行隐喻翻译时，就需要对原文隐喻进行扩展，对寓意进行补充，激发出读者的隐喻思维方式。

（六）根据语境弥补文化喻体缺失

在进行英语隐喻翻译时，当上述提到的方法都不能很好地对原文隐喻寓意阐述时，就可以采用“根据语增弥补文化喻体缺失”的办法。这种办法对翻译人员的要求是，在对源语文化（汉语文化）中涉及的抽象而深刻的隐喻进行直译或者意译难度都比较大时，可以从汉语原文的跨文化交际的角度对译文设定特殊语境，通过语境设定，使得汉语读者思维中的文化意象与英语译文读者思维中的文化意象对原文汉语隐喻的感知和体验基本上保持一致。通俗地说，就是根据语境设定，弥补原语言（汉语）文化的喻体缺失，把汉语隐喻的文化意象在英语译文中准确、完整、全面地表现出来。

根据汉语用语习惯，我们知道汉语隐喻中所涉及的形象喻体能够充分激发出汉语读者的形象思维并对喻体进行理解、解释，满足读者欣赏陌生的或者是模糊的意象的需求。汉语中的文化喻体与形象喻体所起的作用是不一样的，汉语中的文化喻体能够激活汉语读者思维中已存有的一系列文化人物、历史典故、特殊场景、风俗习惯，并使其通过语言理解、描绘、想象、转述、喻化普通的意象。所以一个成功的英语隐喻翻译体现在三个方面：首先，汉语原文隐喻喻体特征与喻体寓意都能在英语译文中得到完整的保存；其次，英语译文对应的喻体与汉语原文的喻体在所指寓意上都保持着一致性；最后，英语译文读者解读译文时获得的信息和意象感受与汉语原文读者获得的信息和意象感受达到高度一致。当然，判定英语译文与汉语原文在喻体内涵上是否达到一致，以及译文文化意象与原文文化意象转换是否妥善、合理，直接决定着英语隐喻翻译质量的好坏。

衡量英语隐喻翻译中喻体意象转换的基本标准有：第一，译文喻源域的映射意象与原文喻源域的映射意象要达到一致；第二，要实现译文与原文的“喻体共知性”一致性。实际上，英语隐喻翻译喻体意象转换基本标准的主要阻力在于，根据语境在译文中弥补原文本中的文化喻体缺失。在很多对英语隐喻翻译的实践活动中，出现了隐喻译文遗漏，甚至对喻体的文化特征和寓意内涵误解或者歪曲，这种情况下当然很难实现喻体意象转换不改变原文喻体内涵，也就使得在英语隐喻翻译中，根据语境在译文中弥补原文本中的文化喻体缺失具有相当的难度。上文将英语隐喻翻译中的喻体意象转换标准明确地指出来，即要保证译文喻体源域与原文本喻体源域的映射意象尽可能保持一致，比如在汉译英隐喻翻译中，需要翻译人员把汉语隐喻中的喻体意象作为“源域”，把英语译文中的喻体意象作为“目的语”，如果汉语隐喻的喻体意象能够准确地映射到英语译文的喻体意象上，这样就能使英语读者阅读译文时与汉语读者阅读原文时获得的感知、体验和情感是一样的。但是在现实隐喻翻译中，这种映射却需要翻译人员前期做出大量的工作和准备，这种映射是跨语言文化背景下的映射，是对两种语言文化的充分了解和准确解读。学者们将这种跨语言下的隐喻喻体意象的映射作为检验英语隐喻翻译是否是最佳的衡量标准，具体来说，这种映射表现为，在对隐喻翻译结束后，译文中的“喻体源域”完成了映射，也就是说原文的喻体意象在译文中得到全部展现，译文对原文的喻体意象进行了充分映现，这种情况下，这个翻译就是高质量的，翻译工作取得了实质效果。这个检验标准同样可以作为“根据语境弥补译文中的文化喻体缺失”完成与否的标准，以起到引导作用。

在汉语中，形容一个人非常厉害，其他人不敢轻易招惹，往往不会直接表述，而是选择隐喻的表达方式。在选择喻体的时候，中华文化中最厉害的动物之一老虎就被列为喻体对象，如果去招惹老虎、惹怒老虎，后果是很严重的，甚至有老虎吃人的危险，因此不能摸老虎的屁股，这种行为是异常危险的，于是汉语中常用“老虎的屁股摸不得”来表达所喻指的意象——人。在这个隐喻中，喻体源于老虎会吃人，摸它屁股危险的常识，因此在进行英语翻译时，为了更好地呈现原文中喻体的意象，充分展示原文中喻体文化的特征和内涵，需要对原文的喻体寓意进行补充，因为英语文化中并没有“老虎与人”之间的关系的文化内涵，如果直接翻译，就会使得英语读者不明所以，丧失了原文喻体意象的形象性、生动性，不利于英语读者更好地了解汉语文化，因此可以选择补充喻体寓意的翻译方法，翻译为“Never try to touch a tiger's backside-to get into trouble.”。

在对以上各种翻译方法进行比较后，结合长期、大量的翻译实践活动，学者们发现直译和意译相结合的翻译理论应用于英语隐喻翻译中涉及对汉语的习语、比喻性词语的翻译是比较合适的、恰当的。汉语的习语和比喻性词语是中华民族几千年来在长期的实践中、在各种交流中形成的已经固定且成型的词组和短语，这是劳动人民创造文化的历史结果，也是汉语文化的结晶。汉语中的习语和比喻性词语有着鲜明的特点，表现在语言结构紧凑、语言形式简练、语言寓意深刻、喻体形象鲜明、语言表达效果生动，这些是汉语文化的优点，是汉语文化历经几千年形成的精华。因此，汉译英翻译是有相当难度的，只有针对不同的语句结构、语句意义选择不同的翻译方法，并将各种翻译方法相互结合，才能在译文中保证实现汉语中比喻性词语和文化寓意浓重的词语的翻译效果。汉语中的习语和比喻性词语涉及的隐喻很多，包含丰富的文化色彩，比喻形象生动，所含的历史典故多，这也成为英语隐喻翻译中最难得的部分。

此处所讲的直译与意译结合法实际上是直译法的一种变体，这种结合法既能够保留原文的表达形式，又能保留住原文的部分修辞形式。直译与意译结合法能够有效弥补直译法的不足，通过结合意译把直译中缺失的语义进行充分弥补。理论上直译与意译结合法是可行的，也是合理的，是适合汉译英隐喻翻译的，但对翻译人员的要求是比较高的，翻译人员需要凭借自己的翻译经验，依靠自己的思维方式进行创造性的翻译，这是对翻译人员的翻译能力和翻译水平的一种考验。

采用直译与意译相结合的翻译方法，充分体现了翻译方法间的优势互补、取长补短，实现了高质量的翻译效果。所以在翻译过程中，不管是完全保留原文，完全依照原文文本形式、风格、结构进行翻译，还是完全脱离原文，完全离开原文文本形式、风格、结构进行翻译，都不能实现真正意义上的翻译，获得的翻译效果都有着各种各样的缺陷和不足。直译与意译结合法在英语隐喻翻译工作开展和研究方面有着积极的指导意义和促进作用。同时，在翻译过程中，没有绝对好的或绝对不好的翻译方法，每种翻译方法的评价都是相对的。英语隐喻翻译效果的获得，需要多方吸纳多种翻译原则，采取多种翻译策略，汲取众多翻译标准和翻译方法的长处，形成最恰当的译文。

结　语

翻译所指的具体内容与翻译方法的选择有直接的联系，决定了选择何种翻译方法是恰当、合适的方法。当然，不管采用哪一种翻译方法，并不能代表这个翻译方法就是绝对正确的，是可以与其他文句通用的。任何一种翻译方法都是有用的，都能在具体的翻译内容中发挥作用。翻译方法是相对的而不是绝对的，判断翻译原则和翻译方法是否具有实效性在于文本和文句。学者刘重德先生在翻译方法与文本的关系方面进行了深入的研究，结合其研究成果，形成了具有一定指导意义的观点。刘重德先生指出，当文本中的语句结构相似、前后语句相当时，就可以首先考虑直译法的翻译方法；当文本中的语句结构差距较大、前后语句悬殊时，可以首先考虑意译法；当文本语句中部分结构相同、部分结构不同时，可以考虑把直译法与意译法两种翻译方法结合起来进行翻译。在翻译过程中，不管选择什么样的翻译方法，中心思想和翻译原则不能变，都要始终以文本内容为根据、基础，恰当地表达原文，表达要尽可能符合原文风格这三个要求，只有这样，翻译方法才不会太过偏失，翻译出来的译文才有意义和价值可言。可见，选择哪种翻译方法，判定哪种翻译方法是最佳、最合理的，只有根据所要翻译句子的实际情况，再围绕翻译原则的三个要求，基本上就能实现翻译的目的。刘重德先生关于翻译方法与文本关系的论述，能够有效地帮助翻译人员摆脱以往只关注语言本文自身而不关注其他因素的翻译观点，从翻译的文本类型和句子结构特点的角度来确定翻译原则和翻译方法，在一定时期对翻译工作是有着一定指导意义的，但这种指导意义必然随着翻译实践活动的不断拓展和发展而出现弊端和不足。但是，不管什么时候探讨英语隐喻翻译的原则，选择英语隐喻翻译的策略，脱离文本都是无法实现翻译任务的。英语隐喻是充分体现英汉两种语言文化内涵的语句，翻译这种带有浓厚文化内涵的语句，现有的研究理论中还没有确定成型的翻译原则和翻译方法作为依托。已有的各种翻译原则和翻译方法，都是学者们根据翻译实践活动，在总结和吸纳以往翻译理论研究成果的基础上进行的归纳和构建。

纵观所有构建一种理论观点的过程，都是在继承的基础上进行创新，进而形成新的理论观点的。英语隐喻翻译原则的构建同样如此，离不开吸收和创新两个阶段。所谓的吸收，就是要积极、主动地吸收所有翻译法的精华、优点，常见的翻译方法有直译、意译、异化、归化、直译与意译两者结合法，吸收这些翻译方法中合理的、优秀的、先进的方法内涵、方法结构，使其为英语隐喻翻译方法的选择所用。所谓的创新，指的就是在总结、继承、研究前人诸多翻译理论的基础上，结合英语隐喻翻译中出现的实际问题，创造性地提出能够解决英语隐喻翻译问题的翻译原则和翻译方法，这种翻译原则和翻译方法只适用于英语隐喻翻译，所以吸收和创新两个阶段是构建英语隐喻翻译方法的必然阶段。在对所有翻译方法的原则和内容进行吸收的过程中，我们发现在翻译实践活动中，没有任何一种翻译方法是适用于所有翻译情况的，也不存在一种翻译原则适用于各种翻译文本的情况。翻译方法、翻译原则的选择是实事求是的，是需要具体问题具体分析的，任何一种“一刀切”，企图用一种翻译原则概括隐喻翻译，都是注定要失败的。

从我国现有的研究成果来看，比如张培基在对英汉翻译教程进行翻译时，指出任何一种语言都有自己的特点，有属于自己的形式。每种语言在词汇、语法、惯用法和表达式方面会有不同程度的相同之处和不同之处，而且不同之处还是占主要部分，所以在翻译过程中，无法采用一种翻译方法，只能根据不同文本类型采用相应的翻译手段。直译和意译也都存在着这样那样的优缺点，并不都是完美的，所以对于翻译人员而言，应该学会把翻译方法结合起来，充分利用各自优势，取长补短。一部优秀的翻译作品，有直译，也有意译，还有其他翻译方法。即使对一个句子的翻译，也不只是一种翻译方法的选择，应根据句子的结构、语法、意义选择合适的翻译方法，在翻译方法的选择上没有数量的要求，只有质量的要求。可见，解决英语隐喻翻译中所面临的实际问题，不管是翻译原则还是翻译方法，都不只是一种翻译原则和一种翻译方法的确定，还应该有创新思维，创新性地对多种翻译方法、翻译原则进行比较选择。

随着近年来经济社会的快速发展，国家间交往日益频繁，国家关系区域化、一体化、全球化趋势不断加强，英语翻译者面临的工作量和压力也越来越大。翻译研究领域也在发生着变化，尤其近些年来关于不同文本翻译原则的探讨和研究成为不少学者的主要研究方向。不同文本、不同领域的翻译与客观现实情况密切相关，比如不断出现，并且影响比较大的商务英语、广告英语、医学英语等新领域，对应的翻译原则和翻译方法有商务英语翻译原则、广告英语翻译原则、医学英语翻译方法。对这些翻译原则和方法的研究，都是翻译理论研究者从翻译的文本对象，即现实中的翻译活动展开的，这些研究成果推动了翻译工作的发展，推进了国际经济文化的交流，实现了各国文化的友好交往、互相交融，也必将推动国际社会和谐发展。

参考文献

[1] 池上嘉彦，潘钧. 认知语言学入门[M]. 北京：外语教学与研究出版社，2008.

[2] 李福印. 认知语言学概论[M]. 北京：北京大学出版社，2008.

[3] 李福印，秦进平. 隐喻与认知研究 25 年（1980—2004）：成绩、问题与展望[J]. 中国外语，2007（04）：17-22，28.

[4] 卢植. 认知与语言学——认知语言学引论[M]. 上海：上海外语教育出版社，2006.

[5] 牛保义. 认知语言学经典文献选读[M]. 开封：河南大学出版社，2008.

[6] 裴文斌，戴卫平. 语言学——语言·语法·语义[M]. 北京：科学出版社，2012.

[7] 束定芳. 隐喻学研究[M]. 上海：上海外语教育出版社，2000.

[8] 王寅. 认知语言学[M]. 上海：上海外语教育出版社，2007.

[9] 赵艳芳. 认知语言学概论[M]. 上海：上海外语教育出版社，2001.

[10] 郭熙煌. 语言认知的哲学探究[M]. 武汉：华中师范大学出版社，2009.

[11] 蓝纯. 认知语言学与隐喻研究[M]. 北京：外语教学与研究出版社，2005.

[12] 高远，李福印. 乔治・莱考夫认知语言学十讲[M]. 北京：外语教学与研究出版社，2007.

[13] 文秋芳. 认知语言学与二语教学[M]. 北京：外语教学与研究出版社，2013.

[14] 赵艳芳. 认知语言学概论[M]. 上海：上海外语教育出版社，2001.

[15] JOHNSON M. The body in the mind: the Bodily Basis of meaning imagination and reason[M]. Chicago: The University of Chicago Press, 1987.

[16] LANGACKER R W. Concept, Image and Symbol: the cognitive basis of grammar[M]. Berlin: Walterde Greyter&Co, 1990.

[17] 游振声，姜治文. 论翻译无确定的标准[J]. 重庆大学学报：社会科学版，2003（6）：67-69.

[18] 侯林平. 翻译定义新探[J]. 西南交通大学学报：社会科学版，2004（4）：59-63.

[19] 江彭涛. 也谈“翻译”定义[J]. 新余高专学报，2005（3）：80-82.

[20] 张培基. 英汉翻译教程[M]. 上海：上海外语教育出版社，1983.

[21] 吴光华. 汉英大辞典[M]. 上海：上海交通大学出版社，1993.

[22] 中国社会科学院语言研究所词典编辑室. 现代汉语词典[M]. 北京：外语教学与研究出版社，2002.

[23] 林汉达. 英文翻译原则方法实例[M]. 北京：中华书局，1953.

[24] 巴尔胡达罗夫. 语言与翻译[M]. 北京：中国对外翻译出版公司，1985.

[25] 费道罗夫. 翻译理论概要[M]. 北京：中华书局，1955.

[26] 李田心. 奈达翻译定义之我见[J]. 外语研究，2004（6）：64-67，80.

[27] 方岳华. 奈达翻译定义的误解与纠正[J]. 南通大学学报：社会科学版，2006（5）：94-96.

[28] 李玉良. 翻译概念的流变及其反思[J]. 济南大学学报：社会科学版，2004（2）：57-59，93.

[29] 王宏印. 中国传统译论经典诠释[M]. 武汉：湖北教育出版社，2003.

[30] 苏慰凰. 汉英民族思维差异与汉英语言表达方式的对比[J]. 黎明职业大学学报，2002（4）：45-49.

[31] 杨自俭. 对译学建设中的几个问题的新认识[J]. 中国翻译，2000（5）：4-7.

[32] 陈德鸿，张南峰. 西方翻译理论精选[M]. 香港：香港城市大学出版社，2000.

[33] GENTZLER E. Contemporary Translation Theories[M]. London and New York: Routledge, 1993: 143.

[34] 许崇信. 从文化交流和文化冲突看翻译问题（二）[J]. 福建师范大学学报：哲学社会版，1986（3）：

48-51.
[35] 郑声滔，吴克炎. 翻译标准与文化交流[J]. 上海科技翻译，1996（1）：1-6.
[36] 蓝峰. 观念与方法[J]. 中国翻译，1986（6）：4-5.
[37] 王克非. 关于翻译本质的认识[J]. 外语与外语教学，1997（4）：47-50.
[38] 任虹. 翻译引论[M]. 南京：东南大学出版社，2007.
[39] 陈定安. 英汉比较与翻译[M]. 北京：中国对外翻译出版公司，1991.
[40] 谭载喜. 翻译学[M]. 武汉：湖北教育出版社，2000.
[41] EUGENE A. Nida approaches to translating in the western world[J]. Foreign Language teaching and Research, 1984(2): 9.
[42] STEINERG. After Babel: Aspects of language and Translation[M]. New York: Oxford University Press, 1975.
[43] JAKOBSON, ROMAN. On Linguistic Aspects of Translation[M]//On translation edited by Reuben Brower. New York: Oxford University Press, 1959: 232-239.
[44] 方梦之. 译学辞典[M]. 上海：上海外语教育出版社，2004.
[45] 巴尔胡达罗夫. 语言与翻译[M]. 蔡毅，等，译. 北京：外语教育与研究出版社，1985.
[46] 张今. 文学翻译原理[M]. 郑州：河南大学出版社，1985.
[47] 王宏印. 英语翻译综合教程[M]. 沈阳：辽宁师范大学出版社，2002.
[48] 黄忠廉. 翻译变体研究[M]. 北京：中国对外翻译出版公司，2000.
[49] 谭载喜. 西方翻译简史[M]. 北京：商务印书馆，2006.
[50] 刘重德. 文学翻译十讲[M]. 北京：中国对外翻译出版公司，1998.
[51] 李金树. 多元、动态、模糊——解构主义翻译观与翻译标准的厘定[J]. 宜春学院学报，2005（1）：96-99.
[52] 辜正坤. 翻译标准多元互补论[J]. 中国翻译，1989（1）：16-20.
[53] 黄振定. 翻译学——艺术论与科学轮的统一[M]. 长沙：湖南教育出版社，1998.
[54] 穆雷，邹兵. 翻译的定义及理论研究：现状、问题与思考[J]. 中国翻译，2015（3）：18-24.
[55] 王宁. 重新界定翻译：跨学科和视觉文化的视角[J]. 中国翻译，2015（3）：12-13.
[56] 范仲英. 实用翻译教程[M]. 北京：外语教学与研究出版社，1994.
[57] 华先发. 新编大学英译汉教程[M]. 上海：上海外语教育出版社，2004.
[58] 孙致礼. 新编英汉翻译教程[M]. 上海：上海外语教育出版社，2003.
[59] 杨莉黎. 英汉互译教程[M]. 开封：河南大学出版社，1993.
[60] 黄婷婷. 翻译过程中语言转换的转喻机制[J]. 思茅师范高等专科学校学报，2018，34（2）：83-85.
[61] 赵立喜. 莫言小说《丰乳肥臀》中的转喻机制及其翻译研究[D]. 曲阜：曲阜师范大学，2019.
[62] 吴波. 论译者的主体性[M]. 北京：外文出版社，2006.
[63] 张春柏. 英汉汉英翻译教程[M]. 北京：高等教育出版社，2003.
[64] 张美芳. 中国英汉翻译教材研究（1949—1998）[M]. 上海：上海外语教育出版社，2001.
[65] 让・德利尔. 翻译理论与翻译教学法[M]. 孙慧双，译. 北京：国际文化出版公司，1988.
[66] 穆雷. 中国翻译教学研究[M]. 上海：上海外语教育出版社，2002.
[67] 穆雷. 翻译教学发展的途径[J]. 中国翻译，2004（5）：25-26.
[68] 李德凤，胡牧. 学习者为中心的翻译课程设置[J].外国语（上海外国语大学学报），2006（2）：59-65.
[69] 戴炜栋，王雪梅. 建构具有中国特色的外语教育体系[J]. 外语界，2006（4）：2-12.
[70] 杨自俭. 关于翻译教学的几个问题[J]. 上海翻译，2006（3）：37-40.
[71] 汪晓莉. 基于实证视角看我国大学英语翻译教学[J]. 合肥工业大学学报：社会科学版，2009（2）：82-87.
[72] 刘灵巧，孙彩萍. 论理工科大学生翻译能力的培养和提高[J]. 渭南师范学院学报，2012（11）：126-128.
[73] 覃志峰. 论译语文化对翻译活动的规范[J]. 哈尔滨学院学报，2006（1）：53-56.

[74] 杨士焯. 从重译文学作品看译语文化因素的介入——以《鲁滨孙飘流记》诸译本为例[J]. 集美大学学报：哲学社会科学版，2004（3）：78-83.
[75] 冯晓凌. 论译语文化对翻译活动的规范[J]. 山东教育学院学报，2007（5）：103-106.
[76] 陈夏南. 论译语文化语境对翻译活动的影响[J]. 同济大学学报：社会科学版，2007（4）：69-72.
[77] 杨莉. 旅游英语翻译中的文化移植现象与策略[J]. 沈阳建筑大学学：社会科学版，2012（3）：312-314.
[78] 肖乐. 试论旅游英语翻译中的创造性[J]. 外国语文，2011（4）：93-97.
[79] 童洁. 论旅游英语的翻译方法[J]. 鄂州大学学报，2011（3）：69-71.
[80] 钱元元. 基于东西方文化差异下的旅游英语翻译[J]. 安徽冶金科技职业学院学报，2011（2）：66-68.
[81] 王寅. 认知语言学的哲学基础：体验哲学[J]. 外语教学与研究，2002（2）：82-89，160.
[82] 王寅. 认知语言学的翻译观[J]. 中国翻译，2005（5）：15-20 .
[83] 蔡龙文. 论基于认知语言学的翻译机制[J]. 广东外语外贸大学学报，2010（3）：57-61 .
[84] 赖海威，韩雨倩. 认知语言学翻译观指导下的译作赏析——以《水调歌头·中秋》的译作为例[J]. 语文学刊，2009（23）：136-138.
[85] 萧立明. 新译学论稿[M]. 北京：中国对外翻译出版社公司，2001.
[86] 吴迪，付有龙. 从认知语言学的角度谈翻译教学中的文化教学[J]. 中国西部科技，2009（7）：93-94.
[87] 王寅. 认知语言学[M].上海：上海外语教育出版社，2006.
[88] 叶子南. 高级英汉翻译理论与实践[M]. 北京：清华大学出版社，2008.
[89] 肖坤学. 句子层面翻译的认知语言学视角[J]. 外语研究，2006（1）：66-70.
[90] 卢敏. 英语笔译实务[M]. 北京：外文出版社，2005.
[91] 王寅. 认知语言学探索[M]. 重庆：重庆出版社，2005.
[92] 钱歌川. 翻译的基本知识[M]. 北京：世界图书出版公司，2011.
[93] BEAUGRANDE R. Linguistic Theory: The Discourse of Fundamental Works[M]. London: Longman, 1991.
[94] 卢植. 认知与语言：认知语言学引论[M]. 上海：上海外语教育出版社，2006.
[95] NEWMARK P. A Textbook of Translation[M]. London: Prentice Hall, 1987.
[96] 吕俊. 英汉翻译教程[M]. 上海：上海外语教育出版社，2001.
[97] 谭载喜. 语篇与翻译：论三大关系[J]. 外语与外语教学，2002（7）：3-10，60.
[98] 王寅. 中西语义理论的对比与翻译理论的建设[J]. 中国翻译，2000（3）：8-11.
[99] 王寅. 语义理论与语言教学[M]. 上海：上海外语教育出版社，2001.
[100] 王寅. 中西语义理论对比的再思考[J]. 外语与外语教学，2002（5）：8-11.
[101] 黄国文. 功能语言学分析对翻译研究的启示——《清明》英译文的经验功能分析[J]. 外语与外语教学，2002（5）：1-6，11.
[102] 张美芳，黄国文. 语篇语言学与翻译研究[J]. 中国翻译，2002（3）：5-9.
[103] 张美芳. 从语篇分析的角度看翻译中的对等[J]. 现代外语，2001（1）：78-84.
[104] 刘颖. 论认知语言学视角下的英语隐喻翻译[J]. 中国新通信，2016，18（18）：151.
[105] 杜宜恒. 认知语言学视角下的英语隐喻翻译思路构建[J]. 佳木斯职业学院学报，2016（8）：317.
[106] 杨晶. 认知语言学视角下的英语隐喻翻译思路构建[J]. 宿州教育学院学报，2016，19（1）：152-153.
[107] 华翔. 浅析认知语言学视角下英语隐喻的汉译策略[J]. 求知导刊，2016（12）：30-31.
[108] 镡铁春，刘伯颖，吴敬松. 从认知语言学角度谈英语隐喻的翻译[J]. 河北工业大学成人教育学院学报，2008，23（3）：57.
[109] 李慧. 从认知语言学角度浅析金融英语中隐喻的翻译[D]. 上海：复旦大学，2011.
[110] 舒舟. 从认知语言学视角看中国古典散文中的意象隐喻翻译[J]. 重庆交通大学学报：社会科学版，2011（4）：127-131.
[111] 丁伦才. 认知语言学视角下的网络流行语的隐喻与转喻现象描述[J]. 安徽文学（下半月），2011（5）：

269-270.
[112] 陈宏俊，成晓光. 神经语言学视角下的隐喻认知全脑加工取向研究[J]. 东北师范大学学报：哲学社会科学版，2013（5）：117-120.
[113] 陈道明. 隐喻与翻译——认知语言学对翻译理论研究的启示[J]. 外语与外语教学，2002（9）：40-43，50.
[114] 石英. 隐喻的认知及其翻译方法探讨[J]. 西南民族大学学报：人文社科版，2005（8）：357-359.
[115] 李军艳. 从关联理论视角分析文学翻译的可译性限度——《围城》英译本的个案研究[D]. 上海：华东师范大学，2009.
[116] 钱锺书. 围城[M]. 北京：人民文学出版社，2008.
[117] 喻婷婷. 从认知学理论看隐喻和隐喻翻译——一项关于《围城》英译本的个案调查[D]. 上海：上海外国语大学，2008.
[118] 曾昱茜. 概念隐喻视域下《围城》英译本中情感隐喻认知分析及其英译策略[D]. 武汉：华中科技大学，2018.
[119] KELLY J, MAO N K. Fortress besieged[M]. London: Penguin Classics, 2006.